POMBO

Un hombre
de la guerrilla
del Che

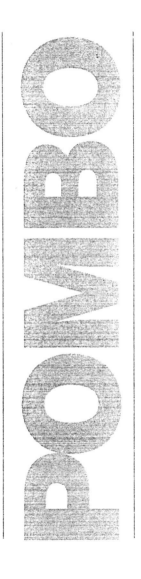

Un hombre de la guerrilla del Che

**HARRY VILLEGAS
(POMBO)**

EDICIONES COLIHUE · EDITORA POLÍTICA

Diseño de interior y tapa: Ricardo Deambrosi

© Ediciones Colihue S.R.L.
Av. Díaz Vélez 5125
(1405) Buenos Aires - Argentina

1ra. edición/2da. reimpresión

I.S.B.N. 950-581-667-7

Hecho el depósito que marca la ley 11.723
IMPRESO EN ARGENTINA - PRINTED IN ARGENTINA

Al Guerrillero Heroico,
comandante Ernesto Che Guevara.
A los compañeros de lucha, muy especialmente a Ñato, Inti, Darío, Elmo Catalán (Elías),
Maya y a todos los demás que después de la
caída en combate de Che en Bolivia, con
valentía, decisión y plena confianza en el
futuro, fueron capaces de levantar las banderas
de combate y estar dispuestos —como lo
hicieron— a entregar sus vidas en aras de tan
sagrados ideales.

Prólogo a la edición argentina

Esta nota introductoria a la edición argentina de mi diario de campaña en Bolivia y otros testimonios inéditos, los redacto a solicitud de Aurelio B. R. Narvaja de Ediciones Colihue, cuando mis primeras anotaciones van a cumplir ya 30 años. Comencé a escribirlas en julio de 1966 y la última anotación de la primera libreta data del 28 de mayo de 1967; después continué en otros cuadernos hasta mi regreso a Cuba en marzo de 1968.

Desde el 19 de abril —cuando el periodista inglés nos dio la falsa información sobre la filtración de datos internos de gran peligrosidad conocidos a través, según dijo, del diario de Braulio, encontrado en el Campamento Central por el ejército boliviano—, el comandante Ernesto Che Guevara ordenó que se recogieran todos los diarios que llevábamos varios miembros de la guerrilla y se guardaran en una mochila con otros documentos. —que yo cargaba—, de allí los íbamos tomando para continuar escribiendo y luego se devolvían disciplinadamente al lugar dispuesto por el Che. Justo es recordar que aquella medida la tomó con visible molestia, no dispuesto a que esos cuadernos personales vulneraran las rigurosas medidas de seguridad que la incipiente fuerza guerrillera debía observar en aquellas circunstancias en extremo adversas.

A estos aspectos se refirió el Comandante en Jefe Fidel Castro en la "Introducción Necesaria" a *El Diario del Che en Bolivia*, al expresar el rigor y la disciplina que eran imprescindibles aplicar en aquellos momentos, así como las críticas, muchas veces severas y descarnadas, que obligatoriamente habrían de producirse en la etapa de gestación de un pequeño núcleo de combatientes como el nuestro.

Había que evitar —analizaba Fidel— que se produjera el

menor descuido, por insignificante que pareciera: a la vez que el método de la crítica sirviera para la educación de los combatientes, apelando —como siempre hiciera el Che— al honor y a la dignidad de todos nosotros.

Los largos años transcurridos entre estos acontecimientos y la primera publicación de la edición cubana —recién terminada, por Editorial Política— aconsejan estas precisiones para mejor contextualizar el diario. Observaciones y comentarios registrados hace tres décadas, en el vórtice mismo de la hazaña, pueden aparecer teñidos de pasión y crudeza. De hecho, cuando releo, y a la vez revivo, algunos de estos pasajes, me doy cuenta que ello es así, pero que en todo momento está reflejándose esa incomparable escuela formadora que es la crítica, de lenguaje franco, directo y sin rodeos, sin duda una de las mayores enseñanzas que recibimos del comandante Che Guevara.

No pretendo con esta revisión del diario —basada en mis anotaciones y en documentos de la época— cambiar o modificar lo escrito en el fragor de la lucha. Aspiro con estas precisiones a que todas aquellas palabras o conceptos que no fueron comprendidos, o que fueron intencionalmente tergiversados al hacerse la transcripción del diario en ediciones anteriores fuera de Cuba, obtengan ahora su verdadera dimensión y reflejen la realidad y grandeza de los acontecimientos esenciales. Así se corregirían distorsiones de esta parte del diario que no responden a la realidad histórica.

En los días posteriores a mayo de 1967 y hasta el fin de la campaña boliviana, pude continuar mi diario. Éste se extiende hasta la llegada del grupo de sobrevivientes a Chile, en cuyo fraterno suelo fuimos calurosamente acogidos. Después, los compañeros chilenos, por intermedio de la decidida y valiente participación del entonces senador por el Partido Socialista de Chile, el extinto presidente Salvador Allende, me hicieron llegar las tres libretas con las notas de esa última etapa.

Al llegar de regreso a Cuba, impartí una serie de conferencias en la fortaleza militar de La Cabaña, y para ellas tomé como guía y referencia mi diario de casi 20 meses de lucha guerrillera y clandestina. Para la segunda parte de la actual edición cubana del diario, me apoyé en aquellas conferencias a fin de completar estas vivencias históricas y resumí parte de lo expresado aquellos días a mis compañeros de armas. Esta es la primera vez que se publica en forma completa.

Quiero referirme, asimismo, a las circunstancias políticas e históricas presentes en los momentos en que el diario fue escrito. A nivel internacional, 1966 y 1967 marcaron los momentos en que se estaba cometiendo —en escala ascendente— uno de los crímenes más atroces de los que la humanidad haya sido testigo: la agresión al pueblo de Vietnam —país pequeño pero mil veces heroico— por parte de la potencia imperialista más poderosa del mundo.

Este genocidio expresaba, en toda su crueldad, la política del gobierno de Estados Unidos de imponerse por la fuerza en cualquier parte del planeta donde se vieran seriamente amenazados sus espurios intereses de dominación, saqueo y explotación.

En Vietnam aplicaron una nueva estrategia injerencista conocida como "respuesta flexible". La vieja doctrina de la "represalia masiva", que incluía la amenaza o el uso de su poderío atómico, dejaba de ser efectiva en un mundo bipolar caracterizado por el equilibrio nuclear y los avances de las luchas de liberación nacional a escala internacional. El propio triunfo de la Revolución Cubana el 1º de enero de 1959 y su influencia en el hemisferio, presagiaban nuevas victorias.

El imperio trataba entonces de articular y aplicar una nueva modalidad de agresión que tuviera respuestas apropiadas para el pequeño conflicto, para la guerra local o de liberación nacional e, incluso, para una eventual confrontación y holocausto nuclear.

La "respuesta flexible", a la larga, no era otra cosa que el continuado empeño imperial por desatar todo su poderío en acciones de exterminio contra los movimientos de liberación nacional y sus líderes, ya presentes y actuantes en países subdesarrollados de Asia, África y América Latina. Nada nuevo bajo el sol, después de aquel calificativo de "águila ladrona" con el que nuestro héroe Nacional José Martí bautizara en el siglo pasado la política de expansión, intervención y conquista de Estados Unidos. A los cubanos nos resulta bien familiar este empeño del imperio, cuya primera manifestación anexionista, en cuanto a Cuba, data de 1803, virtualmente cuando Estados Unidos acababa de establecerse como Estado independiente.

El llamado que Che hiciera en su mensaje a la Conferencia Tricontinental (La Habana, enero de 1966), recogía un profundo y pormenorizado análisis de esta política de dominación imperialista, a la vez que exponía, con dimensión estratégica continental, su pensamiento y accionar antiimperialistas que ya, por cierto, estaba librando con su propio ejemplo personal, en dicho mensaje, el Che proclamó:

"Toda nuestra acción es un grito de guerra contra el imperialismo y un clamor por la unidad de los pueblos contra el gran enemigo del género humano: los Estados Unidos de Norteamérica..."

Esa profunda convicción del Guerrillero Heroico acerca del papel desempeñado por Estados Unidos, se sustentaba en innumerables agresiones imperiales que tejen la historia del colonialismo y neo colonialismo contemporáneos en este hemisferio: México, Guatemala, República Dominicana, Panamá, Haití, Cuba, ... por mencionar apenas algunos ejemplos.

El continente en su conjunto no escapa a las distintas formas en que esta sistemática política imperialista se manifiesta. El neocolonialismo ha dejado su impronta de dominación económica y política, de crisis social profunda, con sus secuelas de hambre, miseria, desempleo, marginalidad y desolación. Toda una región esquilmada por la extranjerización absoluta de sus recursos naturales, de sus bienes productivos, la explotación de los trabajadores y el empobrecimiento agudo de sus economías; por el sometimiento y las imposiciones imperialistas que cercenan la soberanía de las naciones latinoamericanas, depredan su patrimonio material y espiritual, profundizan su dependencia y las alejan de toda posibilidad de desarrollo y progreso.

Por la transformación de esa realidad de los años 60, ahora profundizada y refinada en sus crueles mecanismos de expoliación, luchó el Che junto al puñado de heroicos combatientes bolivianos, peruanos y cubanos que le acompañaron. Su caída resuena vívidamente en su sobrecogedor mensaje a los revolucionarios del mundo:

"En cualquier lugar que nos sorprenda la muerte, bienvenida sea, siempre que ése, nuestro grito de guerra haya llegado hasta un oído receptivo y otra mano se tienda para empuñar nuestras armas y otros hombres se aprestan a entonar los cantos luctuosos con tableteo de ametralladoras y nuevos gritos de guerra y de victoria."

A menos de cinco años del nuevo siglo, la imagen del Che continúa presente en los sueños revolucionarios de los latinoamericanos. Ahí están los oídos receptivos.

El apóstol de la independencia cubana, José Martí, también había concebido una lucha antiimperialista de dimensión continental. En su última carta al amigo mexicano, en vísperas de su muerte en combate, Martí no dejaba espacio a la duda:

"Ya estoy todos los días en peligro de dar mi vida por mi país y por mi deber, puesto que lo entiendo y tengo ánimos con qué realizarlo, de impedir a tiempo con la independencia de Cuba que se extiendan por las Antillas los Estados Unidos y caigan, con esa fuerza más, sobre nuestras tierras de América. Cuanto hice hasta hoy y haré es para eso..."

Simón Bolívar, Miranda, O'Higgins, San Martín y otros grandes de la independencia americana, levantaron también en su tiempo el ideal de una América libre y unida.

El sueño del Che era el sueño martiano y bolivariano. En la elaboración de su estrategia y dadas las luchas ya en marcha en distintos países del continente, el Che concebía la posibilidad de la formación de un núcleo guerrillero madre que atravesara la obligada y difícil etapa de sobrevivencia y desarrollo, para luego irradiar nuevas columnas guerrilleras hacia el cono sur de Latinoamérica y dar continuidad a una batalla que se presentaba continental. Tomaba en cuenta la experiencia de la columna guerrillera madre en la Sierra Maestra de Cuba, a partir de la cual se desprendieron nuevas columnas y frentes de guerra, hasta culminar con la victoria de la Revolución Cubana.

El comandante Che Guevara, totalmente persuadido de que

ello era factible, llevó a cabo sus planes e impulsó acciones para desbrozar el camino hacia el triunfo, el que concebía como cierto en la misma medida en que el desarrollo de la lucha fuese lo más extendido posible por las tierras latinoamericanas.

Nunca un grupo tan reducido de hombres enfrentó una empresa de tan gigantescas proporciones como la pretendida por el Che. Aquel pequeño destacamento de heroicos combatientes fue su "Honda de David". Tal como señalara nuestro Comandante en Jefe, el Che no sobrevivió a sus ideas pero supo fecundarlas con su sangre.

Quisieron las vicisitudes de la confrontación en marcha entonces en América Latina, y el empeño del Che en el propósito —luego de combinada su acción internacionalista en el Congo— que fuese Bolivia el escenario escogido por él para iniciar este proyecto estratégico latinoamericanista.

En la selección de ese país intervino también el análisis que el Che hizo de las tradiciones combativas del pueblo boliviano, presentes desde tiempos remotos, como los de la lucha de los indígenas contra los realistas, de las llamadas republiquetas (etapa que conocimos inicialmente a través del libro *Santa Juana de América*, que describía vívidamente el combate del indio contra fuerzas mucho más poderosas, valiéndose de medios rudimentario). Entremezcladas las victorias y los reveses, aquella historia se asemejaba con la Bolivia de los años 60, caracterizada por la creciente pobreza, la miseria y marginalidad de los sectores populares mayoritarios, cuyos estudiantes, campesinos, mineros y trabajadores todos luchaban heroicamente contra los nuevos conquistadores, bajo el destacado liderazgo de la Central Obrera Boliviana. Las características y ubicación geográfica formaban parte, igualmente, de la elección.

Che tomaba también muy en cuenta las características del Partido Comunista Boliviano, que había dado muestras de decisión en los enfrentamientos populares escenificados en aquellos momentos; de su solidaridad con los esfuerzos de organizaciones revolucionarias de países vecinos por la liberación nacional, como ocurriera con el respaldo al Ejército de Liberación Nacional peruano que comenzó sus acciones en Puerto Maldonado; con el apoyo a los combatientes en Argentina, dirigidos por Jorge Ricardo Masetti (Comandante Segundo) y la solidaridad con la joven Revolución Cubana.

Al Partido Comunista Boliviano le tocó desempeñar un importante papel en la compleja etapa de los preparativos que organizábamos en ese país. En aquellas difíciles circunstancias, en el interior del partido se debatían diferentes enfoques sobre la concepción de la lucha y las posibles formas que esta adquiriría conforme a las interpretaciones que al respecto tenían sus dirigentes. Esto aparece reflejado en las obligadas conversaciones que sobre el tema sostenían con nosotros, dadas nuestras responsabilidades en aquellos momentos iniciales, y también por la esencial participación y apoyo que requeríamos de esta organización política.

Por esas razones, las reflexiones que apuntábamos en nuestro diario sobre estas discusiones recogían tanto el merecido reproche a conductas de dirigentes que nos parecían impropias del momento histórico que vivíamos —como el caso de Mario Monge, su secretario general y que contrastaban con las conductas de verdaderos comunistas como Coco, Inti Peredo, entre otros—, como la convicción y el fervor internacionalista de nuestro empeño por la liberación nacional de América Latina, y las posibilidades ciertas hacia ese objetivo que abriría la lucha que comenzábamos, si esta, como pensábamos, lograba remontar la dura y difícil etapa de la sobrevivencia guerrillera, para encauzar su desarrollo ulterior dentro de la proyección concebida por el Che.

Jamás estuvo en nuestras mentes un desempeño sectario, que era imposible no solo en la escala boliviana sino más que todo en su proyección continental. Nuestra idea era crear un movimiento revolucionario amplio, que se nutriera de todos aquellos hombres honestos con disposición a luchar por un ideal de justicia social junto con organizaciones revolucionarias, partidos y sectores populares. Así se hizo al ser constituido el Ejército de Liberación Nacional (ELN); así lo confirman los cinco comunicados públicos —con información y llamamientos— dirigidos al pueblo boliviano.

Si se revisan los hechos registrados en *El Diario del Che en Bolivia* y en el mío, puede observarse cómo fueron establecidas relaciones no solo con distintas fuerzas políticas bolivianas y sus representantes, sino también con dirigentes y representantes de otras organizaciones políticas del continente. Estos contactos y relaciones conducirían inexorablemente a una mayor amplitud de vínculos con otras fuerzas progresistas de la región, en la medida en que la lucha se desarrollara y se lograra rebasar la fase inicial que imponía severas restricciones.

Mi única aspiración es que estos recuerdos contenidos en mi diario ofrezcan una visión real de la guerra en Bolivia, del enfrentamiento que un grupo de hombres consecuentes con sus ideas llevamos a cabo contra un ejército profesional armado por Estados Unidos, asesorado por la CIA. desde el presidente-agente René Barrientos Ortuño hasta falsos periodistas. oficiales, soldados o campesinos infiltrados y. desde luego, con la participación directa y abierta de rangers norteamericanos y de agentes de la estación CIA en La Paz y de cuartel general en Estados Unidos.

Someto estos materiales a la consideración del lector. Narran la épica de una parte de la historia de América. y creo que podrán resultar útiles a los jóvenes estudiosos de la vida y obra del Guerrillero Heroico, de modo que comprendan y valoren mejor aquellos momentos que vivimos; y la grandeza de valores humanos implícitos en la vida del Che, expresados en su temprana y permanente decisión de luchar por la humanidad.

Che fue portador de muchas enseñanzas, que en su vida práctica nos legó. En Cuba tuvo también la posibilidad de aprender, de autoperfeccionarse, y una de esas virtudes adquiridas en contacto con nuestro pueblo fue la confianza en la victoria. la fe en el hombre y el más amplio sentido de la fidelidad. Estoy seguro de que cumplió con lo sentenciado en su carta de despedida y que su último pensamiento fue para nuestro Comandante en Jefe Fidel Castro.

General de Brigada Harry Villegas.

Introducción

Estas páginas de la historia de Bolivia se escribieron en momentos en que en el contexto internacional se cometía uno de los genocidios más atroces que haya conocido la humanidad, la agresión del gobierno de Estados Unidos contra el pueblo vietnamita.

Fue precisamente en aquellos momentos cuando el mundo progresista rechaza, lleno de ira, aquella agresión y las que ocurren en países de todos los continentes. En ese mundo en el que muchos dirigentes estaban sometidos al imperialismo yanqui, es donde Che sintetiza estos sentimientos martianos y bolivarianos y decide ser coherente con todo lo que había propugnado en el llamado que hiciera a través de la Conferencia Tricontinental, en enero de 1966, para ayudar a ese pueblo; a vietnamizar la lucha, a buscar la solidaridad de los revolucionarios del mundo para la creación de uno, dos, tres y muchos Vietnam y donde expresó:

«Toda nuestra acción es un grito de guerra contra el imperialismo y un clamor por la unidad de los pueblos contra el gran enemigo del género humano: los Estados Unidos de Norteamérica...»

En ese período surgen en varios países movimientos guerrilleros dispuestos a luchar y enfrentarse al imperialismo.

Esa efervescencia revolucionaria lleva al imperialismo a crear una estrategia, tanto en el marco económico como en el militar, para ahogar en sangre todos los reclamos de justicia e independencia que se venían produciendo en el Tercer Mundo, y una prueba de esta concepción es justamente la creación de la mal llamada Alianza para el Progreso y de un comando especial de fuerzas antiguerrilleras que permitieran entrenar a las fuerzas armadas de esos países para luchar contra los pueblos que reclamaban su independencia.

En la respuesta que los norteamericanos elaboran a la efervescencia provocada por el triunfo de la Revolución Cubana, se excluía a Bolivia por considerar que en ese país ya se había producido una revolución. Esta brecha abierta en la concepción yanqui posibilitaría alcanzar la sorpresa estratégica que Che había concebido y consolidar un movimiento revolucionario que obligara al imperialismo a concentrar fuerzas en otra dirección.

Che estaba totalmente convencido de que esto era factible y es por ello que elaboró un programa coherente a través del cual pudiera conseguir sus objetivos de liberación de América del Sur.

En más de una oportunidad él nos explicaba que nosotros no habíamos ido allí para luchar en lugar del pueblo boliviano, sino para ayudarlo a desencadenar su guerra de liberación. Les decía a los bolivianos que una vez terminado el período de formación y entrenamiento, la carga principal y la responsabilidad de dirección en lo que concernía a Bolivia recaería sobre ellos.

A manera de metáfora explicaba que la función nuestra no era ni siquiera la de ser el detonador de la lucha, que realmente el detonador eran los bolivianos y nosotros seríamos el fulminante que serviría para activarlo. Bolivia significaba el centro del cual irradiarían las columnas para la independencia de todo el Cono Sur, similar a lo que fue la lucha en la Sierra Maestra para la Revolución Cubana.

La selección de ese país estuvo dada en el análisis que Che hizo de las tradiciones combativas del pueblo boliviano, estudiadas desde la época de la lucha de los indígenas contra los realistas, de las llamadas republiquetas, etapa que conocimos a través del libro *Santa Juana de América*, donde muy bien vienen descritas las luchas del indio con medios rudimentarios contra fuerzas muchas veces más poderosas, sus victorias y sus reveses.

Se tenía muy en cuenta también las características del Partido Comunista Boliviano (PCB), que era joven, combativo, que había dado muestras de la decisión de que la toma del poder por medio de la lucha armada era entonces la única vía posible y que, además, habían colaborado directamente con otros pueblos vecinos en la búsqueda de este objetivo, como por ejemplo con el grupo que iniciara sus acciones combativas en Argentina dirigido por el Comandante Segundo (Jorge Ricardo Masetti); con el grupo de combatientes que comenzaron sus acciones por Puerto Maldonado en el Perú. También, parte de los miembros del Comité Central del PCB habían cursado entrenamientos guerrilleros en Cuba. La actitud de los militantes de la juventud comunista era consecuente con el movimiento.

Al PCB le tocó desempeñar un importante papel en la compleja etapa organizativa. En el interior del Partido se debatían entonces diferentes enfoques, incluso contradictorios, sobre la concepción de la lucha y las posibles formas que ésta adquiriría. De esto sabíamos por las conversaciones que sobre el tema sostenían con nosotros, dadas las responsabilidades que Che nos había otorgado en aquellos momentos iniciales.

Nuestras reflexiones, anotadas en el diario, recogen el reproche a conductas inadecuadas de dirigentes o militantes que contrastaban con la actuación de los verdaderos comunistas.

Nunca se pensó en una lucha sectaria, la idea era crear un movimiento revolucionario amplio que se nutriera de todos los hombres honestos dispuestos a luchar por un ideal de justicia social junto con las organizaciones revolucionarias, partidos y pueblo en general, no sólo en Bolivia, sino también en su proyección continental.

Así se hizo al crearse el Ejército de Liberación Nacional (ELN) y así lo confirman los cinco comunicados con las informaciones y llamamientos dirigidos al pueblo boliviano.

Si revisamos los hechos anotados en *El Diario del Che en Bolivia* y en el mío, observamos cómo se establecieron relaciones con fuerzas políticas bolivianas y sus representantes como Mario Monje, Moisés Guevara, Lechín Oquendo; con Ciro Roberto Bustos de Argentina; con Juan Pablo Chang Navarro, quien estaba al frente del grupo de Perú. Había realmente contactos con dirigentes y representantes de organizaciones políticas y con hombres progresistas del continente.

En este libro aparece, por vez primera revisado, el texto correspondiente a la primera parte de mi diario de campaña que comprende del 14 de julio de 1966, fecha en que llegué a Bolivia, hasta el 28 de mayo de 1967.

No pretendo con esta revisión del diario —para la que me guié por anotaciones mías y documentos de la época— cambiar o modificar lo escrito al calor de la lucha revolucionaria, sino que todas aquellas palabras o conceptos que no fueron comprendidos o fueron tergiversados conscientemente al hacerse la transcripción, tengan su verdadera dimensión histórica y reflejen en sí la grandeza, la crudeza y la realidad de los acontecimientos esenciales. Se han estado publicando versiones de esta parte del diario que no responden a la realidad histórica.

A partir del 29 de mayo continué mis anotaciones hasta que llegamos a Chile, donde fuimos calurosamente acogidos. Allí quedó la otra parte de mis notas, las que me fueron devueltas posteriormente por el entonces senador Salvador Allende.

Observaciones y comentarios registrados hace tres décadas en el fragor de la batalla pueden aparecer llenos de pasión y crudeza. Cuando releo o revivo algunos de estos pasajes me percato de ello, pero en todo momento se refleja la incomparable escuela formadora que es la crítica, el lenguaje franco, directo y sin rodeos en que nos educó Che.

Al llegar a Cuba impartimos una serie de conferencias en la fortaleza militar de La Cabaña, para las que tomé como guía mi diario de casi 20 meses de lucha guerrillera y clandestina; con ellas preferimos completar estas vivencias históricas resumiendo parte de lo expresado aquellos días a mis compañeros de armas. Esta es la primera vez que se publica de forma completa.

Aspiro a que estos recuerdos ofrezcan una visión real de la guerra en Bolivia, el enfrentamiento que un grupo de hombres consecuentes con sus ideales llevara a cabo contra un ejército profesional armado por Estados Unidos, asesorado por la CIA, desde su presidente-agente René Barrientos, hasta falsos periodistas, oficiales, soldados o campesinos infiltrados, sin excluir la participación directa y abierta de rangers y agentes de la estación CIA en La Paz y de su cuartel general en Estados Unidos.

Someto a la consideración estos materiales que narran la épica de una parte de la historia de América, convencido de que podrán resultar útiles a los jóvenes estudiosos del Guerrillero Heroico y que ayudarán a comprender y valorar mejor aquellos momentos que vivimos, y la grandeza de valores humanos implícitos en la vida del Che, expresados en su temprana y permanente decisión de luchar por la humanidad.

Che fue portador de muchas enseñanzas, que en su vida práctica nos legó. En Cuba tuvo también la posibilidad de aprender, de autoperfeccionarse, y una de esas virtudes adquiridas en contacto con nuestro pueblo fue la confianza en la victoria, la fe en el hombre y el más amplio sentido de la fidelidad. Estoy seguro de que cumplió con lo sentenciado en su carta de despedida y que su último pensamiento fue para nuestro Comandante en Jefe Fidel Castro.

General Harry Villegas

SÍNTESIS BIOGRÁFICA DE HARRY ANTONIO VILLEGAS TAMAYO

Nació el 10 de mayo de 1940, en un pequeño poblado en las estribaciones de la Sierra Maestra, en el actual municipio Yara.

Hijo de una familia campesina, cursó sus primeros estudios en la escuela primaria «Carlos Manuel de Céspedes», posteriormente en la escuela de Comercio de Manzanillo. Entusiasta jugador de pelota y nadador en el río vecino.

Desde muy joven, participó en la lucha contra la tiranía batistiana, primero en los movimientos clandestinos como miembro de la Célula de Acción y Sabotaje, y después se incorporó al Ejército Rebelde, subordinado al comandante Ernesto Che Guevara. Bajo sus órdenes participa en múltiples acciones combativas, entre ellas los combates de Las Mercedes, las Vegas de Jibacoa y el Jigüe, todos en la Sierra Maestra. Participa en la invasión de Oriente a Occidente y durante la campaña en Las Villas tomó parte en los combates de Fomento, Cabaiguán, Placetas, Remedios y la Batalla de Santa Clara.

Termina la guerra con el grado militar de primer teniente y jefe del pelotón de la Comandancia del Che (escolta) de la Columna 8 «Ciro Redondo».

Durante la etapa en que el Che es Ministro de Industrias, Harry Villegas se incorpora directamente a la reconstrucción económica cubana. Pasó el curso intensivo de administradores de la industria y fue administrador de Sanitarios Nacionales y de una unidad de la Empresa Convertidora de Papel y Cartón.

Nuevamente integrado a las actividades militares, fue destinado a la UM 2350. Formó parte de las comisiones de construcción del Partido Comunista de Cuba (PCC), del que es miembro fundador. Participó en la organización del Ejército Occidental, en el cargo de jefe de Personal.

Junto al Che se incorpora a la campaña en el Congo (actual Zaire), donde combate en múltiples acciones.

Es seleccionado por el Che para que desde julio de 1966, junto a Carlos Coello, se incorpore a las actividades de coordinación —que desde marzo de ese año llevaba a cabo José María Martínez Tamayo— en territorio boliviano con el objetivo de preparar la campaña por la liberación de América Latina, planeada y comandada por Ernesto Che Guevara.

Se integra con el Che a la guerrilla, en la que fue designado jefe de Servicios, miembro del Estado Mayor; junto a ella participa en diversas acciones.

Fue uno de los guerrilleros sobrevivientes que en octubre de 1967, tras la caída del Che, comandó el grupo que logró escapar burlando el cerco tendido por la CIA y el ejército boliviano.

Al retornar a Cuba se incorpora a las Fuerzas Armadas Revolucionarias (FAR) y es asignado al Cuerpo de Ejército del Este.

Participa en la Operación Mambí en apoyo a la zafra azucarera de 1970. Fue jefe del Regimiento de Infantería de la División de Tanques.

En respuesta a sus deseos de continuar la lucha iniciada en Bolivia —cuyo compromiso hizo el grupo de sobrevivientes al conocer la muerte del Che— es llamado para prepararse militarmente (Baracoa, Oriente) para su retorno con el propósito de continuar la misión iniciada en 1966. Durante esa preparación, es elegido jefe militar bajo el mando de Inti Peredo. La muerte de Inti, ocurrida en La Paz en 1969, frustra sus propósitos.

Fue jefe del Grupo Político de las Reservas Artilleras del alto mando de las FAR y después jefe de la Brigada de la Frontera de Guantánamo (brigada que preserva el territorio de la isla en sus límites con la Base Naval que Estados Unidos impuso al pueblo cubano desde inicios de este siglo).

Cuando el movimiento de liberación de Angola hace la

petición de ayuda militar a Cuba, Harry Villegas se integra a la misión internacionalista cubana. Cumple tres misiones principales en la República Popular de Angola, donde combate activamente y ocupa entre otros los siguientes cargos: jefe del Frente Norte, Lucha contra bandidos, enlace de la dirección de las FAR con la misión militar cubana en Angola. Participó en acciones como Cangamba y Cuito Cuanavale. Fue jefe de Operaciones de la misión militar cubana en Angola y colaboró en la planificación y organización del retorno de la agrupación de tropas cubanas que se encontraban en territorio angolano.

También asesoró misiones cubanas que trabajaron en tareas internacionalistas militares, a solicitud de los ejércitos de esos países.

Actualmente ostenta el grado militar de General de Brigada de las FAR y es el jefe de la Sección Política del Ejército Occidental. Ha recibido numerosas condecoraciones estatales, entre ellas cuatro órdenes al valor y el título de Héroe de la República de Cuba.

El general Harry Villegas Tamayo, Pombo en la guerrilla del Che, fue el único sobreviviente de aquella gesta que escribió su diario de campaña y el único que acompañó a Ernesto Che Guevara en todas sus campañas por la liberación de los pueblos: la Sierra Maestra, la invasión y Las Villas en Cuba, en África y en Bolivia.

Primera parte

Versión revisada por Harry Villegas del primer cuaderno de su diario (desde el 14 de julio de 1966 hasta el 28 de mayo de 1967). Los diarios y otros documentos habían quedado en la mochila de Pombo junto al Che en el puesto de mando, de donde los toma el comandante guerrillero antes de retirarse, por lo que les fueron ocupados cuando fue capturado en la quebrada del Yuro, el 8 de octubre de 1967. Posteriormente, Antonio Arguedas, en ese entonces ministro del Interior de Bolivia, hizo llegar a Cuba las copias fotostáticas del diario del Che y una copia mecanografiada del diario de campaña de Pombo.

Pombo, Mbili y Tuma frente a la casa de la calle República Dominicana, en La Paz, en la etapa de organización de la guerrilla.

Año 1966
JULIO

Julio 14

Salimos[1] de Praga en tren por la vía de Francfurt a las 10:00 horas. El único inconveniente que enfrentamos con los checos fue el momento de partir (en la frontera con Alemania), pues ellos nos decían que nuestras visas eran para viajar por vía aérea y que no podíamos salir por tierra. En Francfurt nos alojamos en el hotel Royal. Tremendo susto pasamos, cuando hablábamos mientras observábamos a un cocinero hacer unas pizzas, se nos acercó un individuo y nos preguntó si éramos cubanos. Le contestamos que éramos ecuatorianos y lo dudó, afirmando que teníamos las características de caribeños. Él era dominicano y nos invitó a café.

Julio 16

Salimos para Suramérica vía Lufthansa. Nuestro itinerario es Zurich, Dakar, Río y Sao Paulo que es nuestro destino.

Julio 17

Tuvimos un gran susto en el aeropuerto porque me retiraron el equipaje como si tuvieran que hacer una inspección especial en la aduana. Se me dijo por un funcionario de la adua-

---

[1] Harry Villegas (*Pombo*) y Carlos Coello (*Tuma* o *Tumaine*). Cubanos. (Para mayor información sobre los guerrilleros, colaboradores y otras personas vinculadas a la guerrilla, ver Glosario en las páginas 245 a 264).

na que tenía exceso de peso.[2] Nos alojamos en el hotel Broadway.

Julio 19

Después de dar todos los pasos necesarios para conseguir visas para Bolivia, enviamos un cable a Papi[3] en el que le avisamos que llegaremos el 22.

Julio 21

Tomamos el vuelo Cruzeiro do Sul a Santa Cruz de la Sierra en Bolivia. Se nos informó en el aeropuerto que haríamos una parada en Corumbá para continuar al siguiente día. Pero en el aeropuerto de Campo Grande se nos dijo que el avión seguiría y que nosotros, pasajeros para Corumbá, seguiríamos viaje el 22 a las 04 horas. Nos encontramos con una joven boliviana llamada Sara Polo. (Ella es muy linda.)

Julio 22

Seguimos viaje a Corumbá. Se nos dijo allí que no había vuelo para Santa Cruz hasta el lunes 25. Tratamos de conseguir que la compañía aérea nos pagara el hotel y pensión pero rehusó hacerlo. En total somos siete pasajeros (dos brasileños, dos bolivianos, un alemán y nosotros dos ecuatorianos).[4] Nos alojamos en el Grand Hotel.

Bolivianos: la muchacha de la que hablamos antes, Sara

[2] El maletín en cuestión poseía doble fondo donde se ocultaban 20.000 dólares y una pistola Browning con su parque; en la parte visible se completaba con grandes libros para justificar el peso. El Che personalmente lo preparó todo en el maletín que habían hecho para él.

[3] José María Martínez Tamayo (*Papi, Mbili, Chinchu, Ricardo, Taco*). Cubano. Llegó a Bolivia el 18 de noviembre de 1966 con el pasaporte panameño a nombre de Rolando Rodríguez Suárez.

[4] Pombo y Tuma viajaban con pasaporte de nacionalidad ecuatoriana

Polo Ariuez, muy interesante. El otro es el señor Mario Euclides Cardona, representante de una firma alemana; se comporta bien pero trata de averiguar si somos contrabandistas. Las brasileñas son la mujer e hija de Mario. Me gusta mucho la niña pequeña, Claudia. A causa de su carácter, me recuerda bastante a Harry Andrés.[5]

Esa noche mientras comíamos, llegó otro ecuatoriano llamado Diego —no recuerdo su apellido—, hijo de un ex-Ministro de su país. Nos preocupó un poco.

Julio 23

Este grupo de la «Confraternidad Latinoamericana», como Mario lo bautizó, decidió facilitar las cosas para que Sara pudiera regresar a casa lo más rápido posible porque ellos la estaban esperando hacía cuatro días.

Julio 24

Nos invitan a misa pero decidimos en cambio ir al cine.

Julio 25

Nos levantamos temprano porque se lo prometí a Sara de modo que pudiera partir en la mañana. Después de esto, vamos para que nos vacunen contra la fiebre amarilla. Salimos a las 14:00 horas. Al llegar a Santa Cruz nos sentimos felices de ver la cara familiar del compañero Mbili que nos esperaba. Los compañeros bolivianos se encargaron del trámite de nuestros documentos, etc.

Conversamos con Mbili, le damos todos los papeles que

---

con los nombres de Arturo González López y Tomás Suances, respectivamente.

[5] Su hijo mayor, Harry Andrés Villegas Campuzano.

traemos para él y le explicamos lo que Ramón[6] nos contó, verbalmente, para su orientación: 1. El asunto de Tania.[7] Debemos mantenernos alejados de todo contacto con ella con el objetivo de preservar su identidad. Las comunicaciones con ella se establecerán por mensajes cifrados. Tendrá que vernos para que nos identifique por sí, en caso de emergencia, tenemos que hacer algún contacto directo. 2. La necesidad de adquirir una granja en el norte para la zona de posibles operaciones. 3. El porqué de lo de Emiliano.[8] 4. El viaje de Ramón a la isla y posible duración de su estancia allá. Quedamos muy sorprendidos cuando nos preguntó sobre dónde iba a ser la cosa[9] porque él no había recibido orientación específica sobre el particular. Le dimos nuestro criterio según lo que Ramón nos informó y lo que le habían mandado a decir a él, todo lo relativo a la localización de la finca,[10] que nuestro principal esfuerzo se concentraría en Bolivia; aun cuando nosotros sabíamos poco de esto porque estábamos tan compartimentados que nosotros éramos solo proveedores de informaciones. Dijo que si le hubiesen dado más tiempo, lo habría tenido listo todo pero que ahora tendríamos que comenzar a buscar un lugar para mí y para Tuma porque la casa de la calle Tejada Zorzano había sido entregada y que él no quería quemar la ubicada en la calle República Dominicana, para, si era necesario, que Mongo la usara. A la finca él no podría ir porque estaba situada prácticamente dentro de un campamento militar (unos tres kilómetros de distancia).

Salimos para La Paz con la idea de ayudar en la forma más

---

[6] Ernesto Guevara de la Serna (*Ramón, Mongo, Fernando, Che*). Argentino-cubano. Entró a Bolivia con pasaporte uruguayo a nombre de Adolfo Mena González.

[7] Haydée Tamara Bunke Bíder (*Tania*). Argentino-alemana. Su identidad en Bolivia era Laura Martínez Bauer.

[8] Emiliano, Francisco, Flaco. Contacto cubano. Había decidido no continuar en la misión.

[9] Se refiere al lugar donde se desarrollarían las acciones guerrilleras.

[10] Hasta ese momento se había escogido la zona de Alto Beni.

amplia posible. Porque, según nos dijo, tendríamos que comenzar ya que nada se había hecho.

Discutimos los nuevos lineamientos con los representantes del Partido,[11] a partir de las condiciones del país para la lucha[12]. Tratamos de obtener un compromiso de ellos para que se unan a la lucha aun cuando Estanislao[13] se opusiera a esto. Expresaron que su criterio era plantear a Estanislao el asunto y que ellos estaban seguros de que su posición sería unirse a la lucha armada y que si él no estaba de acuerdo, ellos estaban preparados para marchar con nosotros. Tratamos de enterarnos del plan para un levantamiento que tendría las características de un golpe de mano y que, si fracasaba, serviría para despertar la conciencia del pueblo. El Negro había ofrecido cuatro hombres para preparar las cosas en Argentina o Perú y prometió darnos otros seis.

Julio 26

Salimos de Santa Cruz para La Paz muy temprano. El camino es muy montañoso porque la ascensión comienza aquí hacia la gran planicie de la cordillera oriental de los Andes. (Tiene posibilidades tácticas muy buenas para operar, aun cuando parece que no hay abundancia de agua.)

Julio 27

Llegamos a La Paz. Es una ciudad provinciana situada en una depresión completamente rodeada por montañas. Vamos

[11] Partido Comunista Boliviano (PCB). Fundado el 17 de enero de 1950.

[12] En mayo de 1966 se realizó un congreso regional del PCB en La Paz. Guido Peredo (Inti) preparó el informe que se presentó, después de ser revisado por los secretarios nacionales, y se aprobó en el pleno. Se expresaba que la única vía capaz de conducir a la liberación del pueblo era la armada y la necesidad inmediata de prepararla e iniciarla.

[13] Mario Monje Molina (Estanislao, Negro, Monje, Mario). Boliviano. Secretario General del PCB hasta diciembre de 1967.

a la casa de un hombre llamado Tellería,[14] miembro del Comité Central del Partido Comunista Boliviano, que está encargado de los suministros que necesitamos (armas, medicinas, alimentos, ropa, etc.). Hace un mes, Papi nos contó que este compañero estaba buscando una casa y que aún no la había encontrado, por equis razón. La única solución que queda es ir y ver a Estanislao para ver si la organización tiene una casa disponible donde nosotros podamos dejar a Camba,[15] un compañero boliviano que trabaja con Papi. El resto nos quedamos en la casa de la calle República Dominicana.

Julio 28

Papi discute con Estanislao la nueva situación de acuerdo con las orientaciones recibidas de la isla. Se acuerda comenzar de inmediato la lucha armada, según orientación que Che me dio para Papi, manteniendo vivo el plan para un alzamiento general pero organizando simultáneamente las guerrillas. Los puntos malos de su plan se le explican a Estanislao porque requieren la cooperación de parte de las fuerzas armadas de Bolivia. Sin esto, se expondría a un gran número de hombres a un enfrentamiento desventajoso contra fuerzas superiores. Pero dejamos sin resolver el asunto, para discutirlo más tarde cuando llegue Mongo. Las guerrillas contarán, según los compromisos, con 20 hombres proporcionados por el PCB.

Julio 29

Informamos a Sánchez,[16] el compañero peruano que sirve

---

[14] Luis Tellería Murillo (*Tellería, Facundo*). Boliviano.

[15] Julio Méndez Korne (*Camba o Ñato*). Boliviano. Hasta el 11 de noviembre se le identifica como Camba, después Ñato. Ese día se incorpora a la guerrilla con Orlando Jiménez Bazán (*Camba*). Boliviano.

[16] Julio Dagnino Pacheco (*Sánchez*). Peruano.

como agente de enlace entre nosotros y Chino,[17] de la decisión de nuestro gobierno de comenzar la lucha, primero en Bolivia y después en el Perú. Le explicamos el hecho de que, por el momento, las condiciones son mejores en Bolivia, comenzando por la forma en que se han desarrollado las cosas en su país que dieron al traste con la lucha armada allí (la muerte de De La Puente,[18] la prisión de Calixto,[19] la desaparición de Lobatón,[20] etc.). Él comprendió perfectamente las cosas. Le pedimos que continuara colaborando con nosotros, que su organización envíe hombres como está previsto para ser adiestrados aquí, que ellos participarían con los bolivianos en algunas de las acciones y posteriormente formarían el núcleo de las guerrillas en su país, junto con algunos de nuestros compatriotas.

Julio 30

Hablamos con el compañero Guevara.[21] Este compañero tiene una organización que es una fracción del grupo pro-chino. Dice que es partidario de la lucha armada. Le proponemos que se una al comando guerrillero que estamos organizando con la idea de formar un frente unido en la lucha contra el imperialismo en Bolivia. Discutimos los puntos que planteó con Francisco en los que él no había sido completamente sincero y

[17] Juan Pablo Chang Navarro (*Chino*). Peruano.

[18] Luis de la Puente Uceda (1929-1965). Político y revolucionario peruano. Fue una de las principales figuras del APRA marxista-leninista que en 1962 adopta el nombre de Movimiento de Izquierda Revolucionaria (MIR). En 1965 comandó una de las guerrillas del MIR y murió en combate el 22 de octubre.

[19] Héctor Béjar Rivera (*Calixto*). Máximo dirigente del Ejército de Liberación Nacional (ELN) del Perú.

[20] Guillermo Lobatón. Político y revolucionario peruano. Jefe militar del MIR. Combatió en la guerrilla y tenía gran experiencia militar. Murió en combate en 1965.

[21] Moisés Guevara Rodríguez (*Guevara, Moisés*). Boliviano.

abierto como se requería, ya que hasta entonces sólo había solicitado dinero.

Se le pidió que presentara un nuevo informe delineando su verdadera actitud. Le explicamos que el dinero para las armas y equipos no se le entregaría porque el comando principal estaría a cargo del equipamiento de los hombres; pero que él debería hacer un informe detallado de modo que en Manila[22] se conociera todo y que un compañero que pasara por aquí pudiera llevarlo consigo. Esas negociaciones se realizaron por medio del compañero Sánchez. El informe será entregado dentro de dos días. Enviamos tres compañeros a las órdenes de Coco[23] para buscar una finca donde poder entrenarnos, una que esté en la posible zona de operaciones. Se recibe un informe de Ramón pidiendo detalles sobre la situación. Procedemos a discutir con Mbili sobre la forma más correcta de informarle.

Análisis del mes

(COPIA TEXTUAL) COMIENZO INFORME N°15

Compañero Ariel:[24]

Al parecer el Flaco no ha informado bien, por lo que he conversado con Pombo. He hecho varias preguntas y no herecibido orientación sobre ellas: Asunto Guevara; Asunto Sánchez.

Sobre la situación te diré que hemos confrontado algunas dificultades. Estanislao vacila bastante, vaciló bastante al principio. Con la llegada de los cuatro,[25] hemos logrado presionar a través de Coco. Todo marcha bien, el hombre luce decidido y se comprometió en ir adelante con el plan, aunque se propone

---

[22] Término utilizado para referirse a Cuba.

[23] Roberto Peredo Leigue (Coco). Boliviano.

[24] Nombre cifrado de uno de los enlaces en Cuba.

[25] Se refiere a Rodolfo Saldaña (Saldaña, Rodolfo), Jorge Vázquez Viaña (Bigotes, Loro, Jorge), Roberto Peredo Leigue (Coco) y Julio Méndez Korne (Camba o Ñato). Por solicitud del PCB ellos pasaron entrenamiento militar en Cuba desde enero de 1966.

efectuarlo con un levantamiento en la capital que sirva de alda-
bonazo y la lucha simultánea en el monte, para ello nos ha
prometido veinte hombres de los mejores con los que comen-
zaremos la lucha. Fui de reconocimiento a la finca de Pablo,[26]
no sirve porque está dentro de una división de las de acá. Estoy
buscando una en la zona indicada, espero tenerla dentro de
veinte días.

Me he visto obligado a plantearle a Sánchez nuestra intención de concentrar nuestros esfuerzos principales en Bolivia en
lugar de Perú. Por el momento comprendió bien.

Veo buenas posibilidades de éxito; este es el momento de
plantearle a Estanislao la participación de Mongo en esto. Lo
hemos sondeado y nos ha manifestado su decisión de que si
eso ocurriera, lucharía a su lado hasta donde fuera.

Sobre mi persona por el momento, no corro peligro. Los
muchachos están seguros. Es necesario conseguir un hombre
para que se haga cargo del trabajo en la ciudad y poderme ir a
la finca. Creo deben mandar algún dinero más de reserva. Un
abrazo. TACO. FIN.

[26] El dueño de una de las fincas de Caranavi.

AGOSTO

Agosto 5

Se recibe un mensaje de Manila en que se acusa la recepción de la noticia de nuestra llegada; al mismo tiempo menciona comunicaciones bilaterales, a partir del día 13. Están locos porque nada está listo aquí. Además piden un mapa del país con características militares y no dicen nada de los informes. Aparentemente no han llegado.

Se sugiere que Mbili no establezca contacto con Moisés, que debería hacerse por intermedio de Sánchez —que se diga a Moisés que estamos esperando una respuesta de nuestro gobierno que estudia su proposición.

Agosto 6

Llegan dos compañeros peruanos con mensajes de Chino en que dice que no comprende el motivo por el que se le da prioridad a Bolivia. Piensa que ellos, aun cuando están trabajando lentamente, han tomado la decisión de comenzar la lucha y que cualesquiera que fuesen las condiciones para esta que estuvieran faltando, ellas serán creadas. (La verdad es que, a nuestro juicio Ramón no puede ir allí, hay muchas cosas que deben ser aclaradas, tales como la captura de Calixto, la muerte de De la Puente, la desaparición de Lobatón y la captura de Gadea.[1] Parece, por la forma en que van las cosas, como si

---

[1] Ricardo Gadea. Peruano. Dirigente del MIR. Combatió en la guerrilla comandada por Luis de la Puente Uceda.

Calixto se hubiese entregado, por intermedio del médico, tal vez a condición de que ellos garantizaran su vida.)

Tumaine ha salido con Sánchez para ver el desfile escolar, cívico y militar (majestuosa pérdida de tiempo y dinero) de las escuelas, tipo Cuba antes del 59.

Agosto 7

Hoy día hubo un desfile militar que culmina con la jura de la bandera por los conscriptos y escuelas militares (Ejército, Batallón Colorado, Marina, cadetes premilitares, rangers, etc.).

En toda la parada se observa mucha propaganda antichilena, basada en la necesidad de los bolivianos de obtener una salida al mar. La gente del Partido nos explicó que esta es la manera de distraer la atención de las masas de los problemas internos hacia los internacionales.

Estamos un poco preocupados acerca de cuánto tiempo hemos pasado en esta casa (12 días) sin haber logrado conseguir otra con mejores condiciones de seguridad.

El discurso del general Barrientos[2] fue una serie de mentiras pidiendo la unidad basada en el amor a la patria a fin de lograr una nueva Bolivia, industrializada, con sus propias fundiciones. Pidió a sus colaboradores responder a sus responsabilidades con el pueblo, por lo que es su obligación trabajar noche y día para hacer de Bolivia una gran nación, con su propia salida al mar y respetada por todos.

Agosto 8

En la noche visitamos a Estanislao en su casa. Allí Mbili

---

[2] René Barrientos Ortuño (1919-1969). Fue general del ejército boliviano hasta mayo de 1964. Cuando Víctor Paz Estenssoro se reelige, ocupa la vicepresidencia del país, cargo que ejerce hasta noviembre de 1964 en que mediante un golpe de Estado se erige presidente. Agente de la CIA, según informaciones posteriores. Murió incinerado en un misterioso accidente de aviación.

destacó la necesidad de enviar algunos hombres además de los 20 que ya él ha prometido. Estanislao pregunta entonces: ¿cuáles 20? No recuerda una promesa así y dice, además, que no tiene a nadie a quien pudiera poner a cargo de una organización de inteligencia y contraespionaje, que como único que usara a Coco. Explicó que él tiene algunos altos funcionarios en el gobierno que prometieron proporcionarle información. Nos dio los nombres pero es mucho mejor que yo no los repita aquí. Cuando Mbili le llamó la atención sobre el compromiso de los 20 hombres prometidos, respondió que tenía problemas con el resto del Comité Central que lo presionaba para no ingresar a la lucha armada, pensando que las recientes elecciones habían sido un éxito para ellos porque obtuvieron 32.000 votos. En vista del pequeño progreso que alcanzamos, uno podría ver que hay algo en el aire. Más concretamente, mucha incertidumbre acerca de la decisión de unirse a la lucha. En efecto las cosas están paradas; nos enfrentamos al problema de que hay poco entusiasmo y apatía por el asunto. En realidad Mbili tiene que estar detrás de ellos para que se haga algo; tremenda apatía. Somos los únicos que hacemos toda la organización y ellos no nos están ayudando.

Agosto 10

Por segunda vez siento fuertes dolores de estómago y diarrea. Vamos a ver al Dr. Rhea[3] para conseguir algunas píldoras y él nos dice que es disentería pero nada que nos pueda preocupar.

Agosto 12

Recibimos un informe de Manila en que nos dicen: « Pacho[4]

[3] Humberto Rhea Clavijo. Boliviano. Era uno de los jefes de la red urbana de la guerrilla.
[4] Alberto Fernández Montes de Oca (*Pacho o Pachungo*). Cubano.

sale para esa día 20 con informes e instrucciones de Mongo. Llegará aproximadamente el 24.» No dicen vía. Dicen que envían a alguien para hacer contacto con él, frente al cine Universo.

Agosto 15

Bigotes[5] llega con los datos de las fincas que han visitado, indicando la más adecuada para nuestros fines. Se resuelve que enviaremos a Camba y Tumaine para comprar la más adecuada, la de Algarañaz,[6] porque Mongo probablemente venga con Pacho. Se discute con el compañero Olivares,[7] uno de los hombres que nos dio Monje. Él plantea que no desea continuar pues la lucha de guerrillas no tiene posibilidades en el país y además que con él no se discutió.

Agosto 19

Mbili tiene una reunión con Estanislao en la que discutieron importantes problemas actuales. Estanislao amenaza con retirar a los cuatro hombres, a los que podía decirles que no se alzaran. Le decimos que sabíamos esto pero que si él no estaba preparado para cumplir su promesa, dada en Manila y repetida aquí hace pocos días, tendríamos que informar esto a Manila. Él replicó que era un hombre de palabra y que mantendría todas sus promesas, pero le gustaría que se entienda que tiene que hablar nuevamente con sus hombres; que él nos daría a conocer antes que estuviésemos listos para salir a las monta-

---

[5] Jorge Vázquez Viaña. *(Bigotes, Loro, Jorge)*. Boliviano.

[6] Ciro Algarañaz Leigue. Hacendado dueño de la propiedad más cercana a la finca de Ñancahuazú. Arrestado por el ejército que lo acusaba de ser colaborador de los guerrilleros, fue procesado en Camiri y más tarde absuelto.

[7] René Roberto Olivares García. Militante del PCB. No se incorporó a la misión.

ñas, porque muchos de esos hombres que habían sido asignados por él todavía no sabían que habían sido nombrados para este trabajo. Sobre Olivares, el muchacho que había rehusado aceptar porque pensaba que las condiciones no eran adecuadas, él lo va a discutir, pues el mismo estaba comprometido desde Manila para ir al monte.

Agosto 20

Bigotes viaja con armas a Santa Cruz.

Agosto 21

Tuvimos una discusión con el compañero Saldaña que estaba dolido porque pensaba que se le había puesto al margen de las cosas. Le explicamos que, por el contrario, pensábamos incorporarlo ampliamente y que no tenía motivos para pensar que a él se le marginaba.

Agosto 23

Probamos la pistola de Mbili en las afueras de la ciudad, además de una ametralladora. Discutimos lo que se haría en el caso de que se aprobara incluir a Guevara. Sánchez sugirió no confiar a Guevara el lugar fijado para la zona de operaciones, etc. La mejor cosa, sugirió, aun cuando podría costar un poco de dinero, sería someter a una prueba práctica a su organización. Con este fin, se le pediría reunir a su gente en Cochabamba, lista para alzarse. Se le darían 15 días para hacer eso y preguntarle cuánto costarían los pasajes, alquiler de casas, etc. De esta manera, podríamos asegurarnos si realmente tiene alguna gente que está lista para alzarse. Previamente a esto, le pediríamos aclarar algunos puntos de su informe, lo que nos daría una idea adicional de cómo piensa desarrollar eso y cuáles son sus verdaderos objetivos.

Agosto 24

Hoy finalmente, conseguimos la casa que estábamos buscando alquilar hace más de dos meses. El compañero que planteaba que no quería «ir a las montañas» porque no tenía confianza en nuestro éxito, no cree que las condiciones en el país están maduras para la lucha. Posteriormente dice que tiene confianza en el pueblo, que las masas se dan cuenta de la farsa política de Barrientos pero que las condiciones no están maduras en el Partido para la lucha. Lo que le había sido contado por un líder en el Comité Central difería de lo que le dijo el Secretario General. Por lo tanto, como él lo ve, no hay unidad de criterios. Nuestra opinión es que este compañero debería hablar con Mario y quedarse a trabajar en la ciudad, porque podría provocar descontento entre los hombres en las montañas, lo que podría obligarnos a tomar medidas drásticas (fusilamiento) lo cual no sería un buen comienzo para la lucha.

Agosto 26

Mario habló con el compañero Olivares y le pidió que cumpla su compromiso. Se acordó ir a las montañas.

Agosto 27

Ahora ha hablado Mbili con el compañero. Le explicó las condiciones en que la lucha se desarrollará, que se necesitará de 7 a 10 años para alcanzar el éxito final. Mbili le habló también acerca de nuestra actitud de no permitir comentarios desfavorables acerca de la causa. Contestó que pensaba que se desconfiaba de él y que, por lo tanto, estaría en una posición muy difícil en las montañas porque él es un hombre del Partido y no sería capaz de adaptarse a nuestra disciplina, de modo que, aun cuando había acordado con Estanislao que iría a las montañas, sería preferible para él quedarse en la ciudad.

Agosto 29

Invitamos a comer al Dr. Rhea unos pollos a la madrileña. Discutimos sobre la situación política en Bolivia, los medios y sistemas de lucha que, en su opinión, deben usarse para llevar al poder a la izquierda. Dice que piensa que lo primero que debe hacerse es: despojarnos de nociones tradicionalmente históricas, que el poder se toma por medio de un alzamiento general, un golpe de mano, sin concebir la posibilidad de una lucha más larga y más dura, una lucha que podría durar muchos años.

La segunda cosa que debíamos hacer nosotros es hacer surgir de las masas a un líder capaz de dirigir esta lucha. Mario es muy bueno para teórico pero no es del calibre para esto. El Dr. Rhea no quiere que se tome como una crítica de su gente, pero es la verdad; Mario no es hombre capaz de dirigir al país después de la victoria y estaría mejor como Ministro de Educación y Propaganda.

La tercera cosa es analizar cuidadosamente el fracaso en Perú, Argentina y la actual situación en Venezuela. Él cree que los errores han sido básicamente de táctica militar. Para evitarlos en este país, deberíamos aprovecharnos de las muchas experiencias que podían ayudarnos; deberíamos evitar los errores señalados anteriormente.

En cuarto lugar, un análisis objetivo de la posible zona de operaciones no debería ignorar la búsqueda de medios para movilizar a las masas campesinas. Cuando comience la lucha, no debemos perder de vista las características del campesinado; no debemos olvidar lo poco que significa la lucha por la tierra porque tenemos miles de hectáreas de tierra desocupada. Por ejemplo, en la zona del Beni (no en nuestra zona de operaciones) una situación está a punto de ser creada de la cual se debería obtener ventaja: las Naciones Unidas están interesando a Barrientos sobre el control de las plantaciones de coca como medio de controlar el contrabando de cocaína. Cuando se den esos pasos, el descontento aumentará porque para los indios la coca es algo más que un estimulante. Es un fetiche vinculado con cada cosa de su vida. Tiene que ver con las cosechas futuras, con el hambre, con él y el futuro de sus hijos, con la muerte de sus antepasados, etc., en síntesis, con toda su perspectiva religiosa.

Hay una conversación a puerta cerrada para enviar un contingente a Vietnam. En caso de que se decida enviar tropas, esto puede explotarse a nivel nacional.

Sánchez, el compañero peruano que trabaja aquí con nosotros, llegó un poco tarde a la reunión que tenía con alguien llamado Roberto, uno del grupo de Guevara. Esto nos preocupa porque siempre hay mucha bebida en estas reuniones y no vayan a hablar allí más de la cuenta con esta gente. Mbili piensa que Sánchez no se siente muy feliz y con la suspensión del asunto de su país, está pensando regresar a Perú. Que eso está de acuerdo con él, lo comprendemos. Hablaremos francamente con él sobre el asunto y si las cosas realmente son así, enviaremos a alguien para ver a Chino a fin de darnos cuenta de lo que Sánchez sabe acerca de Ramón y actuar luego en consecuencia.

Sánchez y Pombo en La Paz.

Agosto 30

Hablé con Sánchez. Declaró que se le propuso que podría quedarse y colaborar con nosotros hasta que se crearan las condiciones de su regreso a Perú voluntariamente, y que él había aceptado, que cuando tomó esa decisión era porque se daba perfecta cuenta de lo que estaba haciendo y que estaba dispuesto a cumplir su compromiso. Pero él quería hacernos saber que se sentía dolido ya que a veces no habíamos confiado en él. Tratamos de explicarle las cosas diciéndole que nunca, en forma alguna, habíamos desconfiado de él; que, por el contrario, teníamos la confianza más grande y fe en el cumplimiento de las tareas que le habíamos encomendado.

SEPTIEMBRE

Septiembre 3

Pacho llega por tren de Chile. Plantea el asunto de la zona elegida[1] por Mongo buscando nuestra opinión; que Guevara tendrá 500 dólares; la visita de Dantón,[2] cuya misión es hacer un estudio geopolítico de la zona elegida y discutir los informes de Guevara con él... La idea de Mongo es llegar sin aviso previo. Se concentraría la atención en el grupo de Guevara.

Todas estas cosas están en conflicto con el trabajo que se hizo, que fue comenzado para situar algunas personas en la zona alrededor de Camiri con, principalmente, el grupo del Partido. Tenemos prácticamente todo lo que necesitamos (la finca, 45 fusiles, ropa, etc.); parte del equipo ya lo tenemos en la zona de Santa Cruz. Pero, con el plan de Mongo, nos vemos obligados a trasladar nuevamente las cosas a La Paz en ruta al Beni. Debemos tener a alguien del Partido para que se haga cargo de la finca y la pongan a producir a los efectos de no despertar muchas sospechas.

Septiembre 5

Voy al cine con Pacho. Discutimos varias cosas. Él conoce la actitud de Mbili hacia los nuevos planes. Le explico que, básicamente, es porque él está disgustado de saber que se ha

---

[1] Alto Beni.

[2] Jules Régis Debray (Dantón, el Francés). Francés.

decidido prestar atención a Guevara. Todas las relaciones de Mbili son con el Partido, que está comprometido para unirse a la lucha y ha proporcionado a la gente que nos ha estado ayudando más para comprar armas y equipo. Aun cuando el plan del Partido es de alzamiento general, nos han prometido darnos 20 hombres para las guerrillas. Si la cosa fracasara (esto es, el levantamiento general) todos ellos irían a las montañas. Le conté también cómo Estanislao ha vacilado bastante en relación con estos 20 compañeros; que él incluso había ido tan lejos como para amenazar con retirar a los cuatro hombres que, de acuerdo con un convenio con Manila, debían estar a nuestra disposición incondicional haciendo abstracción de donde se desarrollara la lucha. Luego le conté cómo Estanislao había dicho que no se acordaba de la promesa de 20 hombres. Pero Mbili, que fundamentalmente se encuentra bajo la influencia del Partido, tiene prejuicios contra Guevara, considerándolo como un individuo que crea problemas, incapaz de alzarse verdaderamente. Esto me lo contó Tellería. También le hice conocer la opinión de Sánchez sobre el hombre, creyendo que su opinión es de algún valor porque es uno de los que se entiende con Guevara. Ninguno de nosotros ha tenido algún contacto con él. Sánchez piensa que Guevara es de algún valor, que se ha mostrado capaz de organizar su grupo, que ha decidido unirse a la lucha, que no tiene otra alternativa que aceptar nuestra ayuda o luchar por sí solo, dado que él es un disidente del Partido oficial 3 y del grupo de Zamora,[4] el partido pro-chino.

Septiembre 6

Con la participación de Sánchez y Mbili, procedimos a analizar la situación que habían creado las nuevas indicaciones para nosotros y la mejor manera de resolver el problema. El

[3] El PCB.

[4] Oscar Zamora. Disidente del PCB en 1964, formó el Partido comunista Marxista-Lenilista, el cual tenía una orientación política maoísta.

problema más complicado es nuestra relación con el Partido, ahora que hemos decidido organizar las cosas con Guevara y teniendo órdenes de cortar prácticamente nuestras relaciones con el Partido, al menos temporalmente. El otro problema es el de la finca que ha sido comprada cerca de Santa Cruz de la que ahora nos vemos obligados a desembarazarnos.

Se acordó enviar a alguien para hacerse cargo de la finca de modo que no se haga sospechosa al quedar abandonada, e ir urgentemente a la zona del Beni para comprar una propiedad con el mínimo de requerimientos. Deseamos saber algo de Manila acerca del asunto de romper con Estanislao, o por lo menos escuchar que ellos nos autorizan para seguir adelante con los hombres que tenemos. Para conservar las cosas en su nivel actual, es necesario que Ramón hable con Estanislao. Tan pronto como compremos la finca, iremos allí y trasladaremos las cosas que tenemos en Santa Cruz (armas y municiones).

Septiembre 8

Continuamos nuestras discusiones con Pacho acerca de la forma más conveniente para el viaje de Mongo, de la fecha de su regreso a Manila y acerca de la mejor forma de solucionar los nuevos problemas planteados por las nuevas instrucciones. Tenemos que llegar a un acuerdo para hacer un informe en el cual podamos cubrir, más o menos, los puntos discutidos y ampliar aquellos sobre los que llegamos a un acuerdo.

Septiembre 9

Mostramos a Pacho parte del equipo que hemos adquirido: uniformes, botas, cantimploras, radios, hamacas, machetes, algunas armas. También lo llevaremos por las casas de que disponemos como medios de contacto, por la que vivimos, etc.

Septiembre 10

Comenzamos a preparar el informe de nuestras actividades hasta la fecha:
(COPIA TEXTUAL)

De acuerdo a las instrucciones de Ud., hemos empezado a dar los pasos pertinentes para su cumplimiento. En lo fundamental adquirir la finca en la zona indicada, además queremos hacerle partícipe de algunas medidas que nos hemos visto obligados a tomar en cuanto al avance de los trabajos ya realizados en otra dirección:

1.- Todas nuestras relaciones para la organización del «baile» (la lucha) han sido realizadas con el Partido, o sea, con Estanislao.

Como ha de ser de su conocimiento, habíamos acordado con el mismo, ir a la lucha armada, cosa que habíamos explicado anteriormente. Esta expresión tiene para él la interpretación de un alzamiento general que en líneas generales fuese capaz de llevarle a la toma del poder, claro está, que ésta no es nuestra concepción de la lucha armada.

Por ello hemos discutido la necesidad de tener la organización de la lucha guerrillera en las montañas simultáneamente, para lo cual hemos obtenido de Estanislao el compromiso de entregarnos veinte hombres de los mejores, de los cuales tenemos diez con nosotros. Estamos plenamente convencidos que Mongo, al discutir con Estanislao, puede convencerle de concentrar todos sus esfuerzos en la lucha de la guerra de guerrillas. Él nos ha manifestado su disposición de ir al monte.

Al concedérsele la prioridad en las negociaciones al grupo de Moisés Guevara, se nos pone en una situación algo difícil, además, por lo que antecede no nos parece muy correcto, pues podíamos organizar un comando único centralizado en el que estuvieran la gente del Partido y las de Guevara. Para ello no podríamos romper los contactos con el Partido, por lo menos con los diez hombres de que ya disponíamos, de los cuales cinco han sido entrenados en ésa hasta que Ud. llegue y decida lo demás.

Quizás nosotros estamos algo influenciados por nuestras relaciones con la gente de Estanislao, pero mal que bien, únicamente hemos trabajado con ellos.

Conocemos que este tipo de organización abierta, Partido, tiene el riesgo de penetración, de infiltración, pero puede estar seguro de que se están haciendo todos los esfuerzos para hacer una selección estricta.

No obstante no haber tenido contacto con Guevara, nos hemos formado criterio sobre el mismo, sobre la base de sus informes y de las cosas conocidas a través de Sánchez y Francisco. Claro está, esta opinión debe adolecer de elementos de juicio profundos, cosa que esperamos resuelva «El Francés» en su informe[5] y su trato con él.

Personalmente nos parece que no merece la confianza que al parecer se le deposita. Para nosotros ha tenido algunas vacilaciones en pequeñeces que no deben dejarse de observar. Por ejemplo, nos ha vendido a través de Sánchez una Thompson. Si piensa hacer la lucha, ¿Cómo va a deshacerse de las armas? Le ha dicho una cosa a Francisco y otra a Sánchez. Al llamársele la atención ha tratado de justificarse comprobándose la falsedad de sus argumentos.

No podemos dejar de reconocer que ha planteado su decisión de luchar abiertamente por la línea nuestra, que es la guerra de guerrillas; sabemos que es un grupo de extracción de obreros, mineros y campesinos. Gente fogueada en la lucha, 20 hombres. Los reconocimientos realizados sobre la posible zona de operaciones, su organización cerrada, su disposición a integrarse en un comando único sin plantear problemas de mando, por el momento.

2.- La cuestión de la selección de la zona escogida, la zona del Beni, a nuestro criterio, es muy buena.

Queremos ponerle en su conocimiento lo que en este aspecto habíamos realizado: Después de discutir con Estanislao de las tres zonas siguientes: Caranavi, Las Yungas y Sta. Cruz.

---

[5] Jorge Vázquez Viaña. (Bigotes, Loro, Jorge). Boliviano.

Las dos primeras en La Paz. Nos decidimos por la zona de Sta. Cruz, por las siguientes razones:

a) Es una zona tropical.

b) Zona de colonizadores al igual que las otras dos.

c) Tiene grandes formaciones boscosas y está situada en las inmediaciones de la Cordillera Oriental de los Andes.

d) Es una zona de importancia económica para el país por sus grandes pozos petroleros y por el ganado. Analizamos que por esta vía nos podríamos hacer sentir en la economía no solamente en lo nacional, sino en lo internacional, pues la Gulf Petroleum tiene un oleoducto hasta Chile para embarcar el petróleo hacia los Estados Unidos. Desde este punto de vista la zona de las Yungas, Alto Beni, que ha sido escogida, es aceptable. En lo único en que se diferencia es en el punto económico, porque esta zona es la que abastece a La Paz de legumbres, cereales, etc., y a través de ella pasa gran parte del ganado que se consume, procedente de la región más llana del Beni.

En la zona de Sta. Cruz tenemos creadas algunas condiciones, hemos obtenido una finca situada cerca de Lagunillas y Gutiérrez; esta región es de indios chiriguanos. Como podrá observar en el croquis que se adjunta, está situada dentro de pequeñas alturas, además, tenemos una casa en Sta. Cruz donde están la mitad de las armas. Habíamos procedido a organizar en coordinación con el Partido, una red de abastecimiento e información. La finca la dejaremos a cargo de una familia para que se dedique a la cría de cerdos, con ello no se despiertan sospechas. Sobre las demás cuestiones, estamos tomando las medidas pertinentes, tales como: trasladar las armas, lo cual realizaremos en cuanto se consiga una finca en el Alto Beni.

3.- No comprendemos de qué forma podrá trabajar nuestro sustituto con la disposición de mantenerse aislado del Partido y de Guevara. En definitiva todo lo que hemos podido lograr ahora y en veces anteriores; adquisición de armas y otros equipos, etc. ha sido con ayuda o, a través de ellos, y no se debe olvidar nuestro desconocimiento del país.

No tenemos posibilidad de conseguir los documentos, pues por instrucciones de ésa, nunca hemos hecho relación con la gente que los consigue por cuestiones de seguridad, por lo que no queda más remedio que usar los canales del Partido.

4.- En nuestro informe anterior pedimos orientación sobre la forma de resolver la cuestión de Perú. A la vez que informamos, hemos procedido a informarle a Sánchez a los efectos que le hiciera llegar al Chino el cambio de bola,[6] le reiteramos nuestra decisión de seguirle ayudando en un plano secundario con relación a la cosa boliviana. El Chino contestó accediendo a que Sánchez colaborase con nosotros en el Plan de Bolivia, pero a la vez nos hizo patente su opinión y decisión de trabajar, nos manifestó que aunque los trabajos habían ido lentos, se realizaban con paso firme, que su organización se mantiene en la decisión de ir a la lucha armada cueste lo que cueste. Pedimos se nos oriente sobre si le comunica suspensión temporal de la ayuda y en caso de que sea contraria que se le mantenga, en qué forma se materializa la misma y hasta dónde.

5.- De ser posible nos envíen a los compañeros Freddy Maymura[7] y Lorgio Vaca[8] y acelerar el entrenamiento de Inti[9] y Coronado.[10]

6.- Es necesario se nos envíen algunas direcciones en Praga para establecer contacto, que se espere en el aeropuerto a los que viajan por esa vía y evitar que pongan el cuño de entrada.

7.- En el reciente Congreso del Partido de Uruguay, el Cro. Kolle[11] sostuvo conversación con miembros de la organización de Brizola,[12] quienes manifestaron su decisión de ir a la lucha

---

[6] Ciro Algarañaz Leigue. Hacendado dueño de la propiedad más cercana a la finca de Ñancahuazú. Arrestado por el ejército que lo acusaba de ser colaborador de los guerrilleros, fue procesado en Camiri y más tarde absuelto.

[7] René Roberto Olivares García. Militante del PCB. No se incorporó a la misión.

[8] Lorgio Vaca Marchetti (*Carlos*). Boliviano.

[9] Guido Álvaro Peredo Leigue (*Inti*). Boliviano.

[10] Benjamín Coronado Córdova (*Benjamín*).

[11] Jorge Kolle Cueto (*Kolle*). Dirigente del PCB. Boliviano.

[12] Leonel Brizola. Político y revolucionario brasileño. Fue dirigente del

armada y le pidieron ayuda al Partido para comprar armas y equipos, a la vez solicitaron personal que sirviera de guía para entrar a territorio de Brasil. Manifestaron su interés de que el Partido les gestionara con nosotros el envío de los compañeros Coronel Arana y Cap. Alfredo Riveiro Damut, piloto F-86 a Cuba, a los efectos de informar y discutir ayuda.

Se pide orientación en caso de que se apruebe: la forma en que se deben sufragar los gastos de viaje y los contactos para los mismos en Praga.

8.- De ser posible nos manden un tromblón para tirar granadas de FAL adaptado a Mauser.

Queremos también tratar el punto sobre su decisión de viajar a ésta sin que sea de nuestro conocimiento la posible fecha de llegada y vía. Creemos que eso es un error, ya que se pueden tomar algunas medidas de seguridad por nuestra parte que evitarían cualquier posible peligro, podíamos esperarle en cualquier punto del país y darle su debida protección; inclusive estamos en condiciones de ir a esperarle a Chile. Para ello tendríamos el manto adecuado.

Al Pacho hemos explicado los inconvenientes que puedan presentarse viajando por carretera, pues aparte del camino tenemos la gran cantidad de controles existentes, además con el tiempo que dispone no se puede conseguir la documentación en Chile para poder pasar con movilidad de un país a otro.

Nuestro plan para su viaje es a través del Brasil, o sea: Francfurt, Sao Paulo y de ahí Sta. Cruz, donde lo esperaríamos saliendo directamente a la finca que está a 12 horas. En este aeropuerto el control es menor, prácticamente no hay ninguno. Donde únicamente tendría que someterse a algún control sería en Brasil. Ya le hemos explicado a Pacho en qué consiste, llegando a la conclusión que es el 50% menor que el control de Chile. Además solamente tendría escala en un país de Améri-

---

Partido Trabalhista Brasileño (fundado por Getulio Vargas), después denominado Partido Demócrata Trabalhista (PDT). Fue gobernador en Río Grande del Sur y en Río de Janeiro.

ca, mientras que por la otra vía sería en varios países. Esto se lo informamos para que usted analice y recapacite sobre su decisión.

Septiembre 11

Se completa el informe con algunos puntos que se nos habían olvidado. No se cifran.

INFORME SOBRE LA FINCA DE ÑANCAHUAZÚ, SU UBICACIÓN, RELACIÓN DE ARMAS Y EQUIPOS:

La propiedad de Ñancahuazú está ubicada en la provincia de Sta. Cruz, por la región suroeste de la citada provincia, en zona montañosa de exuberante vegetación, pero poca agua en la zona. aunque en la propiedad hay en abundancia. Ñancahuazú está en un cañón entre las Cordilleras y Serranías de las Pirirendas al este y las serranías Incaguasi al oeste. Esta cordillera se extiende al Sur, llegando hasta la cordillera de Salta en la Argentina. Los límites de la finca son: al Norte, la propiedad de Iripití (deshabitada) el propietario de ésta es el mismo que nos vendió la finca, el Sr. Remberto Villa,[13] que vive en una finca llamada «Terraza» cerca de Lagunillas a unos 20 kms. de Ñancahuazú, o sea, al sur de la finca «El Pincal»de Ciro Algarañaz que se dedica a la crianza de cerdos.

La finca está a 250 kms. de Sta. Cruz por el camino que une a ésta con Camiri. siendo relativamente aislada. Se puede llegar a ella sin entrar a Lagunillas que está a 25 kms. de Ñancahuazú, entrando por un desvío que hay a unos seis kms. al sur de Gutiérrez. Por esta vía sólo se pasa por la propiedad «Aguada Grande» de Audel León, un joven campesino. Viven en su casa diez personas. todas de habla guaraní, idioma que predomina en esta región. La casa de León está a unos 200 mts.

---

[13] Propietario de la finca Ñancahuazú que fue vendida a Roberto Peredo Leigue (Coco). Más tarde fue arrestado por el ejército acusado de ser colaborador de los guerrilleros.

del camino sobre la loma, de forma que se puede pasar sin ser vistos.

Faltando unos 3 kms. para la finca está la casa de Ciro Algarañaz sobre el camino. Este hombre es el único peligro para el trabajo por ser el vecino más cercano y extremadamente curioso. En tiempos de Paz Estenssoro,[14] fue intendente de Camiri. Después de haber comprado la finca nos enteramos había dicho que íbamos a poner una fábrica de cocaína, aprovechando la salida de la finca. Está interesado en que le compremos algunas cabezas de ganado, (res y cerdos) por ello tiene buenas relaciones con nosotros. Vive en Camiri, va los fines de semana allí de donde regresa los lunes en la noche, a veces se queda más tiempo.

Por lo demás, no siendo este inconveniente, la propiedad reúne las condiciones para hacer el trabajo; no es grande por el momento, aunque crearemos las condiciones para ello construyendo una casa más adelante para que no nos vea la gente, ya que la actual está donde termina el camino aunque el problema radica en el traslado de la gente, pues hay que burlar a Algarañaz.

El viaje de Sta. Cruz, como tiempo récord en primavera, se hace en doce horas. El tramo de Mora a Río Seco se pone casi intransitable; la demora puede llegar a dos días o más.

La finca tiene 1.227 hectáreas con bastante madera, sobre esta base los planes legales son: cría de cerdos primero y un aserradero después.

---

[14] Víctor Paz Estenssoro. Fundó en 1938, con Siles Suazo y Carlos Montenegro, el Movimiento Nacionalista Revolucionario (MNR). Fue elegido presidente de Bolivia en 1951 y un golpe militar le impidió asumir el poder hasta el 9 de abril de 1952, después de una insurrección popular que derrota al ejército. En tres períodos resulta presidente: 1952-1956, periodo de la revolución democrático-burguesa; 1960-1964 (Juan Lechín como vicepresidente) con un viraje a la derecha. En 1964 fue reelegido (René Barrientos como vicepresidente). El 4 de noviembre el propio año Barrientos y Ovando organizan una revuelta que culmina con un golpe de Estado militar y Paz Estenssoro huye a Lima.

Algo de importancia es que al norte es posible hacer travesías hasta Valle Grande por zonas montañosas y boscosas, de ahí en adelante el bosque disminuye su intensidad. Al sur se puede ir por regiones de naturaleza similar a la finca, hasta la Argentina.

Se han tratado con el portador las siguientes cuestiones que no están en el informe:

1. Asunto General Esprella
2. Asunto del Becado
3. Asunto de Uruguay
4. Asunto de los tromblones
5. Opinión sobre el próximo viaje.

Septiembre 12

Despedimos a Pacho en viaje de regreso a Manila. Acordamos comprar por lo menos cuatro pares de botas en París y enviarlas a las direcciones comerciales que le dimos, porque las locales no valen un demonio. Esperamos el libro de Tania y nada se nos entregó.[15]

Septiembre 13

Mbili sale con Rodolfo para ver la finca en el sector del Alto Beni.

Septiembre 16

Mbili regresa de su gira; dijo que no estuvo el tiempo preciso porque el Francés está en esa zona y es inaconsejable que él los vea frecuentemente.

Este es un sector de colonos, 16.000 familias (10 hectáreas por familia) ocupan todo el área. Por los bosques pasan

---

[15] Hace referencia a un documento que debía entregar Tania.

cazadores o gente que busca quina. Un hombre nos venderá su parcela (10 hectáreas) y otro aún no está decidido. El problema es el número excesivo de colonos. Es posible obtener una concesión maderera en la zona de Reserva Forestal pero se requiere dar un número de pasos y algún tiempo. Estamos tratando de obtener autorización para tener 400 hectáreas.

Septiembre 19

Vamos con Ricardo para dar protección a uno de nuestros compradores de armas. Mientras esperábamos a dos cuadras de allí a quien iba a hacer la entrega, hablamos sobre el giro de los acontecimientos (la decisión de Mongo de trabajar con Guevara). Nuestras discusiones estaban dirigidas principalmente a tratar de encontrar la forma que garantice el éxito de nuestra acción. Al respecto pensamos sobre la necesidad de invertir razonablemente en esta región para evitar derroche de recursos, planear bien con calma y en grande, tratar de atar todos los cabos juntos a fin de evitar fracasos, organizar bien las cosas con los vecinos o territorio vecino, en caso de que sea necesario para Mongo cruzar por alguno de esos países.

Debemos olvidar ahora la idea de que la lucha en Cuba comenzó con 12 hombres. La lucha bajo las circunstancias actuales debe comenzar con el mayor número posible de fuerzas. También tener en mente que el impacto de las guerrillas en el continente no es el mismo que en una isla estrecha.

El sustituto de Mbili debe ser alguno cuyas características faciales sean similares a las de los bolivianos y debería tener una buena cobertura.

Septiembre 23

Mbili ha sido citado por Estanislao para discutir algunos problemas. Todo indica que esta reunión ha sido provocada a causa de las actividades del Francés. También nos cuenta Facundo que hemos recibido mensaje de Manila. Nos da el nombre y el número de habitación del hotel Sucre en que está alojado un cuba-no,[16] esto demuestra que nos siguen.

Septiembre 24

(COPIA TEXTUAL) Mensaje 5: Ariel: En el mensaje anterior comunicamos algunas cuestiones relacionadas con el Partido, las cuales sufren modificaciones de acuerdo con la actitud.

Hace varios días fuimos localizados y llamados a discutir con Estanislao en presencia de los cuatro.

En esta reunión se nos planteó que al parecer, nuestro Gobierno está estableciendo algún contacto con los fraccionalistas a través del Francés Debray, ya que el mismo ha ofrecido viajes a esa a algunos elementos fraccionalistas. Piensan que estas manifestaciones son una desconfianza hacia ellos con lo cual no están de acuerdo. Además, que han visto al mismo por las tres regiones propuestas para las actividades guerrilleras.

En cuanto a Moisés Guevara no conocen nada.

Desean se les aclare esta situación, ya que ellos no están dispuestos a que se juegue sucio, ni tampoco a integrarse a un comando único con los fraccionalistas, pues consideran que son sus enemigos en todos los campos.

Planteamos que desconocíamos la misión del Francés, que nuestro Gobierno no nos había informado acerca de estas cuestiones pero que queríamos aprovechar esa oportunidad para plantear algunas deficiencias que habíamos observado:

1.- Que ellos no han demostrado tener confianza en la lucha guerrillera.

2.- No han tomado ninguna medida en lo que a organización se refiere, más bien ven las cosas como algo que no resuelve nada.

A lo que contestaron que han estado concentrando todos sus esfuerzos en el levantamiento general y tenían la guerrilla como una cosa secundaria.

---

[16] Se trataba de Alberto Fernández Montes de Oca (Pacho o Pachungo).

Al preguntarles qué habían hecho hasta el momento para el levantamiento, contestaron que nada.

Explicamos que no podíamos estar aquí veinte años esperando por ellos. Propusieron mandar un emisario a Cuba para discutir la cuestión. Conversando con el Coco, nos manifestó que Mario le había pedido viajase a Cuba para plantear lo referente a su renuncia en la dirección del Partido para integrarse a la lucha guerrillera.

En nuestro anterior informe planteamos el asunto de nuestras relaciones con el Partido, porque no es sencillo romper los compromisos contraídos. Se esperan orientaciones.

En el viaje de recorrido buscando la finca, nos encontramos con el «Francés», quien trató de tomarnos una foto, cosa que no logró. Pensamos que pudo retratar el Jeep, ya que se dedicaba a tomar fotos de todos los vehículos de organismos oficiales.

La zona indicada para la finca como ya conoce, es de colonización, en los bosques se tropieza con una gran cantidad de campesinos en busca de caza, pesca o la quina. Esto conlleva el riesgo para un grupo regular de ser detectado en corto tiempo. Tienen tropas concentradas, las que construyen la carretera Caranavi-Sta. Ana. El campamento control está en Palos, son tropas de trabajo, no ejército regular.

Todas estas situaciones nos han alejado algo, por lo que solicitamos conseguir 400 hectáreas en zona sin colonos, con los requisitos legales y asentarnos; dedicándonos a la producción agrícola y porcina.

La finca, después de construir la casa, quedará situada entre Sta. Ana y Palos, además, compraremos dos parcelas de veinte hectáreas que están a una distancia de dos kilómetros antes de llegar a Belén, a la orilla de su carretera. Esta posición nos servirá de trampolín para llegar a la otra finca, pues la misma está en las márgenes opuestas del Río Beni, la única vía fluvial (se anexa mapa).

En esta finca dejaremos el Jeep guardado y almacenaremos provisiones.

En caso de que Ud. demorara algo más de lo planificado,

sería conveniente viajar nosotros a ésa para obtener orientación con mayor amplitud sobre la situación actual. Fin.

Septiembre 28

Acompañando a Ricardo nos entrevistamos con Estanislao. Fuimos informados de las preguntas que serán enviadas a Manila.

Estanislao comenzó a explicar que su compromiso con Manila era de ayudar a organizar el asunto del sur, esto es, disponer 20 hombres y entregarlos a Mbili y, además, coordinar con Brizola el asunto del Brasil. Él dijo que el plan estratégico daba importancia secundaria al asunto de Bolivia y que la organización y dirección del plan boliviano eran de su responsabilidad y que, en el momento oportuno, él pediría ayuda. Agregó que estos eran los compromisos hechos en Manila. Manifestó que igual cosa había planteado a los soviéticos, los que le expresaron su decisión de darle ayuda. Ahora debe considerarse la llegada del Francés, que por segunda vez se ha dedicado a criticar al Partido, Estanislao dice que el Francés está íntimamente ligado al Partido de Zamora y que en nombre de nuestro gobierno está ofreciendo viajes a Cuba.

Estanislao dice que ha visitado la zona de Caranavi; que de Cuba ha recibido la orden de un cambio de ubicación de la finca a la región del Alto Beni, una región de donde una guerrilla no puede irradiarse a otros países. Se ha podido dar cuenta que el punto central del plan es Bolivia y manifestó que él está al margen de todo.

Por esta razón Estanislao cree que es deber informar al Partido lo que está pasando. Estanislao agregó que aun cuando apoya la lucha armada, no tiene nada que ver con todo el asunto, aunque quiere dejar claro que existe la propuesta hecha por él al Secretariado de abandonar la dirección del Partido, pues esto beneficiaría a la organización. Él cree que no se está cumpliendo lo acordado en Manila.

Le expresamos que nosotros no aceptamos sus argumentos porque es contrario a todo lo acordado con él antes. Todo el proceso ha sido informado a nuestro país. En primer lugar, hace dos meses comunicamos al compañero Estanislao que los planes para el sur son hoy secundarios y que la actividad central estaba aquí, en Bolivia, porque se pensaba que este país, por el momento, era uno de los que reunía las mejores condiciones. Él estuvo de acuerdo con ello.

Continuamos manifestando que le informamos la necesidad de dejar la zona del sur porque la finca estaba dentro de un cuartel prácticamente, por lo que era mejor proceder a discutir en dónde sería mejor su ubicación. Se debatieron cuatro zonas: Alto Beni, Las Yungas, Cochabamba y Santa Cruz. Se acordó mandar hombres a explorar las mismas y nosotros propusimos a Manila las cuatro zonas de las cuales hace unos días ha sido escogida una.

Le decimos entonces: Estanislao, no podemos comprender por qué dice Ud. que no conoce nada del asunto y no vemos dónde y enqué momento hemos interferido. Porque si usted no estaba de acuerdo, debió haberlo planteado hace dos meses.

Él continuó sosteniendo que no sabían nada del cambio de planes hasta ahora, que nosotros le habíamos contado acerca de las condiciones como pensando que se relacionaban con el sur. Pero cuando Facundo le habló acerca de los cambios de zonas, él entendió que estábamos hablando de Bolivia. Nosotros le explicamos que eso no podía ser así, porque en reiteradas ocasiones y en presencia de los cuatro, ellos habían tenido conocimiento de todas las cuestiones tratadas con él.

Él admitió que el asunto de Bolivia era idea suya y que Bolivia era el lugar ideal, pero dijo que él no toleraría que se hicieran las cosas a sus espaldas; que él iba a participar en la lucha pero que iba a dirigir las cosas: políticamente él no podía aceptar ser un títere en nuestras manos, insistió; en su opinión las cosas debían organizarse mejor, que él estaba participando en la lucha pero debía realizarse con todo el Partido. Que tenía necesidad de participar más en la dirección y organización del asunto para asignar tareas a las cuales podía asegurarse una mejor organización.

Declaró que estaba listo a unirse a un comando con cualquier organización pero que estaba seguro de que Zamora no se uniría a la lucha.

Explicó que se vio obligado a tratar de despistar al Secretariado porque sus miembros hablaban mucho, porque en el Uruguay, Arismendi[17] habló de nuestra presencia aquí y acerca de la posible llegada de Ramón para el asunto del sur. Arismendi exigió que los secretarios generales de todos los partidos sean informados, y si no, él se ocuparía personalmente.

Se acordó la salida de Coco para informar el asunto inmediatamente a Manila. Se nos dijo que en el caso que la dirección del PCB decidiera no participar en la lucha, no contaríamos ni con él ni con el personal prometido o el apoyo de los cuatro, a menos que ellos decidieran ir bajo su propio riesgo. Mientras salíamos, llegaban los otros miembros del Secretariado: Kolle y Reyes.[18] Ellos nos contaron que Debray había regresado de Cochabamba y que salía el martes.

Al discutir la situación, llegamos a la conclusión de que el asunto del Uruguay debería decidirse antes de la llegada de Mongo, porque era necesario enviar a alguien a Manila. Pensamos en Sánchez pero Mbili necesita urgentemente ir como me lo contó hace pocos días. Por consiguiente, se acordó preparar una agenda y que fuera Mbili. Mientras tanto, con Rodolfo, nos ocuparemos del asunto de la finca.

Septiembre 30

Acordamos hacer un análisis amplio de las cosas y contar a Rodolfo el estado de nuestras relaciones con el Partido y asegurar su posición en el caso de que se tome la decisión de seguir adelante con la lucha utilizando otra gente. Explicar que nada se hizo sin el Partido con referencia a su posición. La

[17] Rodney Arismendi, secretario general del Partido Comunista de Uruguay de 1955 a 1988.

[18] Simón Reyes Zayas, uno de los líderes del PCB. Fue secretario de relaciones de la Federación Sindical de Trabajadores Mineros de Bolivia (FSTMB).

misma cosa se hizo con Coco quien respondió que estaba decidido a luchar hasta la muerte aunque el Partido no fuese a la lucha. Mbili piensa que es mejor llevar a Rodolfo y retenerlo en la finca sin que sepa qué asuntos se discutieron con Mario; y cuando el asunto sea resuelto en Manila, ver si está decidido o no a continuar con nosotros. Me opongo a esto porque pienso que el hombre que participe en esta lucha debe estar en conocimiento de las condiciones y no tener nada que impida su trabajo o justifique su deserción cuando se vea obligado a enfrentarse con las durezas de esta vida. Estos son los sacrificios que el éxito exige de nosotros.

OCTUBRE

Octubre 2

Rodolfo viaja para comprar la finca. Posteriormente, iremos Tuma y yo.

Octubre 4

Mbili sale para su tierra para explicar la situación. El avión sufrió una ligera avería y él tuvo que cambiar de planes. No salió. Discutimos nuevamente con Sánchez el contenido del mensaje recibido anoche que, cuando fue descifrado, decía así:
(COPIA TEXTUAL)

TACO: A partir de octubre 10, debes hacer tú sólo el siguiente recorrido: Diariamente, a las 21 horas, a pie, empezando en la Plaza del Estudiante, (principio del Prado) subir por México hasta Almirante Grau, Renán[1] te interceptará en este recorrido, lleva orden de hacer un sólo contacto contigo. Sobre el mensaje que trajo Pacho:

1. No tenemos ninguna seguridad sobre Guevara, sólo estamos corroborando sus compromisos. No te preocupes por las relaciones políticas entre nosotros, Estanislao y Guevara. Lo importante es garantizar las condiciones necesarias, continúa relaciones con Estanislao evitando discusiones. Ayuda pedida se le dará más adelante.

2. La finca actual es buena, consíguete otra sin trasladar armas a la misma hasta que te avise.

---

[1] Renán Montero Corrales (Renán). Enlace con Cuba.

3. La red de abastecimientos propuesta debe continuar trabajándose sobre la forma que trabajará Renán, no te preocupes de eso.

Cumplan instrucciones al pie de la letra, documentos no son necesarios.

Ayuda al Chino se canalizará desde aquí, manteniéndose los vínculos con Sánchez.

Espera adquisición de equipos, hacerlo con mucha prudencia en esta etapa.

Lorgio Vaca salió para ésa el 24 de septiembre.

Proposiciones invitados, envíalos primero de enero. Asunto brasileros se resolverá por otras vías.

Envía cable firmado Gloria a:....reportando acuse de recibo. Abrazos para todos. Ramón. (Fin). 26 de septiembre 1966.

Octubre 5

Llega Rodolfo e informa que adquirió la finca pero cree que todavía no debemos ir allí porque no ha sido deslindada la propiedad y nuestra presencia podría atraer la atención de los ingenieros, etc. También, en su opinión, es mucho mejor ir allí el martes, día 12 (Tuma y yo). También dice que, después de haber estado en la zona tres días, pensó que nuestra permanencia allí sería corta porque los soldados patrullan la zona. Sin embargo, decidimos recorrer el sector y nosotros mismos decidiremos si nos movemos allí o a Ñancahuazú y dejar la construcción de viviendas a la orilla del río en manos de Rodolfo.

Octubre 6

Mbili sale para su país. Se recibe un mensaje de Manila, que una vez descifrado es llevado al aeropuerto para entregarlo a Mbili.

Comienzo Nº15. Taco, recorrido día 10, calle México, queda modificado, comenzar este recorrido a partir 15 Oct. Saludos Ramón. Oct. 6 de 1966.

Octubre 8

Conversamos con Facundo acerca de la tierra que ha sido pedida y de cuándo recibiremos el memorándum autorizándonos a tomar posesión de ella. Me dijo que las peticiones fueron negadas y que nuestra única alternativa era aceptarla a 15 kilómetros más lejos; o, si no, aceptar como colono 16 hectáreas en la zona solicitada. Pensamos que para aceptar más adentro deberíamos tener permiso legal para comerciar. Esto probablemente significa que tendríamos que llevar nuestros productos al mercado, que al estar lejos del río no hay vías de comunicación. Por lo tanto, para no atraer la atención deberíamos insistir en que la tierra límite con el río porque construir un camino sería más costoso que toda la inversión, que necesita ser justificada, primero, por el monto de la tierra que será explotada y segundo, por las posibilidades de ganancia.

Recibimos la lista de equipos comprados, para estandarizarlos. Hemos tratado de equipar a 30 hombres, aun cuando esto no pueda hacerse sistemáticamente porque Mbili ha ordenado equipos para 26 hombres. Estamos esperando la llegada de Ricardo para ordenar 30 mochilas más.

La lista original incluía equipos para 50 hombres, pero no sé el motivo por el que Ricardo la cambió sin tener ninguna idea estable en cuanto a la cantidad requerida de equipos y tipos con que contamos.

Estamos comprando víveres para almacenarlos en depósitos secretos que serán de gran utilidad para nosotros durante el primer período.

Octubre 10

Se nos ha informado que Mario quiere hablar con nosotros acerca de los resultados de la reunión celebrada con el CC.

Monje nos dijo: «He sido informado que el CC ha dado un paso positivo al aceptar unánimemente la línea de la lucha armada como la forma única y correcta de tomar el poder. Sin embargo, yo creo que mucho del apoyo a la lucha armada es solamente verbal y que ellos son incapaces de participar físicamente en ella.»

«La discusión se concentró en la toma del poder político en Bolivia. La reunión se inició con un informe sobre la lucha armada como único vehículo para la toma del poder. Les explicamos que las condiciones se están haciendo más agudas; todo señala un posible golpe de Estado o crisis de gabinete y que el régimen se está preparando para liquidar a las organizaciones izquierdistas. Concebimos la lucha armada como una guerra civil y la guerra civil como la guerra de guerrillas. Expliqué las condiciones favorables para la guerra de guerrillas y que si esto es posible éste es el país con las mejores condiciones. No deberíamos engañarnos nosotros mismos. Nos enfrentamos a un enemigo implacable, uno que tiene grandes recursos del imperialismo yanqui a su disposición, hecho que hace imposible para nosotros alcanzar fácilmente el poder. Por lo tanto, debemos creer que nuestro país podrá crear las condiciones necesarias y las acelerará con determinación de modo que otros países latinoamericanos puedan comenzar la lucha, y posiblemente muchos de estos países lleguen antes que nosotros al poder. Esta es nuestra misión de acuerdo con el desarrollo de los acontecimientos.»

Dice que cuando terminó su declaración, hablaron algunos de sus compañeros que afirmaron que hablarían abiertamente porque él (Mario) había esbozado solamente lo que hubo en la reunión y se guardaba el resto sin mencionar cuál era el papel de Cuba. El compañero Mario no estaba contando todo lo que sabía, según yo valoro, Mario dijo que respondió a estas preguntas interrogando si alguno tenía algo más que agregar, pues eso era lo que tenía que decir y agregó:

«En cuanto a la posición cubana en este asunto, el compañero Fidel me dijo que nosotros podíamos contar incondicionalmente con su apoyo tanto en hombres, equipo, etc.»

Después de aprobar la lucha armada, se planteó una pregunta sobre la posición de la dirección del Partido, especialmente la de Estanislao. Ellos sugieren que Estanislao y los otros deberían estar en las montañas con el resto de los combatientes. Se acordó que eso se discutiría posteriormente. Se propuso que Reyes sea enviado a Manila para discutir allí el problema, pero a sugerencia de Ramírez[2] se decidió enviar también a Estanislao por estar más familiarizado con el problema. También asistirían ellos al Congreso de Bulgaria.

Expliqué que estaba de acuerdo con su razonamiento, que creíamos positiva la reunión tal como él la calificaba, pero que no creía necesario que ellos viajaran a Manila para cumplir la misión que de acuerdo con la anterior decisión ya se le había asignado a Coco. Él explicó que Coco no tenía orientación de discutir nada sino de informar pues no conocía la decisión del CC, por tanto no estaba en condiciones de negociar. También lo que se discutió anteriormente era un problema planteado por Estanislao sobre su persona y no en nombre de la organización que representaba.

Sentí como si me presionaran mis sentimientos, sentí ira, encabronamiento por las debilidades y serias contradicciones en la personalidad de este hombre; pero teníamos que seguir instrucciones y no entrar en debates, de modo que pusimos el asunto a un lado y continuamos. Analizamos se debía recordar la decisión de Estanislao de quedarse en el monte y yo creo que esto es justo, pero uno no debe perder de vista las cosas de Fabricio Ojeda,[3] Turcios Lima,[4] etc.; a lo cual contestó: «y a mil otros, pero yo no pienso que esto sea vital». En todo caso, agregué, la cosa más importante era que la jefatura política se ubica-

[2] Humberto Ramírez, uno de los dirigentes del PCB.

[3] Periodista, político, parlamentario y revolucionario venezolano (1929-1962). Presidente de la junta patriótica que derrocó al presidente Marcos Jiménez. Presidió y fue el comandante del Frente Guerrillero «José Antonio Páez». El 12 de octubre fue capturado por el ejército y el 21 del propio mes muere asesinado en la cárcel.

[4] Luis Augusto Turcios Lima (1941-1966). Revolucionario guatemalteco. Estudió y se entrenó como *ranger* en EE.UU. Perteneció al ejército de su país, combatió la corrupción interna y tuvo que salir al exilio. En 1962 realiza acciones contra la dictadura y constituye las primeras fuerzas armadas rebeldes, con tres frentes guerrilleros. Era comandante en jefe de la insurrección. Muere en un accidente automovilístico.

ra en una zona segura donde el enemigo no pudiera eliminarla fácilmente y la zona más segura es el frente. Además deberían tomarse medidas de seguridad que permitirían al Partido ir a la clandestinidad cuando fuera necesario.

No debíamos olvidar ni por un momento —agregué— lo que pasó en Santo Domingo. Aun cuando usted ya me ha explicado su concepto de que la lucha armada es la guerra civil en su forma de guerra de guerrillas, pero en caso de considerarse una decisión para un alzamiento general, Santo Domingo es el antecedente de la intervención yanqui en los asuntos internos de cualquier país que, en su opinión. está amenazado por el «comunismo internacional». La decisión de intervenir en Santo Domingo fue tomada por ellos solos porque muchos de los países que participaron posteriormente en la intervención no tenían facilidades para el desembarco marítimo. Pero aquí, cualquiera de los vecinos puede cruzar la frontera boliviana por tierra y esto constituiría una intervención conjunta de los países limítrofes. Por lo tanto, considerando esta posibilidad, debemos estar preparados para la guerra de guerrillas, incluso, después de haber tomado el poder.

Octubre 13

Se recibe un mensaje de Mongo en el cual informa el viaje de regreso de Mbili.

Comienzo: Mensaje Nº 16: Pombo: Papi llegó bien. Sale rumbo a ésa, sábado 15 de octubre, Tumaine y tú deben mantenerse en La Paz, hasta nueva orden. Fin. Oct. 13 de 1966.

Octubre 15

Hablamos nuevamente con Facundo acerca de la compra de equipos y víveres, le pedimos que nos elabore un presupuesto para ello, porque es necesario saber cómo se gasta el dinero. Le dijimos que estábamos interesados en un inventario material de lo que tenemos actualmente, hasta ahora no sabemos de qué equipos disponemos ni dónde están situados.

Octubre 21

Llega Ricardo muy sentido y me habla acerca de los planes que tiene Ramón y las preguntas planteadas por él.

Me dice que no había motivo para que él viajara, pues Mongo le dijo que estaba pensando ir a La Paz ese sábado, que había cometido una serie de errores y que el más grande fue enviarlo a él. Esto lastimó a Ricardo muy profundamente porque su presencia allí no era por ningún interés especial en Bolivia, sino por su lealtad personal a Mongo.

Me habló del asunto de Tania: ella lo acusó de violar las reglas de seguridad y de mostrarse atrevido con ella. Mongo saldrá para aquí este sábado 22 para encontrarse con Renán en el lugar citado en el mensaje. Después debe llevar a Tumaine a Santa Cruz con seis armas para recoger a Mongo que irá a la finca en jeep. Luego Papi volverá a La Paz. Después otro hombre y yo iremos a la finca.

Octubre 22

Hablamos con Facundo, quien informa que Estanislao le dijo que viajaba a Manila para discutir las decisiones del CC sobre el asunto de la lucha armada; que ellos deseaban que su gente recibiera entrenamiento militar en Manila a fin de prepararlos para posiciones de jefatura en caso de cualquier alzamiento general y que deberíamos ir al sur porque hemos tratado de interferir en los asuntos internos del país. También, si Mbili tenía algo que discutir con Estanislao, debería decirlo, para que se preparara una reunión. Mbili dijo que no tenía nada nuevo que discutir ya que las instrucciones de Manila serían enviadas con Coco, de acuerdo con decisiones previas, a su regreso.

Octubre 24

Mbili se entrevista con Estanislao, quien le dice que va a viajar a Manila para discutir el asunto boliviano, o mejor aún, para exigir el cumplimiento de todos los acuerdos y compromisos hechos a él, tales como el de ir nosotros al sur y ellos encargarse de los asuntos en Bolivia. Al mismo tiempo él culpó a Mbili de muchas de las cosas ocurridas aquí y le recordó que algún día la historia lo juzgará. Mbili dejó que continuara la declaración de Estanislao en vista de las instrucciones recibidas de Manila sobre el hecho de que Mongo tenía la intención de entrar en contacto con todas las organizaciones, incluyendo la de Lechín,[5] en donde la de Mario tiene un papel principal. Mbili considera que la historia juzgará la conducta de ambos y decidirá quién estaba equivocado.

Mi criterio es que Mbili se muestra muy blando con Mario; pues debía responsabilizarlo ante los testigos presentes por lo que sucedería a nuestro alrededor, debido a un error de nuestra parte. Ellos son los únicos que conocen los planes tácticos en detalle.

Estanislao pide 2.000 dólares a Mbili para pagar sueldos del Partido. Mbili rehusó dárselos diciéndole que sólo tiene 5.000 y que no se quedará sin dinero cuando es responsable de varios compañeros, Estanislao alegó entonces que no le pediría un préstamo, pero en cambio le pediría una suma para cubrir los gastos del pasaje del muchacho[6] a Bulgaria, dejando así de lado el acuerdo anterior de que los búlgaros pagarían el pasaje de Chile a Bulgaria y nosotros de Bolivia a Chile.

Mbili le dijo a él que nosotros no toleraríamos un chantaje de nadie y que ese pedido era precisamente eso. Viendo su error, él cambió de actitud. Luego trató de ejercer presión al mencionar la situación de la familia de la gente que nos había dado. Después hizo un análisis de los 25.000 dólares que le dieron en Manila y de los 20.000 dólares que le entregaron en la Unión

---

[5] Juan Lechín Oquendo, máximo dirigente de la Central Obrera Boliviana. Fue miembro del MNR y vicepresidente de Bolivia con Paz Estenssoro (1960-1964), etapa en que se rompe las relaciones con Cuba.

[6] Se refiere al joven boliviano estudiante de ingeniería eléctrica, Mario Martínez, con el que estaba casada Tania. Él continuó estudios en Bulgaria (becado), lo que facilitó el trabajo de ella.

Soviética para el FLIN[7] y que ellos no le habían entregado, afirmando que se lo iban a administrar, añadió que no permitirían el hambre en las familias de los hombres que estaban con nosotros. Estuvimos de acuerdo en darle 1.000 dólares. Él declaró que creía que Fifo[8] no lo recibiría debido a los resultados de nuestros informes.

Nuestros informes muestran lo contrario, nuestro mayor error ha sido darle nuestra confianza y mantenerlo informado sobre casi todas las cosas.

Octubre 25

Tenemos la oportunidad de preguntarle a Rodolfo qué le parecen las cuestiones tratadas con Estanislao, porque él se encontraba presente. Nos manifestó, tratando de justificar a éste, que Estanislao tiene bastante presión dentro de su organización y esto lo hace ser vacilante, pero que con ellos podíamos contar, que estaban dispuestos a cumplir su palabra y que además irían como militantes a discutir con Estanislao. Manifestó su disgusto con éste porque había prometido a su esposa mandarla a la Unión Soviética y que después le había comunicado que si seguía trabajando con nosotros, esto no podría ser cumplido.

Le recuerdo a Rodolfo que Mbili le ha prometido que si las familias lo desean, pueden ir a Manila sin mayores problemas. Pero él respondió que Estanislao ya lo acusó de ser un mercenario y él no desea darle motivo alguno para justificar su acusación.

Octubre 28

Mbili nos cuenta que ha llegado Renán y que preparemos las cosas de Mongo en un pequeño maletín.

---

[7] Frente de Liberación Nacional. Este organismo fue creado por solicitud del sindicato del centro minero Siglo XX. Uno de sus principales organizadores fue Rodolfo Saldaña.

[8] Fidel Castro Ruz.

NOVIEMBRE

Noviembre 4

Mbili nos comunica que Mongo ha llegado y nos pide que no digamos que él nos lo contó porque Renán dice que Mongo no quiere que lo sepamos. Esto nos sorprende porque parece inconcebible que Mongo no confíe en nosotros. Preocupados por esto, no podemos dormir y tampoco Tumaine.

Mbili llega a eso de las 7 a.m. y nos dice que hubo un mal entendido de parte de Renán porque lo pedido por Mongo es que no vayamos todos juntos a verlo, que estuviéramos listos para partir al anochecer. Yo iré con Bigotes en el segundo jeep y en el primero irán Mongo con Pacho y Tumaine.

Noviembre 5

Pacho y Tumaine salen a las 6:30. Yo me despido de Ambuina y María[1] con el pretexto de regresar al Ecuador. No puedo hacer eso con Augusta ni Mirna.[2] Son cerca de las 10 cuando partimos.

Noviembre 6

Llegamos a Cochabamba a las 9:30 a.m. habiéndonos en-

[1] Ambuina era la propietaria de la casa en la que Pombo estaba alojado, y María era la empleada de ella.

[2] Augusta y Mirna eran vecinas que vivían enfrente.

terado en el puesto de control del Alto que el otro vehículo pasó a las 08:00. Seguimos viajando y a eso de las 9 p.m. llegamos al cruce del camino de Santa Cruz, donde tomamos un pequeño desvío por el camino a Camiri.

Noviembre 7

Estamos en las orillas del Río Grande a eso de las 4 a.m. Aún no sabemos por dónde vamos a cruzar el río en una balsa. Después de las 6 a.m. encontramos el punto del cruce y nos unimos al otro jeep que nos espera. Acordamos cruzar separados hasta un lugar donde cogeríamos delante nosotros para buscar donde pasar la noche. Después de buscar el ingreso del camino que conduce a la finca, nos detenemos en un remoto lugar en el poblado de Gutiérrez, donde Mongo, mientras comíamos, se presenta a Bigotes y le informa de su decisión de venir a luchar en Bolivia porque es el país con las mejores condiciones como base para la guerra de guerrillas en el continente. Mongo le cuenta que los planes, junto con su presencia, alargarían las posibilidades de una victoria rápida, pero no podemos darnos el lujo de soñar con una revolución solo en Bolivia, sin tener por lo menos una revolución en un país costero, sino en toda América Latina. Si eso no sucede, esta revolución será aplastada. Ramón le dijo que vino para quedarse aquí y que la única forma en que saldrá es muerto o abriéndose paso a tiros por la frontera. Mongo quería hablar con Mario porque pensaba que él podía ayudar grandemente a la revolución. Le pidió dos favores: 1. Que le ayude a transportar a la gente que viene en tránsito; 2. Que no diga al Partido sobre su presencia alegando que él sabe lo que significa esto para un militante.

Noviembre 8

Limpiamos las armas y vamos al monte. Estamos prácticamente alzados.

Noviembre 9

Mongo y Tumaine salen en una misión de exploración y para probar las radios pequeñas.

Noviembre 10

Salgo a explorar con Pacho. Después de unas cuatro horas encontramos un lugar donde podemos establecer campamento en su tercera fase. Hay un arroyo más arriba y en el firme montes grandes. En nuestro camino de regreso llegamos cerca de la casa, donde somos vistos por el chofer[3] de Algarañaz, un señor que posee una finca vecina. A causa de esto, Mongo decide que debemos ir a vivir al monte. Construiremos una casa como aquellas que se acostumbraba construir cuando yo era niño.[4] Y así iremos a vivir con los mosquitos, marigüís, entre otros insectos infernales.

Noviembre 14

Hemos empezado a construir un local donde podremos dejar enterradas algunas provisiones. Hablamos con Mongo acerca de la posibilidad de darnos a conocer atacando un cuartel del ejército. Él dice que no a menos que se trate de uno pequeño porque no podemos correr el riesgo de comenzar con una derrota, pero debemos dar a la gente una oportunidad de asegurar su confianza y para ello lo mejor es una emboscada, donde sea segura la acción que garantice la victoria.

Noviembre 15

Mongo nos habla de los puntos que le planteará a Estanislao:

[3] Tomás Cuéllar Ruiz.
[4] Se refiere a un bohío.

1. Que él no tiene interés de índole política en Bolivia, pues a él no le importa nada la toma del poder para labrarse una posición, él, sin embargo, piensa que tiene alguna experiencia para dirigir las operaciones militares y controlar las finanzas, pues donde hace falta la plata es aquí adentro. Podemos pedir ayuda a China y a la Unión Soviética explicando a los chinos que sin ningún compromiso político. Podíamos enviar a Guevara a China con una carta nuestra para Chou En Lai[5] y también podemos enviar a Mario con un compañero a la Unión Soviética de modo que al menos diga cuánto le han dado.

Mario tiene que comprender que la lucha en Bolivia será larga porque el enemigo concentrará todas sus fuerzas contra ella. Bolivia se sacrificará en aras de que las condiciones para la revolución se creen en los países vecinos.

Tenemos que hacer otro Vietnam en América con el centro en Bolivia.

Noviembre 16

Pacho y yo salimos de exploración buscando un lugar cerca del arroyo para establecer el campamento en la tercera fase (cuando todos lleguen), pero tenemos que esperar la llegada de Mario para comenzar las conversaciones.

El lugar está bien escondido. El único problema con él es su visibilidad; uno solo puede ver a unos 40 metros, lo cual significa que el enemigo será descubierto solo cuando esté encima de nosotros. Hay una posibilidad de que coloquemos una avanzada detrás del arroyo o en las lomas distantes para informar por radio o teléfono para ahorrar mucho tiempo.

Noviembre 20

San Luis[6] y Pinares[7] llegan. Ricardo se quedó atrás debido

---

[5] Canciller de la República Popular China.

[6] Eliseo Reyes Rodríguez (*San Luis, Rolando*). Cubano.

[7] Antonio Sánchez Díaz (*Pinares o Marcos*). Cubano.

Tuma, Mbili y el Che antes de partir hacia Ñancahuazú.

al hecho de que el resto de los compañeros del primer grupo aún no ha llegado a La Paz. Rodolfo viene, Mongo le preguntó si sabía quién era él y responde que sí porque Mbili ya se lo ha contado. Mongo se molesta porque Mbili ha incumplido la orden de que fuera Loro quien le comunicara a Rodolfo y a Coco lo de su presencia en Bolivia.

Noviembre 21

Nos trasladamos al nuevo campamento situado en una lomita frente a la casa. Ahí se contruye un observatorio.

Noviembre 24

Marcos y yo vamos a explorar por las lomas. Me pregunta y conversa sobre algunas cosas acerca de la lucha que son optimistas, lo cual me complace mucho. Utilizó una especie de franqueza revolucionaria. Él pregunta si Ramón se siente feliz con el grupo y le digo que Ramón piensa que ni siquiera Manila puede producir otro grupo como éste.

Noviembre 27[8]

Llega el resto de los compañeros del primer grupo: Joaquín,[9] Urbano,[10] Braulio,[11] Miguel[12] y los compañeros bolivianos Inti y Ernesto.

Al darles la bienvenida brindamos por el éxito de la lucha armada con una copa de Singani (aguardiente de uvas).

---

[8] Se firma el «pacto campesino-militar» entre las Fuerzas Armadas de Bolivia y las organizaciones campesinas oficiales.

[9] Juan Vitalio Acuña Núñez (*Joaquín* o *Vilo*). Cubano.

[10] Leonardo Tamayo Núñez (*Urbano*). Cubano.

[11] Israel Reyes Zayas (*Braulio*). Cubano.

[12] Manuel Hernández Osorio (*Miguel* o *Manuel*). Cubano.

Noviembre 30

Vamos Marcos, Pacho, Miguel y yo en exploración en la dirección del primer arroyo a la izquierda. Hasta aquí hemos descubierto un tercer arroyo y la posible convergencia con el río Yaqui. Regresamos después de dos días de caminata sin alimentos, llegando al campamento en la noche del 1º de diciembre de 1966.

Pombo y Marcos en la zona guerrillera.

DICIEMBRE

Diciembre 4

Tenemos una reunión con Ramón en la cual nos da una conferencia sobre disciplina y nuestro deber de ser un ejemplo para los bolivianos en vista de que tenemos la experiencia guerrillera.

Luego dijo en síntesis:

Algunos de los compañeros bolivianos han seguido cursos sobre el manejo de armas y están mejor preparados que muchos de nosotros que nos hemos visto comprometidos en la acción política y hemos olvidado alguna de estas cosas.

Tenemos el privilegio de ser soldados probados, hemos sentido los tiros, hemos pasado por todas las pruebas de la vida guerrillera que son muy duras y las hemos superado. Somos los autores de una revolución triunfante de modo que nuestra obligación moral es mucho más grande porque nosotros debemos ser verdaderos comunistas, llenos de inmenso espíritu de sacrificio.

No son suficientes todas las medidas de seguridad. Tenemos ejemplo de guerrillas que han sido disueltas en América. En Cuba tuvimos la suerte de recibir golpes como para disolvernos, sorpresas como la de Alegría de Pío, Alto de Espinosa.[1] No teníamos experiencia, nos faltaban los conocimientos más elementales y sin embargo sobrevivimos a esas sorpresas.

---

[1] Dos batallas ocurridas en la primera etapa de la guerra revolucionaria en Cuba, en diciembre de 1956 y febrero de 1957, respectivamente, en las cuales el Ejército Rebelde fue tomado por sorpresa.

El espíritu de Fidel,[2] su capacidad para organizar a los hombres nos salvó del fracaso, suerte que nuestros compañeros en el Perú y Argentina no tuvieron. En Venezuela las cosas todavía están en la balanza. El asunto no es victoria o fracaso, después del primer golpe pasamos a una etapa formadora.

Analizaremos los problemas concretos de la guerrilla. Además del tiempo de acción, se requiere de una abierta lucha contra el ocio. Nosotros no debemos caer en la bula, el abandono o hacer solamente aquello que es absolutamente necesario. Por ejemplo, ayer hice una pequeña prueba: había una linterna caída en el suelo, yo observé quién iba a recogerla pero nadie lo hizo. Si ustedes estuviesen en su casa la habrían recogido, pero ninguno lo hizo. En mi lucha contra el ocio, he tratado de sobreponerme a los sentimientos de conformidad y de indiferencia acerca de las cosas que no son de nuestra propiedad o interés. Es necesario evitar que se arraigue en nosotros porque esto puede destruir la cohesión interna esencial para la unidad guerrillera. Los manilenses ocuparán temporalmente posiciones de jefatura para comenzar a formar a los bolivianos, y en general a los futuros cuadros que dirigirán la lucha por la liberación continental. En este país se formarán los cuadros del Ejército de Liberación de Bolivia y de otros pueblos hermanos, después, del Ejército de Liberación del continente.

Diciembre 20

Tuvimos una reunión en la que Ramón explicó lo que representa esta lucha y destacó reiteradamente que no será rápida porque necesitaremos 10 años o más antes de que concluya la etapa insurreccional. Podemos tener el poder en nuestras manos en Bolivia pero a menos que otros países hagan lo mismo, seremos ahogados inevitablemente porque somos un país mediterráneo y un bloqueo como el que hay contra Cuba sería suficiente para que esta revolución se vea obligada a claudicar.

Ramón discute los planes de organización que fueron de-

[2] Fidel Castro Ruz.

terminados hace pocos días en una reunión en la que nosotros, los compañeros Marcos, Rolando, Miguel, Pacho y yo no estábamos presentes, aun cuando el asunto principal de la agenda era la función de los instructores políticos. Las obligaciones asignadas a los compañeros son las siguientes:

Segundo en Jefe: Joaquín; Jefe de Operaciones: Alejandro;[3] comisarios políticos (el único deber asignado a dos compañeros): Rolando e Inti; información, recolección de datos, organización de tropas, etc.: Antonio; Jefe de todos los servicios: Pombo[4] (abastecimientos, medicinas, transporte, etc.) que tenía subordinados a: Jefe de abastecimientos: Ñato; y Jefe de suministros médicos: Moro.[5]

Él discutió sobre la responsabilidad de cada hombre en el puesto y el deber absoluto de todos los hombres de cumplir con las órdenes de cada jefe en sus especialidades. Señaló también que los instructores políticos están subordinados al Jefe Militar; que el político es el receptáculo, el agente catalizador de la situación política de las tropas (él es responsable de la moral de los hombres y de los problemas que lo ocasionan, etc.); debe mantener informado al Jefe Militar en todo momento. No le pedimos que sea demasiado estricto en todo momento; por el contrario, todos los hombres deben buscarlo para orientación y ayuda en los momentos difíciles.

Nosotros los de Manila ya hemos experimentado esas cosas y debemos analizar nuestras experiencias de modo que no repitamos las negativas aquí. Esta vez puede darse el caso de que exista el Partido dentro de la guerrilla como órgano político. El Buró no puede operar; esto es, no puede tomar decisio-

---

[3] Gustavo Machín Hoed de Beche (*Alejandro*). Cubano.

[4] Según escribió Régis Debray «...La carga de su mismo mantenimiento gravitó hasta el último día sobre los hombros de los combatientes. Un ejemplo de esta fusión de las tareas sería el propio Pombo, a la vez cuadro militar indispensable y jefe de la intendencia, obligado a dividirse entre las dos misiones...»

[5] Octavio de la Concepción de la Pedraja (*Moro, Muganga, Morogoro, Médico*). Cubano.

nes en cuestiones guerrilleras. La decisión política como la militar debe ser una.

Dentro de pocos días, el compañero Estanislao nos visitará y yo espero que podamos decidir sobre la organización futura de la preparación de esta lucha revolucionaria. Espero también que podamos contar con el apoyo total de la organización de vanguardia de la clase trabajadora y del Partido Comunista Boliviano. No es necesario que elijamos un nombre para nuestro movimiento ahora pero debemos elegir después uno para el futuro.[6] Sobre nuestras marchas futuras, los bolivianos que todavía son pocos en número, tienen que llevar la carga más pesada del trabajo porque nosotros los de Manila no podemos dar el frente en esta etapa. A causa de esto, los bolivianos tendrán que sacrificar gran número de cosas, tener una gran capacidad de trabajo. Las cosas principales que hemos discutido, esto es, la designación de cargos de responsabilidad, no necesitan más explicaciones porque esto se ha hecho previamente y los deberes específicos de cada misión son simples; aquellos a quienes se los asignaron están familiarizados con ellos. Todos los puestos de jefatura que actualmente ocupamos son transitorios porque los cuadros de jefatura para esta lucha surgirán de los bolivianos: sus oficiales, sus funcionarios, sus futuros economistas, administradores, etc.

Diciembre 24

Festejamos Nochebuena con mucha alegría y júbilo. Tuvimos lechón asado, bebidas, etc. Nos emborrachamos, cantamos, bailamos, recitamos, etc. Ramón recitó un poema compuesto por él. El Rubio[7] cantó unas bulerías y Arturo[8] trató de cantar, lo que nos hizo reír.

---

[6] Hasta el 25 de marzo de 1967 no se le dio el nombre definitivo de Ejército de Liberación Nacional de Bolivia (ELNB).

[7] Jesús Suárez Gayol (*Rubio, Félix*). Cubano.

[8] René Martínez Tamayo (*Arturo*). Cubano.

Diciembre 31

Mario llega con Mbili, a quien estábamos esperando desde el 25. Se halla acompañado por Tania y Sánchez lo mismo que por otros dos bolivianos que se nos unen, Pedro[9] y Walter.[10] Esperamos el Año Nuevo para festejar el aniversario de la Revolución Cubana,[11] guía y faro de todos quienes, como nosotros, luchan en América para liberar a sus países de la explotación imperialista. Mario nos habla, señalando que hemos emprendido una tarea heroica, tan grande como la de Pedro Domingo Murillo,[12] que para él esto tenía una significación muy grande, que él retornaría a La Paz y posteriormente se incorporaría a la lucha guerrillera con la fe que todos los pueblos de América han puesto en ella. Dejó entrever su decisión de luchar; su declaración me desconcierta porque ya sabemos que él y Ramón no pudieron llegar a un acuerdo acerca de quién debería dirigir la lucha. Él sostiene que como secretario no puede someterse a las órdenes de Ramón en cuestiones políticas o militares, aun cuando individualmente como Estanislao estaría orgulloso de hacerlo. Mario puso tres condiciones: la dirección política y militar, que sea rechazada la línea pro-china, y también propuso efectuar un viaje por todo el continente para tener el apoyo de los partidos hermanos para la adopción de la lucha armada y con los venezolanos para obtener el perdón de Douglas Bravo.[13]

Posteriormente habló Ramón, quien hizo una exposición sobre el contenido de la fecha que se celebra en Cuba y una narración breve del triunfo de la Revolución Cubana.

[9] Antonio Jiménez Tardío (*Pedro* o *Pan Divino*). Boliviano.

[10] Walter Arancibia Ayala (Walter). Boliviano.

[11] La Revolución Cubana triunfó el 1º de enero de 1959.

[12] Patriota boliviano que dirigió la primera declaración de independencia de una colonia americana española. Lideró la revolución de 1809 y posteriormente fue ejecutado.

[13] Líder de la lucha guerrillera en Venezuela llevada a cabo por las Fuerzas Armadas de Liberación Nacional (FALN) de las cuales era su Comandante en Jefe. Fue expulsado del Partido Comunista Venezolano por oponerse a la decisión de la suspensión de la lucha armada tomada en el partido.

CAMINOS LA PAZ-CARANAVI-SANTA ANA

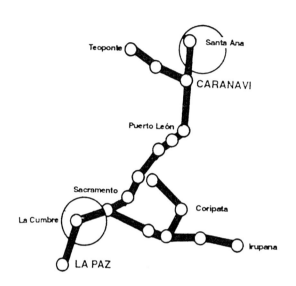

Ubicación de la zona de Caranavi en el Alto Beni,
desde donde los guerrilleros transportaban
los abastecimientos hasta Ñancahuazú.

Leyenda
Pueblos, caseríos o puntos
de ubicación geográfica

AÑO 1967
ENERO

Enero 1

En la mañana se fue Monje y en la tarde Ramón reúne al personal e informa de la reunión sostenida con Mario. Manifestó que no entendía su actitud, que no sabía si calificarla de egocentrismo, de ambición o de cobardía política o personal. Monje dijo que como dirigente del Partido no podía aceptar a Ramón, aunque en lo personal se sentía muy orgulloso de ello, que iría a La Paz y renunciaría a su condición de dirigente y alertaría al Partido para que no fuera sorprendido o destruido, que a más tardar en 10 días él se reintegraría a las guerrillas como un simple ciudadano, un simple combatiente.

Planteó tres condiciones para que el Partido viniera a la lucha:

1. La no aceptación del grupo pro-chino.

2. La dirección política y militar.

3. La realización de una gira por el continente con el objetivo de discutir con los partidos hermanos la adopción de la línea de la lucha armada y además, con el partido venezolano, el perdón de Douglas Bravo.

Sobre el punto 1 —continúa Ramón— nuestro criterio era crear un mando único donde estuvieran integradas todas las organizaciones dispuestas a luchar. No obstante aceptó su propuesta.

En relación con el punto 2 le explicamos que no podríamos aceptar la posición de asesor, que consideramos que estamos más capacitados que él, tanto en lo militar como en lo político, ya que hemos tenido la suerte de pasar por un proceso donde hemos adquirido la experiencia necesaria, que no haría nada con mostrarle falsa modestia. Le expliqué que nuestra aspiración no era dirigir la lucha revolucionaria boliviana, sino de colaborar en la lucha continental, que tenía que darse cuenta que yo no podía permitir con calma que se cometieran errores, que la dirección política y militar tenía que ser la misma. Podríamos —le dijo— nombrarte jefe nominal y con esto salvar tu prestigio ante la opinión pública, pero esto no sería un método marxista.

Si después que nosotros entreguemos el mando a ustedes y nos dirijamos a la Argentina —siguió manifestando—, Fidel fuera a colaborar con nosotros allí, nosotros le entregaríamos el mando y nos pondríamos incondicionalmente bajo sus órdenes, en reconocimiento a su experiencia, a sus méritos, y como maestro nuestro que ha sido.

Además —le agregamos— que no podíamos permitir como revolucionarios que la lucha guerrillera fuera utilizada como en los casos de Venezuela, Colombia, etc., como instrumento de chantaje político, en lugar de ser un vehículo para tomar el poder.

En relación con el punto 3, le manifestamos que creíamos que era imposible lograr de los partidos un cambio de línea, pues para ellos sería negarse a sí mismos. No obstante aceptábamos esta proposición.

Mario después celebró una reunión con los bolivianos en la que les dijo que el Partido no va a la lucha armada, que tienen que reintegrarse a la ciudad, que de lo contrario, serían expulsados del Partido y suspendidos los pagos a los familiares, ya que ellos tenían categoría de dirigentes.

Informó que el Partido tenía compromiso con los manilenses de 4 hombres, por lo cual quedaban autorizados a permanecer en la guerrilla los compañeros: Ñato, Coco, Loro y Rodolfo. Tuvo fuerte discusión con Carlos[1] que no comprendía esta actitud.

---

[1] Lorgio Vaca Marchetti (*Carlos*). Boliviano.

Enero 6

Se efectúa la reunión del grupo designado para asumir varias responsabilidades. Ramón analiza algunas de las debilidades del trabajo realizado hasta ahora. Critica al compañero Marcos por su forma de tratar a los bolivianos y explica por qué, aun cuando Marcos era el jefe del grupo al comienzo en San Andrés[2] no es nombrado aquí el segundo, una posición que es ocupada ahora por Joaquín.

Enero 10

Joaquín, Inti, Marcos, Miguel, Benigno[3] y Braulio salen en misión de exploración para encontrar el río Frías y la Pampa del Tigre y ver si pueden ser usados para llegar al Río Grande, la zona en la que esperamos establecer contacto con los campesinos.

Enero 11

Un día monótono.

Enero 13

Joaquín, Marcos y sus acompañantes regresan. Piensan que han encontrado el río Frías. Después de su informe comienza la discusión. Ramón dice que si el río que encontramos desemboca en el Ñancahuazú en vez de en el Río Grande, no puede ser el río Frías, a no ser que el mapa esté equivocado.

---

[2] Centro de entrenamiento del grupo de cubanos internacionalistas que iría a combatir a Bolivia. Está ubicado cerca de Viñales, en la provincia Pinar del Río.

[3] Dariel Alarcón Ramírez (*Benigno*). Cubano.

Enero 15

Tenemos una reunión en la que Ramón anuncia su intención de partir después de la llegada del compañero Guevara, que se nos debe unir antes del día 25.

Enero 16

Día de góndola, nombre dado por Tuma, es decir lo que llamamos la actividad de mover nuestros suministros y equipos desde la finca al campamento.

Enero 18

Hoy es el tercer aniversario de mi matrimonio (bodas de cuero). Recuerdo a mi mujer e hijo con gran afecto en esta fecha. Mil besos para Harry y Cristi[4] (un millón de besos).

Enero 29

Guevara llega acompañado por la Loyo.[5] Está listo para unirse a nosotros pero necesita dos semanas para reclutar a algunos hombres, en otras palabras, hasta después del carnaval. Loyo ha sido responsabilizada secretaria de las finanzas a nivel nacional.

Enero 31

Reunión explicativa para delinear los objetivos que se persiguen con el recorrido planificado:

[4] Cristina Campuzano, su esposa en aquel momento.

[5] Loyola Guzmán Lara (*Loyo, Loyola*). Boliviana. Fue secretaria general de la Juventud Comunista de Bolivia. Encargada del control de las finanzas de la guerrilla.

1. La necesidad de adaptarse a las vicisitudes de la vida guerrillera como el hambre, la sed, falta de sueño, marchas agotadoras, factores que son iguales si no más importantes que el propio combate para moldear al futuro soldado revolucionario.

2. Formación de la base de apoyo campesino, o mejor dicho, exploración de zonas posibles donde pueda comenzar la base campesina del ELNB.[6]

3. Conocer y ampliar el territorio explorado por nuestras fuerzas para posibles zonas de operación.

Loyola Guzmán en uniforme guerrillero el día que visitó el campamento para coordinar la organización de la red urbana.

[6] Ejército de Liberación Nacional de Bolivia. Todavía no era éste el nombre oficial del movimiento.

Febrero

Febrero 1

Salimos para una misión de exploración de 25 días. Después de haber sufrido dolores intensos por beber demasiada agua, llegamos a un arroyo donde acampamos.

Febrero 2

Pasamos la pequeña casa de Marcos pero no llegamos al arroyo.

Febrero 3

Aun cuando cae una lluvia torrencial cuando despertamos, ascendemos por un terreno abrupto hasta que llegamos a un arroyo que primero pensamos fuera el río Frías. Marcos nos esperaba con fuego y café, cocinamos y hacemos noche.

Febrero 4

Nos encaminamos temprano a lo largo de las orillas del Ñancahuazú. Después de caminar unas 6 horas. acampamos.

Febrero 5

Temprano, a eso de las 11 a.m. recibimos un radio-mensaje en el cual la vanguardia nos avisa que han conseguido animales domésticos. Se ordena tomar precauciones y que continúen. Llegaron a un río que, por su tamaño, debe ser el Río Grande. Las huellas eran de dos caballos.

Febrero 6

Organizamos las expediciones de exploración y celebramos el regreso con dos cenas. La misión exploratoria dirigida por Joaquín revela que no podemos cruzar al otro lado aun cuando el paso indica que existe un vado. Dijo que caminó ocho kilómetros. La misión exploratoria de Marcos reveló que: 1. el camino no lleva a ningún lado y 2. encontró un lugar donde podemos cruzar.

Febrero 7

Comenzamos a cruzar el río a la 1 p.m. en columnas: vanguardia, centro, retaguardia. Después de que Marcos y sus hombres cruzan, la balsa es arrastrada por la corriente de modo que el centro queda dividido, la mitad con la vanguardia y la mitad con la retaguardia. Seguiremos mañana con el cruce. Se construye otra balsa.

Febrero 8

Al amanecer, el resto del centro que no pudo cruzar ayer (Muganga, Rolando, Chino y yo) empezamos a cruzar lo mismo que la retaguardia. A eso de las 8 a.m. todos los hombres han cruzado. Atravesamos por un corto período de sed cuando tenemos que dar una vuelta ya que el camino está bloqueado y tenemos que trepar a una loma, sin agua alguna, la del río estaba muy sucia. Al descender hacia el valle encontramos un pozo de agua con unos chanchos que se bañan allí. Acampamos en el valle.

Febrero 9

Ramón, Inti, Alejandro, Chinchu, Tuma y yo seguimos en dirección al río, llegamos a un campo de maíz que tiene mazorcas tiernas. Inti y Chinchu siguen en misión exploratoria y encuentran un camino y a algunos campesinos. Ellos mandan a buscar al resto del personal. La casa pertenece a un campesino llamado Honorato.[1] Compramos maíz y chanchos y nos quedamos donde habíamos dormido la noche anterior.

Febrero 10

Nos quedamos para aprovechar la ventaja del ofrecimiento del campesino.

Febrero 11

Pasamos la noche en el camino que va de la casa de Honorato a la casa de un campesino llamado Montaño, frente a las casas que están en la margen opuesta, tomando las precauciones necesarias de modo que los campesinos al otro lado del camino no nos vean. El agua del arroyo es muy fría, por lo que lo bautizamos «Arroyo Frío».

Febrero 12

Llegamos a la casa de Montaño que no se halla allí. De acuerdo con su hijo, está ausente desde hace un mes. El hijo es de unos 20 años y nunca ha visto una hamaca, lo que le llena de admiración. Su gran descubrimiento, sin embargo, es el guayo para desgranar maíz que hicimos con una lata. Nos pide que se lo demos.

---

[1] Honorato Rojas, campesino de la zona de Masicuri.

Febrero 13

Miguel y Marcos salen en misión exploratoria para continuar buscando paso o encontrar un camino.

Febrero 14

Seguimos abriéndonos paso hasta la próxima casa que debe pertenecer a un rico ganadero o algo así porque tiene 50 cabezas de res.

Febrero 15

Llegamos a la casa que buscábamos pero en vez de encontrar al ganadero, hallamos que su hermano, Miguel Pérez, vive allí. Naturalmente tenemos un poco de miedo de que pueda dar informaciones sobre nosotros, pues una sobrina es novia de un teniente del ejército. Resulta que lo explota su hermano que es dueño de la tierra. Parece bien dispuesto hacia nosotros.

Febrero 16

El río proporciona grandes cantidades de peces. Sabemos que el ejército está en Masicuri, pero son soldados zapadores que arreglan caminos y tienen pocas armas, etc.

Febrero 17

Comienza a llover y dura 16 horas, de modo que acampamos nuevamente en el mismo lugar.

Febrero 18

Tenemos una reunión con Ramón en la que nos anuncia que debido a la presencia del ejército en Masicuri y el hecho de que no es político para nosotros atacarlo, nos dirigiremos hacia el río Rosita. Para llegar allí tenemos que cruzar todo el sector montañoso de Masicuri y después de llegar a la boca del Rosita regresaremos a Ñancahuazú vía Río Grande.

Febrero 19

Nos preparamos para cruzar las montañas. Acampamos a unos 100 metros de la cima. Marcos y Tuma son enviados para explorar y descubren que las montañas terminan en farallas, lo que hace imposible descender al otro lado.

Febrero 20

Nos vemos obligados a ir por un sendero de animales que desciende por una quebrada hasta un arroyo donde acampamos. Tuvimos que cruzar la corriente cerca a su desembocadura unos días antes.

Febrero 21

Nos levantamos temprano, cruzamos una pequeña quebrada y llegamos a un arroyo a las 10:30. Dos hombres exploran la zona: Marcos va corriente arriba buscando un camino y Joaquín va aguas abajo. El último encuentra un chaco[2] de maíz tierno y la de Marcos no puede continuar porque el arroyo tiene saltos grandes que son farallas.

Febrero 22

Continuamos la marcha. Al llegar al largo arroyo, Rolando y yo salimos en misión exploratoria para ver un lugar por donde podamos cruzar.

El arroyo es demasiado largo y después de un día de cami-

[2] Terreno cultivado.

nata no alcanzamos a llegar a su origen. En el camino matamos una urina. Cuando volvemos a nuestro punto de partida, Rubio y Pedro nos esperaban. El resto de los hombres continuó la marcha al Arroyo del Muchacho.

Febrero 23

Llegamos al Arroyo del Muchacho muy temprano. Lo bautizamos espontáneamente con el nombre cerca de donde acampamos mientras estábamos en las montañas. Decidimos seguir corriente arriba después de que Marcos nos dio una explicación que nos garantizaba que podríamos cruzar en ese sector. Tuvimos alguna dificultad en el arroyo porque encontramos cuatro pozos que bloquean el camino. Alcanzamos a cruzarlo haciendo un puente con palos. Yo resbalé en uno de ellos y caí al agua que es muy profunda y fría.

Febrero 24

Después de pasar algunos lugares muy peligrosos, alcanzamos a dejar el arroyo y trepar por una quebrada al firme. Encontramos un pozo de agua en una quebrada. Marcos y Braulio salen de exploración.

Febrero 25

Marcos, Braulio y Tuma son enviados para encontrar un lugar por donde podamos descender. A las 11 a.m. llegamos al lugar donde Marcos nos esperaba y nos señala el Río Grande, donde él cree que se reúne con el Rosita y el Masicuri. Comenzamos a descender por un acantilado casi vertical donde el que menos se dio fueron 10 caídas. Caminamos al borde de una quebrada hasta las 6 p.m. No podemos encontrar agua de modo que no podemos cocinar y se nos ordena reducir el uso del agua.

Febrero 26

Después de caminar seis horas, llegamos a un arroyo donde encontramos una cantidad de plantas de total[3] y preparamos ensalada de palmitos. Marcos y Urbano salen de exploración, creen haber encontrado el río, pero es muy difícil caminar por el arroyo pues termina en una ciénaga. Es necesario buscar otro camino. Tenemos una nueva experiencia, Moro ha cocinado una sopa de las babosas de los caracoles, se puede comer pero es algo amarga.

Febrero 27

Marcos, Miguel, Braulio y Tuma van de exploración. Pacho es enviado para mantener comunicación con el *walkie-talkie*. Pacho regresa en la tarde con las noticias de que Marcos le ordenó regresar. Posteriormente confiesa a Ramón que Marcos lo amenazó con matarlo y le golpeó con el mango del machete.

Ramón llama a Inti y a Rolando y les cuenta lo que ha sucedido, diciendo que es la última gota y que en un ejército revolucionario no se puede tolerar ninguna clase de abuso. Era necesario detenerlo. Pacho había mentido en lo de los golpes.

Febrero 28

Ramón, Marcos y Pacho se reúnen. Se avisa a todos los compañeros que se efectuará una reunión de modo que cada uno pueda ver que los manilenses que vinieron a ayudar no son más que un puñado de gente suave.

La reunión:

Cada uno sabe, comienza Ramón. cuál es el objetivo de esta caminata pero ha sido una gran sorpresa para nosotros ser testigos del hecho de que compañeros que ya han sido probados son los primeros en presentar problemas. Estamos en el

[3] Palma de corojo.

camino de dejar que los compañeros bolivianos se adapten a las vicisitudes de la vida guerrillera, que en nuestra opinión son la parte más difícil de la lucha. Queremos que se acostumbren al hambre, a la sed, a caminar constantemente, a la soledad del monte, etc., y hemos descubierto que no son sólo los bolivianos los que confrontan dificultades, sino compañeros que podían ser catalogados como veteranos por las muchas veces que se encontraron en esas situaciones. Pero esto debería ser una lección para nosotros en el futuro: hombres que una vez se dieron íntegros por una causa se han acostumbrado a la vida de oficina, se han vuelto burócratas, acostumbrándose a dar órdenes, a tener todo solucionado en la oficina, a tener todo lo que llega hasta ellos completamente resuelto.

Este es el caso de los compañeros Marcos y Pacho que no pueden adaptarse a esta vida; no me gusta pensar que ellos tienen constantes problemas con los otros compañeros porque no tienen el valor de decir que se quieren ir.

El compañero Marcos ha sido el jefe de grandes unidades y este caso es típico, tenemos que reconocer que Marcos ha sido un gran combatiente en la lucha insurreccional en Cuba, y merece nuestra consideración. El compañero Pacho ha luchado pero necesita pasar por la escuela de entrenamiento guerrillero, por lo que es un guerrillero incompleto. Y si tenemos más problemas con Pacho ser castigado y enviado a Manila porque ha mentido acerca de la forma en que se desarrollaron las cosas.

A las 2 p.m. el compañero Benjamín cae al río al hacer un movimiento brusco, lo arrastra la corriente y se ahoga. Rolando se lanzó al agua pero no lo pudo sacar. Esta lucha ha comenzado con un triste parecido a lo ocurrido en el Congo durante el cual el compañero Mituodidi,[4] el jefe de Estado Mayor, se ahogó.

[4] En la guerrilla en el Congo, el 7 de junio de 1965, murió ahogado en el lago Tanganica, Mituodidi Leonard, jefe del Estado Mayor de la guerrilla congoleña. Iba en un lanchón y se tiró al agua para salvar a varios nativos que se cayeron debido a las fuertes olas. A pesar de los esfuerzos realizados no se le pudo salvar. Se perdió —según Che— al hombre que había implantado un comienzo de organización en la base guerrillera de Kalimba.

MARZO

Marzo 1

Llegamos al río Rosita. Se acabó nuestro alimento. Sólo el grupo del centro tiene algunos frijoles y dos cajas de avena que se distribuyen entre la vanguardia y la retaguardia. Tomamos un poco de sopa de bambú muy mala.

Marzo 2

Construimos una balsa y cruza una parte de la vanguardia con excepción de Miguel. La corriente arrastra la balsa. Antes salen Urbano y Rolando de cacería, traen un ave de rapiña y un pescado muerto que encontraron. Salen Miguel, Inti y Loro río Rosita arriba. Comienza a llover torrencialmente. Nuevamente quedamos separados en dos grupos.

Marzo 3

Sigue lloviendo. Tratamos de establecer contacto por radio con la vanguardia pero no logramos nada. Ponemos un centinela para el caso de que alguien aparezca en la orilla del río, pero no pasa nada.

Marzo 4

La lluvia para a las 10 a.m. Seguimos por la senda hasta el lugar en que se cruza con la que conduce directamente a las lomas. Hacemos de 8 a 9 kilómetros por aquí hasta que lo perdimos. Acampamos con la intención de regresar al paso que seguimos para llegar a las sendas hechas por nosotros.

Marzo 5

En la tarde llegamos al arroyo de donde partimos hace varios días hacia el río Rosita.

Marzo 6

Miguel y Urbano salen para chapear y el resto de nosotros pasa el día buscando palmito. En los últimos días no comimos nada excepto unos cuantos pájaros peques que cazamos y el palmito, vamos a hacer reserva para dos o tres días.

Marzo 7

Joaquín y Braulio van a ayudar a la chapea, Braulio se desmaya y difícilmente puede caminar.

Marzo 8

Acampamos a unos 4 ó 5 kilómetros de donde estábamos, todavía en las orillas del Río Grande.

Marzo 9

Después de pasar por zonas peligrosas porque son muy abruptas llegamos a una turbina de donde se le bombea agua a la población de Tatarenda. Ricardo e Inti cruzan el río simulando ser miembros de una expedición de cazadores que se quedaron sin alimentos. Toman más tiempo de lo planeado, lo que pone impaciente a Ramón.

Marzo 10

En vista de que no tenemos noticias de lo que ha sucedido comenzamos a construir una balsa de modo que una expedición pueda cruzar el río y ver lo que está pasando. Después de que pasaron todos los hombres planeamos apoderarnos de una casa. Mientras nos preparábamos para el cruce, posicionamos a Miguel y a otros dos compañeros para que nos cubran con órdenes de abrir fuego a primera vista de cualquier movimiento sospechoso en la otra orilla.

A las 9 a.m. Miguel informa que una balsa está cruzando de la otra parte; para nuestra alegría resulta que son nuestros hombres que vuelven con alimentos (arroz, café, azúcar, chancho, etc.). Nos informan que Marcos pasó como un ingeniero mexicano. Inti casi se ahoga cuando tuvo un calambre, fue salvado por Ricardo.

Marzo 11

Seguimos la marcha en busca de la desembocadura del Ñancahuazú y al día siguiente igual.

Marzo 13

Acampamos después de cruzar el terreno más difícil y peligroso que hallamos hasta aquí en todo el viaje. Miguel ha demostrado gran fortaleza en abrir el paso y lo hizo en un día solamente, dijo Ramón Vuelve a llover. Espero escuchar el discurso del Caballo.[1] Hablo con Mbili sobre varias cosas. Ramón me pidió que me aproximara a él hace unos días, estaba preocupado por su actitud. Mbili me comenta que las cosas están yendo mal en la ciudad. Le cuento a Mbili que Ramón me ha dicho que hablara con él, que está preocupado porque lo ve alejado.

---

[1] Fidel Castro Ruz.

Marzo 15

Llegamos a orillas del Ñancahuazú. Se decide enviar a Urbano al campamento principal con un mensaje para que nos manden algunos alimentos, pero el río aumenta de caudal e impide que lo crucemos. Como Urbano no sabe nadar, se envía a Rolando en su lugar.

Marzo 16

Los hombres del grupo del centro cruzan en la balsa que construimos hace un mes y medio pero la fuerte corriente se lleva la balsa y los hombres de la retaguardia se ven imposibilitados de cruzar. Tuma y yo salimos a tratar de localizar al Rubio y Ernesto que deberían haber pasado para este lado, pero no los localizamos.

Marzo 17

Recibimos noticias de que Joaquín y sus hombres han aparecido y que, para pena nuestra, el compañero Carlos se ahogó cuando se volcó su balsa. Carlos era uno de nuestros hombres más valiosos, era de Santa Cruz. Encima de esta pérdida irreparable perdimos también tres armas y siete mochilas. Muchos compañeros quedan prácticamente desnudos porque perdieron la ropa.

Marzo 18

Nos dirigimos hacia el campamento después de reponer nuestras fuerzas un tanto porque tuvimos que matar ayer la potranca.

Cazamos una urina y después de esperar unas tres horas a los hombres que se quedaron atrás, tuvimos que hacer un gran esfuerzo para llegar al lugar donde acampamos la última vez. Tengo una discusión acalorada con Urbano en la que interviene Ramón. Urbano se negó a cocinar y yo insistía porque soy el responsable de organizar las actividades.

Marzo 19

Salimos con el propósito de llegar a la pequeña corriente que utilizamos para llegar al campamento de Ñancahuazú y luego continuamos hacia el lugar donde hicimos el primer campamento al comenzar. Ramón expresa su sospecha de que algo ha sucedido porque un avión voló sobre el río, aparentemente en una misión de reconocimiento. Además, deberíamos haber encontrado a algunos de los hombres enviados al campamento principal. Los que están atrás matan otra urina. Ramón sugiere que yo lleve algunas de las cosas que Alejandro lleva, incluso la radio, así que se le descarga. Esto es duro para mí y tengo que hacer un gran esfuerzo para marchar con los que van adelante. La verdad es que yo solo alcanzo a colocarme en el primer lugar con el ejemplo de Ramón, enfermo pero todavía el primero, lo cual me impresiona grandemente; segundo, porque los hombres que considero más débiles que yo, lo hacen; y tercero, porque pienso que ningún hombre debe dejarse vencer por las dificultades. Me caigo al río y Urbano tiene que ayudarme a incorporarme.

Cuando llegamos al arroyo, encontramos a uno de nuestros compañeros que nos buscaba diciendo que había venido con Benigno. Este compañero es el Médico peruano.[2] Benigno trae informe de Marcos donde explica lo que está pasando en el campamento principal: dos de los hombres traídos por Guevara han desertado,[3] el ejército (6 soldados) ha revisado la casa. Loro tuvo un choque con el ejército y mató a un soldado. Coco había ido a Lagunillas a recoger a un grupo de Guevara. Llegaron Dantón, el Chino con sus compañeros, Carlos,[4] Tania

---

[2] Restituto José Cabrera Flores (*Negro* o *Médico*). Peruano.

[3] Vicente Rocabado y Pastor Barrera.

[4] Ciro Roberto Bustos (*Carlos, Mauricio, Pelao*). Argentino.

y Guevara con sus compañeros. Cocinamos un poco de charqui y lo comemos con carne, café, etc. Pasamos la noche allí.

Marzo 20

Ramón dispone que Benigno y el Negro salgan temprano en la mañana con informe para Marcos e instrucciones para la defensa del campamento. Debe llegar en el día. Nosotros por nuestra parte trataremos de llegar al campamento donde acampamos el primer día que salimos en la marcha y que ha sido denominado El Oso, en honor a un animalito de esa especie cazado por el Francés, según nos informó Benigno.

A las 10 a.m. aproximadamente salimos rumbo al campamento. Un poco después del mediodía nos encontramos a Pacho en mitad del camino a la casita de Marcos y nos da este mensaje: repite lo que nos contó Benigno agregando que Salustio[5] fue apresado y que los visitantes llegaron al primer campamento que ahora se llama El Oso. Informa también sobre el paso que siguieron para su regreso. Esperamos llegar a la casita antes de las 4 p.m. y si lo logramos, seguiremos hasta el campamento. A las 6:30 p.m. llegamos y fuimos recibidos por Dantón y Carlos, que aunque son visitantes se encontraban de guardia.

Después nos encontramos con Rolando, quien había sido mandado por Marcos para buscar un lugar apropiado para esconder mercancías y equipos, ya que las cuevas han sido desmanteladas. Esta y otras medidas tomadas indignaron a Ramón. Nos encontramos con Tania y Moisés.

Marzo 21

En la mañana, Alejandro y los hombres del centro salen por orden de Ramón. Quedamos Tumaine, Urbano y yo con él con instrucciones de preparar una emboscada más adelante en el camino del río. Los hombres de la retaguardia salen en la

---

[5] Salustio Choque Choque (*Salustio*). Boliviano.

tarde. Comienzan las conversaciones con Dantón, Carlos y Tania. A esta última se le critica por estar allí desobedeciendo las instrucciones dadas de no llegar a la finca. Ramón le había dado órdenes de que se mantuviera al margen de las actividades organizativas con el fin de preservar su identidad. Dada la decisión de Monje quedó en el aire lo organizado con él, por lo que se vio obligada a entrar al monte.

Marzo 22

Partimos rumbo al campamento, dejamos a Ñato, a Chapaco[6] y a algunos compañeros enfermos que entregaban las mercancías. Toda la comida se ha perdido. Los fusiles habían sido dejados en la cueva. Al llegar a Tres Cabezas, nombre con el cual Ñato bautizó el campamento central, los compañeros nos esperaban con pan, café, etc.

Ramón dispone una exploración a la que Alejandro mandó a los compañeros Antonio y Miguel. Al regreso en la noche, cuando informaron la forma en que habían realizado la exploración, hubo una fuerte discusión entre Antonio y Ramón pues no habían sido tomadas las medidas de seguridad indicadas. Cruzaron los caminos sin tomar ninguna precaución; posteriormente, cuando se les hizo notar esto, dijeron que si el ejército hubiese estado allí, habrían disparado contra ellos, de modo que cruzaron el camino con confianza. El asunto se convierte en tema de una discusión acalorada con Antonio que llega al punto en que Ramón tiene que intervenir y explicar que si no se daban cuenta que dejaban huellas a su paso.

Marzo 23

Cae en nuestra emboscada una patrulla del ejército y se capturan 16 máusers, una ametralladora de 30 mm, tres morteros de 60 mm, 3 usis, 2 radios y otros equipos de campaña.

[6] Jaime Arana Campero (*Chapaco* o *Luis*). Boliviano.

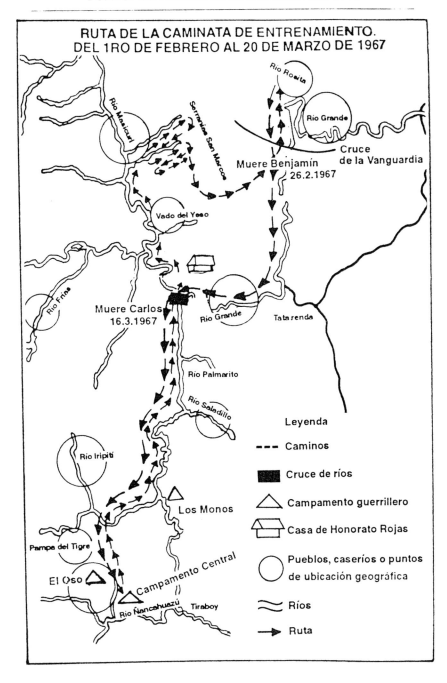

RUTA DE LA CAMINATA DE ENTRENAMIENTO.
DEL 1RO DE FEBRERO AL 20 DE MARZO DE 1967

Leyenda

- - - Caminos

Cruce de ríos

△ Campamento guerrillero

Casa de Honorato Rojas

Pueblos, caseríos o puntos de ubicación geográfica

Ríos

Ruta

Se le hacen las siguientes bajas: 7 muertos y 14 prisioneros, entre ellos 5 heridos. Se recuperan dos caballos pertenecientes a Algarañaz que había tomado el ejército. Eran aproximadamente 150 soldados.

De nuestra parte participaron 8 compañeros: Rolando como responsable de la emboscada, y después nos incorporamos otros según ordenaba Ramón. El encuentro se desarrolló como sigue:

En los momentos en que Rolando se encontraba revisando las posiciones, sintieron algunos ruidos en el agua. A la salida de la curva, que tiene a uno de sus lados una faralla pronunciada, apareció un grupo de soldados.

Se esperó a que entrara un grupo mayor y Rolando, como responsable, abrió fuego sobre ellos sorpresivamente. Muchos de los soldados se desplegaron en posición de combate, los pocos que hicieron resistencia fueron muertos o heridos, los restantes salieron corriendo y no presentaron batalla, por esta razón no pudimos ocupar la comida que traían.

Ramón ordenó que Marcos saliera por el camino de maniobras: 1. con la misión de que si el ejército avanzaba y penetraba por el cañón del río tratando de llegar al campamento se le cortara por detrás la retirada. Mandó a Braulio con la retaguardia por el camino. 2. con la misión de impedir que saliesen de este cañón, que es una ratonera, mientras nosotros por el centro, desde las posiciones preparadas para la defensa del campamento, los atacábamos.

Marzo 24

Los prisioneros son puestos en libertad. Compartimos con ellos lo poco que tenemos. Los soldados piden que se ejecute al mayor Plata[7] porque este los maltrataba. Se les da tres días para recuperar a sus muertos y se les explica que luego se reanudarán las hostilidades.

---

[7] Hernán Plata Ríos.

Algunos aviones vuelan sobre la zona de la emboscada. Se ve a un hombre.[8]

Marzo 25

Tranquilidad. Se analiza y aprueba licenciar a Paco, a Pepe, a Chingolo y a Eusebio, se conoce de la expulsión de los miembros de la juventud que están aquí. Se reinicia el estudio. Se decidió en reunión tomar el nombre de Ejército de Liberación Nacional de Bolivia.

Marzo 27

Lo mismo. Estudiamos.

Se efectúa una reunión del Estado Mayor en la que Ramón informa sobre la sustitución de Marcos como jefe de la vanguardia y la designación de Miguel en ese cargo. Esto se hizo después de larga discusión entre Ramón y Marcos. Se fijaron planes futuros.

Che redacta el Comunicado Nº 1 del ELN.

Al pueblo boliviano

Comunicado Nº 1

Frente a la mentira reaccionaria, la verdad revolucionaria

El grupo de gorilas usurpadores, tras asesinar a obreros y preparar el terreno para la entrega total de nuestras rique-

---

[8] Ese mismo día es ocupado el jeep de Tania en un garaje de Camiri, donde lo había dejado para ir hasta el campamento guerrillero. La identidad de Tania, no descubierta hasta entonces, fue puesta en evidencia por las declaraciones de los desertores Vicente Rocabado y Pastor Barrera. Hasta ese momento la posición de Tania como agente era bastante sólida, pues en el registro realizado en su casa encontraron fotografías de ella junto a Barrientos y Ovando. Tenía ciudadanía y pasaporte bolivianos.

zas al imperialismo norteamericano, se burló del pueblo en una farsa comicial. Cuando llega la hora de la verdad y el pueblo se alza en armas, respondiendo a la usurpación armada con la lucha armada, pretende seguir su torneo de mentiras.

En la madrugada del 23/3, fuerzas de la 4ta. división, con acantonamiento en Camiri, en número aproximado de 35 hombres al mando del mayor Hernán Plata Ríos se internaron en territorio guerrillero por el cauce del río Ñacahuaso. El grupo íntegro cayó en una emboscada tendida por nuestras fuerzas. Como resultado de la acción, quedaron en nuestro poder 25 armas de todo tipo, incluyendo 3 morteros de 60 mm. con su dotación de obuses, abundante parque y equipo. Las bajas enemigas fueron: 7 muertos, entre ellos un teniente, y 14 prisioneros, 5 de los cuales resultaron heridos en el choque, siendo atendidos por nuestro servicio sanitario con la mayor eficiencia que permiten nuestros medios.

Todos los prisioneros fueron puestos en libertad previa explicación de los ideales de nuestro movimiento.

La lista de bajas enemigas es la siguiente:

Muertos: Pedro Romero, Rubén Amenazaga, Juan Alvarado, Cecilio Márquez, Amador Almasán, Santiago Gallardo y el delator y guía del Ejército, apellidado Vargas.

Prisioneros: Mayor Hernán Plata Ríos, cap. Eugenio Silva, soldados Edgar Torrico Panoso, Lido Machicado Toledo, Gabriel Durán Escobar, Armando Martínez Sánchez, Felipe Bravo Siles, Juan Ramón Martínez, Leoncio Espinosa Posada, Miguel Rivero, Eleuterio Sánchez, Adalberto Martínez, Eduardo Rivera y Guido Terceros. Los cinco últimamente nombrados resultaron heridos.

Al hacer pública la primera acción de guerra establecemos lo que ser norma de nuestro Ejército: la verdad revolucionaria. Nuestros hechos demostraron la justeza de nuestras palabras. Lamentamos la sangre inocente derramada por los soldados caídos, pero con morteros y ametralladoras no se hacen pacíficos viaductos como afirman los fantoches de uniformes galonados, pretendiendo crearnos la leyenda de

vulgares asesinos. Tampoco hubo ni habrá un solo campesi-
no que pueda quejarse de nuestro trato y de la forma de
obtener abastecimiento salvo los que, traicionando su clase,
se presten a servir de guías o delatores.

Están abiertas las hostilidades. En comunicados futuros
fijaremos nítidamente nuestra posición revolucionaria, hoy
hacemos un llamado a obreros, campesinos, intelectuales; a
todos los que sientan que ha llegado la hora de responder a
la violencia con la violencia y de rescatar un país vendido en
tajadas a los monopolios yanquis y elevar el nivel de vida de
nuestro pueblo, cada día más hambreado.

EJÉRCITO DE LIBERACIÓN NACIONAL DE BOLIVIA.

De izquierda a derecha: Marcos, Pombo, Antonio y
Rolando.

ABRIL

Abril 1

Se dan todos los pasos posibles para garantizar el éxito en caso de que el ejército avance con fuerzas superiores.

Desde el puesto de observación, Tuma da la alarma a causa de haber visto a tres soldados quienes, según parece, también lo vieron por lo que corren. Se decide mandar al centro a ocupar posiciones. No ocurre nada. Ramón decide mandar a la vanguardia y a la retaguardia (a cargo de Rolando) hasta el campamento de la casita para ver cómo está, que ellos cojan algunas vacas y se oculten en la quebrada de Piraboy para hacerles una emboscada en el camino de la finca a la carretera de Lagunillas.

Se mata al caballo porque era necesario dejar carne para Joaquín y Alejandro quienes están enfermos y tienen que quedarse en un campamento que se establece rápidamente para ellos río arriba. Se quedan con ellos para hacerles compañía Muganga, Polo,[1] Eustaquio[2] y Serapio.[3]

Abril 2

Temprano comenzamos a trasladar todo lo que, necesariamente, tiene que dejarse a los hombres enfermos. Se cam-

[1] Apolinar Aquino Quispe (*Polo, Apolinar, Apolinario*). Boliviano.
[2] Lucio Edilberto Galván Hidalgo (*Eustaquio*) Peruano.
[3] Serapio Aquino Tudela (*Serapio, Serafín*). Boliviano.

bia el plan de salida para tener al grupo central reunido con el resto de la tropa en la trocha hacia las montañas porque se considera mejor por el camino del río.

Abril 3

Salimos a las 3 a.m. y se llega a la finca a las 9 a.m. sin ninguna complicación. Tratamos de establecer contacto con nuestra gente. En la tarde llegamos al lugar donde acamparon. Ellos tienen una de nuestras vacas muerta y gran cantidad de maíz recolectado.

Abril 4

Salimos para Pirirenda de donde continuamos hacia Gutiérrez con la esperanza de abastecernos con cosas para los enfermos y nosotros mismos, además de buscar salida para Dantón y Carlos. Antes de llegar a Piraboy encontramos huellas de una emboscada del ejército, abandonada hace dos días. Durante la noche entramos al caserío. La primera casa que vemos está vacía; su dueño la dejó. Se encuentra algún equipo del ejército, cosas de las que nos apoderamos. Se prepara una comida con lo que encontramos en las otras casas y tratamos de saber si hay tropas en Gutiérrez. Debido a nuestro descuido, se escapa uno de los peones de la casa, lo que nos obliga a suspender las operaciones. Comenzamos a retroceder al pie de la quebrada.Se pudo conocer que el ejército salió para Ñancahuazú por el camino del firme. Salimos a marcha forzada para llegar a la desembocadura donde se dejó la emboscada.

Abril 5

Al llegar a la cabecera de las cascadas, donde dejamos a la retaguardia en posición de emboscada bajo el mando de Rolando, sabemos que hay una unidad del ejército acampada a un kilómetro más o menos. Esos soldados vinieron a la cascada para bañarse, etc. Se decide que crucemos el río Ñancahuazú sin esperar el amanecer, salimos a las 3 a.m.

Abril 6

A la hora fijada, procedemos a cruzar el río. Quedamos allí hasta que la luz del amanecer nos permite continuar con lo planeado. Sabemos que el ejército llega y acampa al pie de la quebrada.

Seguimos adelante y nos perdemos. Decidimos regresar al río Ñancahuazú durante la noche. Nos encontramos con algunos ganaderos que llevaban ganado para el ejército. Les quitamos el ganado y les pagamos.

Acampamos en el arroyo Los Monos.

Abril 7

Se pone una emboscada y comenzamos a buscar un lugar que nos sirva como puesto de observación. Esta emboscada fue al mando de Rolando y estaba constituida por la retaguardia y algún personal de la vanguardia.

Abril 8

Salieron Urbano, el Médico y Julio[4] a buscar a los enfermos o, más bien, para averiguar si ellos pueden caminar como para mandarlos a buscar. Urbano y Julio regresaron con Polo y un mensaje de Joaquín. Los soldados han tomado el campamento.

Abril 9

Empezamos a abrir dos trochas hacia Pirirenda y de allí a la carretera a fin de preparar una emboscada contra el ejército.

[4] Mario Gutiérrez Ardaaya (*Julio*). Boliviano.

Abril 10

Una patrulla del ejército cae en la emboscada mientras avanzaba. Parece que ellos esperaban encontrarnos en la zona pues avanzaban con mucho cuidado. Sufrimos nuestra primera baja en acción, perdemos a Rubio que era un buen hombre, tanto por sus condiciones de organizador como también por ser un futuro cuadro militar. Este fue su primer combate. Se respondió al tiro con una descarga cerrada y los soldados que no cayeron se dieron a la fuga. En la tarde, el ejército vuelve para recuperar a sus muertos e inexplicablemente para nosotros, parecen totalmente confiados y nuevamente caen en la emboscada, reforzada por orden de Ramón con hombres del centro y la vanguardia. Son 120 hombres bajo el mando del mayor Sánchez[5] que es tomado prisionero por Coco. Este oficial se niega a la rendición del resto de su tropa.

Abril 11

Parte la columna hacia el entronque que va al campamento. Quedamos unos compañeros dándole sepultura a Rubio (entre ellos Urbano, Guevara y yo). Se libera a los prisioneros, al mayor Sánchez se le entrega el primer comunicado.

En el camino a Tres Cabezas encontramos a los compañeros enfermos que han sido enviados a un escondite y que se quedan en ese arroyo en caso de que pudiéramos tener un encuentro con el ejército. Muganga informa que éstos están bien.

Se deja a la retaguardia para que continúe su camino dos días después de nuestra salida. Alejandro se queda con ellos.

Sale la vanguardia para el campamento y después nosotros.

Abril 13

Llegamos al campamento en la tarde, la vanguardia nos

[5] Rubén Sánchez Valdivia.

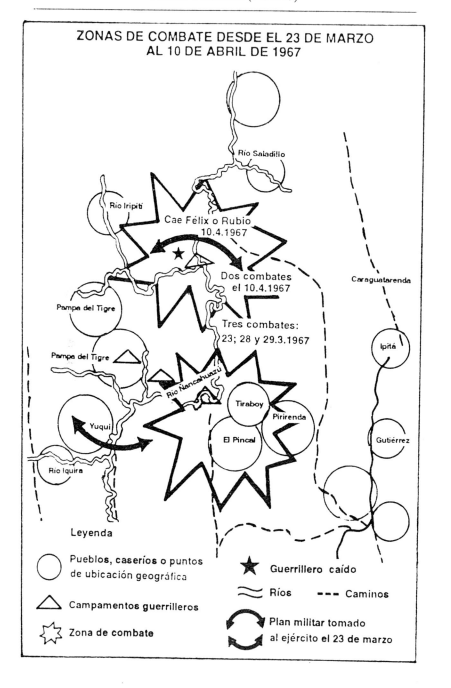

ZONAS DE COMBATE DESDE EL 23 DE MARZO
AL 10 DE ABRIL DE 1967

Río Saladillo

Río Iripití

Cae Félix o Rubio
10.4.1967

Caraguatarenda

Dos combates
el 10.4.1967

Pampa del Tigre

Tres combates:
23; 28 y 29.3.1967

Ipitá

Pampa del Tigre

Río Nancahuazú

Tiraboy

Pirirenda

Yuqui

El Pincal

Gutiérrez

Río Iquira

Leyenda

◯ Pueblos, caseríos o puntos
de ubicación geográfica

△ Campamentos guerrilleros

✫ Zona de combate

★ Guerrillero caído

≈ Ríos   --- Caminos

⟳ Plan militar tomado
al ejército el 23 de marzo

esperaba. Se prepara una emboscada. Para nuestra sorpresa, ellos no han encontrado las cuevas.

Abril 14

Procedemos al inventario de las provisiones. Todo está allí menos 22 latas de leche que faltan del depósito Nº 1.

Llegamos a la conclusión de que alguno que pasaba ha cometido el robo, no es lógico que de ser el ejército no se hubiera llevado las armas.

Che prepara el segundo mensaje. Lo llevará Dantón cuando salga.[6]

Al pueblo boliviano

Comunicado Nº 2
Frente a la mentira reaccionaria, la verdad revolucionaria

El día 10/4/67 en horas de la mañana cayó en una emboscada la patrulla enemiga conducida por el Teniente Luis Saavedra Arombal e integrada en su mayoría por soldados del CITE. En el encuentro murió el citado oficial y los soldados Ángel Flores y Zenon Prada Mendieta y resultó herido el guía Ignacio Husarima del regimiento Boquerón, hecho prisionero junto con otros 5 soldados y un suboficial. 4 soldados lograron escapar, llevando la noticia a la base de la compañía del mayor Sánchez Castro, el que, reforzado con 60 hombres de una unidad vecina, avanzó en auxilio de sus compañeros, siendo sorprendido por otra emboscada que costó

---

[6] Según relata Régis Debray, el Che le expresó su plan de operaciones futuras que consistía en remontar hacia el norte. tomar el caserío de Samaipata e instalarse en Santa Cruz, le pidió que le hiciera un estudio urgente sobre las condiciones socioeconómicas del campesinado del departamento de Santa Cruz. Además llevaría para su divulgación los dos comunicados del ELN.

la vida al Tte. Hugo Ayala, al suboficial Raúl Camejo y a los soldados José Vijabriel, Marcelo Maldonado, Jaime Sanabria y dos más no identificados por nosotros.

En esta acción fueron heridos los soldados Armando Quiroga, Alberto Carvajal, Fredy Alove, Justo Cervantes y Bernabé Mandejara, aprisionados junto con el Comandante de la Compañía, Mayor Rubén Sánchez Castro y 16 solda-dos más.

Siguiendo una norma del E.L.N., curamos los heridos con nuestros escasos medios y pusimos en libertad a todos los prisioneros, previa explicación de los objetivos de nues-tra lucha revolucionaria.

Las pérdidas del ejército enemigo se resumen así: 10 muer-tos, entre ellos dos tenientes, y 30 prisioneros, incluyendo al Mayor Sánchez Castro, de los cuales 6 resultaron heridos. El botín de guerra es proporcional a las bajas enemigas e incluye un mortero de 60 mm., fusiles ametralladoras, fusiles y carabi-nas M-1, y subametralladoras. Todas las armas con su muni-ción.

En nuestro campo debemos lamentar una baja, dispari-dad de pérdidas comprensible si se tiene en cuenta que en todos los combates hemos elegido el momento y lugar de des-encadenarlo y que los jerarcas del Ejército boliviano están enviando soldados bisoños, casi niños, al matadero, mientras ellos inventan partes en La Paz y luego se dan golpes de pecho en funerales demagógicos, ocultando el que son los verdaderos culpables de que la sangre corra en Bolivia. Aho-ra se quitan la máscara y comienzan a llamar «asesores» nor-teamericanos; así se inició la guerra de Vietnam que desangra a ese pueblo heroico y pone en peligro la paz del mundo. No sabemos cuántos «asesores» enviarán contra nosotros (sa-bremos hacerles frente), pero alertamos al pueblo sobre los peligros de esa acción iniciada por los militares entreguistas.

Hacemos un llamado a los jóvenes reclutas para que si-gan las siguientes instrucciones: al iniciarse el combate ti-ren el arma a un lado y llévense las manos a la cabeza per-maneciendo quietos en el punto donde el fuego los sorpren-

diera; nunca avancen al frente de la columna en marchas de aproximación a zonas de combate; obliguen a los oficiales que los incitan a combatir a que ocupen esta posición de extremo peligro. Contra la vanguardia tiraremos siempre a matar. Por mucho que nos duela ver correr la sangre de inocentes reclutas, es una imperiosa necesidad de la guerra.

EJÉRCITO DE LIBERACIÓN NACIONAL DE BOLIVIA.

Abril 15

Ramón nos habla acerca de las futuras acciones que son: barrer al enemigo en las carreteras y caminos por medio de emboscadas; la necesidad de ganar el apoyo de los campesinos a fin de organizar nuestra base rural, etc. Se hace un llamado señalando la gran verdad de la incompatibilidad del robo con el socialismo, que también es incompatible con los principios que rigen esta guerrilla. Por lo tanto, cualquiera que sea sorprendido cometiendo este crimen será castigado, incluso con la pena de muerte.

Abril 16

Llegamos en la tarde al caserío llamado Bella Vista que está en el entronque del río Iquiri con el río Ñancahuazú. Se dejan a Alejandro y a Tania, que están enfermos, en el río Iquiri para que después se nos unan. Nuestro objetivo es llegar a la carretera Sucre-Santa Cruz en la zona en torno de Muyupampa o Monteagudo, con la idea de sacar a Carlos y a Dantón y conseguir víveres.

Abril 17

Otro campesino se nos escapa. Pasamos el día en espera por si el ejército avanza. Carlos me habla de su inquietud por no haberle dejado recursos económicos a su esposa y le aconsejo que hable con Ramón.

Abril 18

Esperamos la llegada de Alejandro y Tania que fueron dejados con el Médico (el Negro) en el río Iquiri para atender a los compañeros que están enfermos. a la llegada de éstos partiremos. Se decide que la retaguardia se quede detrás con los enfermos en la zona (también enfermos Joaquín y Moisés). esperando nuestro regreso. que será dentro de tres días a lo más. En caso de que no regresáramos en este tiempo ellos deben regresar al Iquiri y esperarnos allí. Caminamos toda la noche. Al amanecer nos detenemos en un cañaveral hasta tener la luz del día. Nuestra gente descansa y duerme.

Es hecho prisionero un campesino que venía a caballo y que era hermano del que se había escapado. hijo de Carlos Rodas.

Abril 19

Acampamos cerca de la casa de un campesino guaraní,[7] donde estamos hasta la caída de la noche; mientras tanto, cocinamos. Al amanecer, en una tormenta de lluvia llegamos a la casa de un campesino[8] que tiene hijas muy lindas. Es hostil con nosotros. Tomamos prisionero a un inglés que nos dice ser un periodista independiente.[9] Se toman las medidas para que no nos vea a Urbano, a Tuma y a mí, que en lo posible no hable con cubanos, por ello se manda a la vanguardia, después Inti se entrevista con él y lo interroga.

Abril 20

En el camino a Muyupampa encontramos a un campesino llamado Nemesio Caraballo que se muestra muy amistoso

[7] Nemesio Caraballo.

[8] Su apellido era Padilla.

[9] George Andrew Roth. Llegó guiado por unos niños de Lagunillas. Informó de comentarios acerca de la guerrilla atribuidos a anotaciones de Braulio en su diario, lo que no era cierto. Se supo después que era agente de la CIA.

ofreciéndonos café que no aceptamos. Una vez en la carretera, a sugerencia de Dantón, dejamos que hable con el periodista inglés, a quien le ofreció dejarlo libre a condición de que él lo ayudaría con una entrevista al jefe de la guerrilla con fotos y todo y que a cambio el inglés los ayude a salir. El periodista acepta y se le concede una entrevista con Inti, su cámara y unos cuantos documentos.

Fracasa la operación para entrar a Muyupampa porque un campesino dio la alarma y se moviliza la población. La aldea ha sido alertada por dos campesinos y un miembro de la DIC.[10] Son intimados por Coco, quien les dice secamente: Denme acá esas armas, y se las arrancó de las manos.

Carlos y Dantón piden permiso para quedarse atrás y tratar de salir acompañados de Roth. Se les dice que hagan todo lo que crean prudente y ellos deciden quedarse atrás. Ñato informó que Dantón se había quedado por Carlos. Se les aconsejó que no llegasen al pueblo, que lo rodearan.

Nos retiramos de la carretera lo más rápido que podemos. Por la mañana llegamos de nuevo a la casa de Nemesio que no estaba allí. Algunos de los vecinos nos cuentan que se fue a Camiri.

(Nos sentimos un tanto sospechosos). Acampamos aquí. A eso del mediodía, se nos advierte que un vehículo se aproxima con bandera blanca. Tomamos algunas precauciones. Son el subprefecto del pueblo,[11] el cura[12] y el médico,[13] han venido a pedirnos que nos vayamos porque el ejército se muestra firme y ellos no quieren ningún derramamiento de sangre. Aceptamos con la condición de que nos traigan algunas medicinas y alimentos que necesitamos. A eso de las 4 p.m. más o menos, ellos envían un avión contra nosotros que bombardea la casa donde estábamos alojados. Una esquirla de una bomba hirió levemente a Ricardo.

Aquí nos enteramos que nuestros visitantes, Debray, Carlos y el inglés han sido tomados prisioneros.

[10] Dirección de Investigación Criminal.

[11] Justino Corcuí. Boliviano.

[12] Leo Shwarz. Alemán.

[13] Mario Cuéllar. Boliviano.

Abril 21

Al amanecer llegamos a la casa de un campesino llamado Roso Carrasco.[14] Es un hombre que conoce muy bien la zona. Nos trata muy bien y nos informó con amplitud sobre los caminos que podíamos tomar y nos brindó todo lo que tenía.

Al anochecer llegamos al cruce del camino Muyupampa-Monteagudo, a un lugar llamado Taperillas. Los campesinos nos reciben bien y pasamos por la calle de Rodas. Nos señalan que un hombre nacido allí ha llegado recientemente y que al parecer es un informante.[15]

Abril 22

Se toma prisionero a un grupo que nos dice andan rastreando, tienen un fusil máuser. Detenemos un camión pequeño lleno de mercaderías y posteriormente otro camión. Compramos varias cosas.

Ya en la noche, en lo que Ricardo y Urbano se dirigían a la emboscada, se encuentran que el ejército viene bajando por una loma, le abren fuego, el ejército se confunde y se retira, después comenzó un tiroteo general. Fernando[16] ordena la disposición para marcharnos por etapas, nos llevamos una camioneta y varios caballos. Se crea la confusión de que se han perdido 2.000 dólares del dinero que llevo yo en la bolsa. Regresamos Urbano, Inti y yo a buscarlo, se ordena a la vanguardia que se atrinchere en espera de la llegada de Loro, quien se perdió.

[14] Campesino de la hacienda Tururumba, cerca de Muyupampa.

[15] Había sido infiltrado por el agente Martínez de la CIA.

[16] Conocido primeramente como Ramón, el Che cambió su seudónimo por Fernando el 22 de abril. El cambio, sugerido por Rolando, lo hizo después de haberse enterado por Roth que el ejército conocía que los guerrilleros eran comandados por Ramón.

Abril 24

A las 6 a.m. llegamos a la hacienda del cura, lugar donde encontramos grandes sembrados de maíz, jocos,[17] frijoles y bastante marihuana. Fernando ordena el traslado del campamento para más abajo, o sea a orillas del arroyo. Salen Benigno y Aniceto[18] en busca de Joaquín. Sale Coco con Camba para explorar y acondicionar, de ser necesario, para animales, el camino que va a Río Grande.

Abril 25

Trasladamos el campamento para evitar ser descubiertos y ponemos un puesto de observación en la loma, al otro lado del arroyo. Posición que nos parece errónea pues si hay combate puede ser difícil el cruce para el que está observando. Fernando da instrucciones a Rolando para que se cambie.

Estando de posta se ve a una columna que avanza. Fernando dispone ocupar posiciones no previstas de antemano, por lo que nos vemos obligados a luchar en lugares no aptos para la emboscada. No hay buena observación ni el camuflaje perfecto. Prácticamente estamos al aire libre y tratamos de eliminar las dificultades.

El ejército avanzaba por el centro del camino con todas las precauciones necesarias (venían tres perros, el guía y dos soldados a una distancia aproximada de 15 ó 20 metros del resto de la tropa). En esta posición estaban Fernando, Miguel y Urbano.

El ejército se desplegó y se estableció un combate abierto por parte de ellos, ya que nosotros no veíamos las posiciones que ellos ocupaban. Rolando, con el coraje que le caracterizaba, se sitúa en la posición más difícil, a la salida de una curva frente al camino. Al desarrollarse el combate se enfrentó a una ametralladora 30 que lo hirió en el fémur. Chapaco y Tuma fueron en su busca (nos faltaban 6 hombres).

[17] Calabaza de cáscara dura.
[18] Aniceto Reinaga Gordillo (Aniceto). Boliviano.

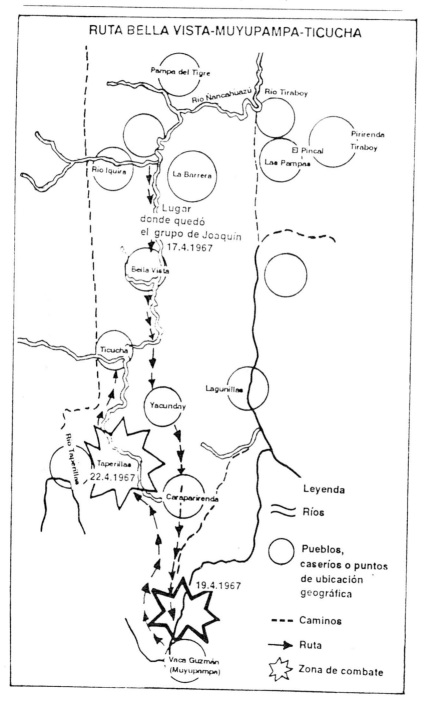

RUTA BELLA VISTA-MUYUPAMPA-TICUCHA

Tratamos de evacuarlo con la ayuda de Urbano, Antonio, Inti, Chinchu y yo. Después de esta pérdida se me designó responsable de la emboscada.

Sobre la pérdida de Rolando, Fernando dijo: «Hemos perdido a uno de nuestros más valiosos cuadros, tanto como dirigente político o como militar, pues ya era un combatiente probado. Para mí en lo personal ha sido una gran pérdida, porque además de todas estas cualidades era un hombre formado bajo nuestra dirección».

Nos retiramos por una trocha recientemente trabajada por el ejército y que conduce a Ñancahuazú.

Abril 27

Continuamos nuestra marcha hacia un lugar más adecuado y seguro. Se envía a Benigno y a Urbano delante para explorar. Nosotros descansamos. Comemos restos de la urina. Tenemos noticias de que es imposible continuar por esa zona, pues las lomas terminan en farallas.

Abril 28

Se decide seguir por una vieja trocha que conduce al Río Grande y de allí a Valle Grande y después buscar el Iquiri. Acampamos en un lugar donde hay naranjas (amargas) y algo de agua.

Abril 29

Después de haber caminado unas cuantas horas, nos damos cuenta de que estuvimos avanzando hacia el oeste y que estamos perdidos.

Acampamos y comenzamos la trocha y preparamos una emboscada de la que soy responsable. Coco y Camba regresan con la noticia de haber encontrado una trocha que ellos creen se dirige hacia las lomas.

Abril 30

Nos disponemos a cruzar las lomas siguiendo la senda, la que abandonamos una vez que nos damos cuenta de que no va en la dirección en que debemos ir. Acampamos en un pequeño firme.

MAYO

Mayo 1

En la mañana llegamos a un firme. Sentimos el ruido de una cascada. Decidimos descender ya que no tenemos agua desde la víspera. A las 11 a.m. bebemos un poco de té con leche. Se escucha el discurso del comandante Almeida[1].

Mayo 2

Acampamos en la cabecera de un pequeño arroyo, en un firme.

Volvemos al sur con la intención de encontrar el arroyo que nos llevar hasta el Iquiri. Marchamos a través de la planicie.

Mayo 3

Tenemos solamente alimentos para 4 días de raciones ligeras (sopas y carne enlatada). Nos detenemos en la noche en las faldas de una sierra sin nombre conocido.

---

[1] Juan Almeida Bosque, comandante del Ejército Rebelde durante la guerra revolucionaria en Cuba. Después de 1959 ha ocupado diversos cargos, entre ellos viceministro de las Fuerzas Armadas. Es miembro del Buró Político del Comité Central del PCC.

Mayo 4

En la tarde llegamos a un arroyo que corre hacia el norte. En la mañana enviamos a dos grupos de exploradores para determinar su rumbo. 1) Coco y Aniceto van aguas abajo y 2) Benigno y Pablito,[2] aguas arriba. Ellos deben tratar de abrir un camino hasta la planicie que nos queda a la derecha.

A las 6 p.m. se hace de noche, el arroyo es considerado por unos como el río Frías, por otros el Iquiri o el Congrí.

Mayo 5

En la radio escuchamos el arresto de Loro que ha sido tomado por un campesino. En la tarde llegamos a una taperita abandonada que Benigno reconoce ser una de los construidas durante su viaje de reconocimiento. Así estamos en el Congrí, posiblemente a no más de un día de marcha rápida del campamento de las Tres Cabezas y a medio día del campamento del Oso.

La radio informa también que la madre de Debray llegó a Bolivia; a él lo juzga un tribunal militar que está presionando al Congreso por la pena de muerte que sería aplicada contra Debray.

Mayo 6

Llegamos a la casita de Marcos. Hacemos noche y comemos la última reserva de nuestra carne enlatada (2 latas). Esperamos encontrar algunas latas de leche, café y azúcar con lo cual haremos desayuno cuando lleguemos al Oso. Escuchamos la noticia de lo sucedido en Cochabamba.[3]

---

[2] Francisco Huanca Flores (*Pablito, Pablo*). Boliviano.

[3] El comunicado N° 1, entregado al mayor Sánchez y los dos entregados a Debray, habían sido retenidos por el ejército. El N° 1 se filtró de las oficinas militares de Cochabamba y es publicado en el periódico Prensa

Mayo 7

Al llegar al Oso encontramos algo de café como habíamos esperado, señal de que Joaquín no ha estado por aquí. Seguimos hacia el campamento. Cinco hombres son enviados en un grupo explorador a la finca. El ejército ha plantado su campamento allí.

Mayo 8

Plantamos una emboscada y capturamos a dos hombres y con ellos muy poco alimento. Cometemos el error de disparar contra ellos y herirlos aun cuando no gravemente.

A las 2 p.m. asumo el mando de la emboscada y capturamos a dos hombres sin necesidad de disparar. Durante la noche, un grupo de 28 soldados cae en la emboscada; seis son tomados prisioneros, tres muertos y uno resultó herido. También capturamos 10 fusiles. El resto de ellos escapa. Se tomaron 1.500 tiros.

Mayo 9

Nos retiramos. Temprano en la mañana llegamos al alto del firme donde descansamos. Nos dirigimos a la laguna Pirirenda por un nuevo camino. Comemos un pedazo de charqui y recogimos los restos de la última vaca que hemos matado. El ejército ataca con avión y artillería el campamento.

Mayo 10

Hoy día cumplo 27 años. Estoy hambriento desde hace dos días. Solo estuve tomando sopa de tocino que es todo lo que nos ha quedado.

Libre el 1º de mayo de 1967. Así se dio a conocer el ELN en Bolivia. Después fue procesado Carlos Beccar Gómez, director del periódico.

Mayo 11

Mientras estábamos en el arroyo que conduce a Pirirenda, después de cruzar una pequeña elevación, nos avisan que un puerco salvaje ha sido muerto con lo que mitigamos un poco nuestra hambre. A las 2 p.m. seguimos nuestra marcha y acampamos no muy lejos del firme desde el cual ya se puede ver la laguna.

Mayo 12

Estamos ahora en Pirirenda, acampamos cerca de un chaco del cual sacamos un poco de jocos y zapallos grandes. Dos grupos de exploradores se envían hacia el camino para encontrar la casa[4]. Se prepara la comida.

Ramón da lectura a un diario tomado a uno de los prisioneros (teniente Laredo),[5] donde hay una información acerca de la falta de moral combativa entre los soldados, citando ejemplos en que las tropas se desbandaron y gritaron cuando supieron de la presencia de guerrillas en su sector. Se comenta cómo el pueblo de Pirirenda fue evacuado y cómo en su ausencia de 4 días fueron comidos sus animales por las tropas.

Nuestros hombres se desplazan hacia la casa. Me quedo en el campamento con Willy,[6] Arturo y Darío.[7]

Tenemos suficientes alimentos para unos 10 días (maíz y arroz). Planeamos descansar aquí por unos 5 días y luego asestar un golpe en la carretera que va a Gutiérrez.

---

[4] La casa del campesino Chicho Otero.

[5] Henry Laredo. Junto al diario se le encontró una carta de la esposa en la que ella le pedía «una cabellera de guerrillero para adornar el living de la casa».

[6] Simón Cuba Sarabia (Willy). Boliviano.

[7] David Adriazola Veizaga (Darío). Boliviano.

Mayo 13

Descansamos en este lugar y comenzamos a hacer frituras en vista de que tenemos un molino de maíz y hay maíz tierno.

Al pueblo boliviano

Comunicado N° 3
Frente a la mentira reaccionaria, la verdad revolucionaria

El día 8 de mayo, en la zona guerrillera de Ñacaguasu, fueron emboscadas tropas de una compañía mixta al mando del subteniente Henry Laredo. En la acción resultaron muertos el citado oficial y los alumnos de la escuela de clases Román Arroyo Flores y Luis Pelez y prisioneros los siguientes soldados:

José Camacho Rojas, Reg. Bolívar; Néstor Cuentas, Reg.Bolívar; Waldo Veizaga, Esc. de clases; Hugo Soto Lora, Esc. de clases; Max Torres León, Esc. de clases; Roger Rojas Toledo, Reg. Braun; Javier Mayan Corella, Reg. Braun; Néstor Sánchez Cuéllar, Reg. Braun. Los dos últimos, heridos al no responder al alto cuando se los interceptó en una operación previa. Como siempre, se les dejó en libertad tras explicarles los alcances y fines de nuestra lucha. Se capturaron 7 carabinas M-1 y 4 fusiles máuser. Nuestras fuerzas salieron indemnes.

Son frecuentes los comunicados del ejército represivo en que anuncian muertes guerrilleras; mezclando cierta verdad sobre sus bajas reconocidas con fantasía sobre las nuestras y, desesperado en su impotencia, recurriendo a mentiras o ensañándose con periodistas que, por sus características ideológicas, son adversarios naturales del régimen, imputándoles todos los males que sufre.

Dejamos expresa constancia de que el E.L.N. de Bolivia es el único responsable de la lucha armada en que encabeza a su pueblo y que no podr acabar sino con la victoria defini-

tiva, oportunidad en que sabremos cobrar todos los crímenes que se cometan en el curso de la guerra, independientemente de las medidas de represalia que el mando de nuestro
Ejército juzgue oportuno tomar ante cualquier vandalismo
de las fuerzas represivas.

E.L.N. De Bolivia.

Mayo 14

Día de las Madres, un día que tiene un gran significado
para mí porque, de todo corazón, quisiera estar con mi adora-
da madre.[8]

Tenemos una reunión con Fernando en la cual discutimos
sobre el hecho de que él está muy pero muy dolido por los
robos de alimentos que han estado ocurriendo en los últimos
días. Esto es algo que desmoraliza totalmente a la tropa.

Con un gran dolor, cuenta los casos de Benigno y Urbano
(Benigno se ha comido una lata de conserva, según el Médico).
Posteriormente, Tuma me cuenta que esto es cierto y que él
también comió. Urbano fue declarado inocente por varios compañeros de haber sido el que se apoderó de la carne disecada
en el Arroyo de los Monos. Estamos comiendo sólo sopa de
manteca.

Recibimos la noticia de que el ejército ha llegado a la casa
del campesino donde estuvimos en días anteriores.

Mayo 15

Trasladamos nuestro campamento muy temprano en un
esfuerzo de estar más cerca de las márgenes del lago que es
muy bello. Mientras algunos de nuestros hombres estaban buscando frijoles, el ejército comenzó a avanzar sobre nosotros
con fuerzas de tierra y aire. Durante la acción, trepamos a un

[8] Engracia Tamayo.

cerro y nos quedamos allí para observar. Llegamos a una casa bien provista. Comemos un poco de pollo asado y arroz. Al amanecer cerca de las 4 a.m. partimos de allí. Fernando se pone gravemente enfermo y tenemos que inyectarle medicamentos para controlarlo. Por esta razón, preparamos una camilla y lo llevamos a una pequeña montaña. A las 7 p.m. lo colocamos en una carreta que encontramos durante una de nuestras exploraciones.

Mayo 17

Acampamos en un aserradero donde estuvimos hace dos o tres días. Encontramos algunas cosas para comer y un poco de agua en bidones (harina blanca, maíz, tocino, azúcar, mote, etc.).

Hace algún tiempo, Loro nos informó sobre la existencia de este aserradero y de un camino que conduce a Ñancahuazú y que viene a salir a unos 9 kilómetros más abajo de nuestra finca.

Mayo 18

Encontramos un lugar con agua al pie de la montaña. Pensamos descansar cinco días y preparar una emboscada sobre el camino. Fernando le extrae una muela a Camba. Escuchamos noticias de un combate en el río Masicuri.

Mayo 19

Nos trasladamos a la casa del arroyo o laguna. El propietario es Benito Manfredi.

Mayo 20

Me envían para hacerme cargo de la emboscada. No es un lugar adecuado de modo que yo propongo el traslado de lugar, lo que aprueba Fernando. Se prepara para trasladarse a algún otro sitio.

Mayo 21

Un día tranquilo en el campamento. Fernando me nombra ayudante del cocinero. Fernando se hace cargo de las tareas de cocinero por estos cinco días.

Mayo 22

Llega el hombre encargado del aserradero.[9] Él, su hijo[10] y un peón,[11] han sido detenidos en el lugar de nuestra emboscada. Nos preparamos para seguir mañana en la noche porque pensamos que hemos sido vistos y espiados. Después de que comparecen ante nosotros, ofrecen colaborar y decidimos correr el riesgo de que nos traicionen.

Mayo 23

El hombre es enviado para conseguirnos una buena cantidad de provisiones (víveres y medicinas). Su hijo se queda con nosotros como rehén. Se le da plazo hasta las 11 de la noche para regresar. Después de este tiempo, hemos esperado tres horas más, y como no regresa, salimos al camino que conduce al río Ñancahuazú.

Mayo 24

Llegamos al río a las 7 p.m. Caminamos por el agua para no dejar huellas. Pasamos la noche en el viejo campamento del viaje anterior.

[9] Guzmán Robles.

[10] Moisés Robles.

[11] Vicente Tapia, chofer de Guzmán Robles.

Mayo 25

Llegamos en la mañana al Río Saladillo, usando este arroyo como nuestro camino para llegar a los chacos del abuelo[12] del muchacho que llevamos prisionero. Pasamos la noche en un lugar que los pobladores locales llaman La Cumbre.

Mayo 26

Llegamos al chaco del abuelo Bruno. Comemos unas cuantas limas dulces y en la noche, cerdo y yuca. Nos dirigimos a la cabaña de dos campesinos que según los otros está a una hora de camino de aquí. Por ellos conocemos dónde está ubicado el ejército, aproximadamente 30 hombres, en el pueblecito de Ipitá.

Mayo 27

Tomamos prisioneros a un hombre viejo y a un peón cuando trataban de regresar después de seguir nuestras huellas. Bruno dice que trató de traer los suministros y que fue detenido. El ejército se apoderó de la mercancía y del dinero que tenía. El Habeas Corpus para Debray ha sido negado con el fundamento de que está bajo la jurisdicción militar[13].

Mayo 28

En la mañana cruzamos la carretera Camiri-Santa Cruz, capturando el rancho de Caraguatarenda, cuando fuimos descubiertos por una campesina que se fue ante la indecisión de Pablito y Pacho, que por ser mujer no la detuvieron. Posterior-

---

[12] Bruno, tío abuelo de Moisés Robles.

[13] El 20 de mayo de 1967, Barrientos -en conferencia de prensa- negó la condición de periodista a Debray y anunció que pediría al Congreso el restablecimiento de la pena de muerte, que había sido abolida el 26 de enero de 1967.

mente Fernando ordenó se tomara el poblado, lo que se hizo rápidamente. Los campesinos que nos han guiado son puestos en libertad. Nos aprovisionamos de víveres y a las 6 p.m. seguimos por el camino a Ipitacito, donde compramos algunos alimentos. Vamos a una hacienda para comprar queso. Ellos están apenados por haberlos vendido todos y nos dan uno de los suyos. Fernando es reconocido por una maestra.[14] Luego compramos un poco de pan.

[14] Elfi Tapia.

Segunda parte

El resto de las anotaciones del diario de campaña de Pombo —que comenzó a escribir el 29 de mayo de 1967— les fueron incautadas por las autoridades chilenas al llegar a ese territorio. Más tarde, Salvador Allende, que por aquel entonces era el presidente del Senado de Chile, entregó las fotocopias a Cuba.

Ya en Cuba, Harry Villegas —basándose en esos apuntes y en su experiencia personal— impartió una serie de conferencias en la fortaleza militar de La Cabaña acerca de todo lo acontecido durante la lucha guerrillera en Bolivia.

Esta segunda parte del libro incluye un resumen de esas conferencias, además del relato, inédito hasta la fecha, de la forma en que el grupo de sobrevivientes comandado por Pombo logró burlar el cerco que, tras la muerte del Che, les habían tendido la CIA y el ejército boliviano.

Urbano y Paulino Baigorría, joven campesino que les sirvió de guía.

Pombo en una de las cuevas de la guerrilla.

DE EL ESPINO HASTA EL RÍO GRANDE

Con el guía campesino Gregorio Vargas

Seguimos hacia El Espino el 29 de mayo, pero nos retardamos porque el camión en que viajábamos se atascó. Invertimos varias horas de esfuerzo en lograr sacarlo, pero un poco más adelante se fundió el motor y tuvimos que abandonarlo definitivamente. Nuestra vanguardia —que viajaba en el jeep— en este intervalo había tomado un rancho del caserío de El Espino. Extrañados por la demora fueron a nuestro encuentro. Dieron en total cuatro viajes para trasladarnos a todos hacia el lugar de ocupación. Desayunamos y se cocinó un fricasé de pavo, congrí y chancho. Más tarde ocupamos otro camión y se pusieron dos emboscadas, cada una al mando de Miguel y Antonio.

Existía una gran confusión en cuanto al camino a tomar, finalmente se decidió salir hacia el rancho Muchiri, situado entre El Espino y Limón, donde había agua. El camión en que viajábamos se atascó también, todos los esfuerzos por sacarlo fueron inútiles. La vanguardia continuó viajando en jeep, el resto de los compañeros a pie. Al amanecer llegamos a la línea del ferrocarril donde comprobamos que los datos del camino a tomar eran falsos. Se adoptaron medidas de seguridad con emboscadas y la vanguardia descubrió un camino que se internaba en una zona cuadriculada por Yacimientos Petrolíferos. Por su parte, Antonio avisó que había visto a un muchacho acompañado de un perro, le dio el alto pero se fugó; no disparó por tratarse de un inocente. Che dispuso que Antonio preparara una emboscada a 50 metros de la entrada del camino detrás de un tronco que estaba tirado en el centro, posteriormente la reforzó con Ñato y su fusil máuser con tromblón para disparar granadas de fal antitanques.

Al sentir Antonio el ruido de los carritos en la línea, avisó con Raúl para que le mandaran refuerzos, pero Raúl demoró tanto (tenía una pierna enferma) que escuchamos los disparos antes de que él llegara. Causamos tres bajas al ejército, que al tratar de avanzar cayó en nuestra emboscada.

Se levantaron las emboscadas y continuamos la marcha.

En total la vanguardia realizó tres exploraciones en busca de agua; todas inútiles.

Miguel había salido a explorar nuevos caminos en el jeep, pero el vehículo se detenía continuamente por falta de agua. Che ordenó que orináramos todos en el radiador, lo que resolvió la situación. Avanzamos y tarde por la noche asamos tres pavos.

Por etapas, seguimos avanzando con el jeep y caminando, el grupo nuestro se turnaba con la vanguardia. Cuando habíamos adelantado cuatro o cinco kilómetros, encontramos a un cazador en uno de los caminos laterales, nos resultó muy sospechoso, se llamaba Gregorio Vargas y venía en una bicicleta a preparar sus trampas. Nos explicó sobre la dirección del camino central, la distancia al río y nos informó de un pozo de agua que habíamos dejado atrás. Se organiza la búsqueda del preciado líquido y todos, excepto Fernando, nos tomamos la reserva.

Un grupo fue al pozo guiado por Gregorio, pero cuando estaban llegando, éste dio la alerta al escuchar el ruido lejano de motores de camiones del ejército. Regresaron y se mandó a un grupo a preparar una emboscada apresurada al mando de Papi. Ñato se puso nervioso y en lugar de poner balas de salva disparó la granada con balas de plomo, él salió milagrosamente ileso, pero se destruyó el tromblón.

Los efectivos del ejército, al escuchar la explosión, se tiraron de inmediato de los camiones y se desplegaron en el monte, desde donde repelieron la agresión.

Después de caminar unos 15 kilómetros encontramos una segunda laguna. Descansamos, comimos y salimos. Luego de unas horas de camino escuchamos por radio un comunicado del ejército reconociendo que el 30 de mayo habían tenido dos muertos y tres heridos, aunque ubicaban el enfrentamiento en otra zona.

Seguimos el camino, y ya en la línea del ferrocarril divisamos las luces del pueblo de Abapó. Rápidamente nos desviamos en busca del chaco del patrón de Gregorio; este último se puso ropas de Miguel y abarcas diferentes para evitar su identificación si alguien lo veía a él o a sus huellas.

Como estamos muy agotados descansamos hasta el amanecer.

Después de siete kilómetros, llegamos al chaco; Benigno y Urbano capturaron un chancho.

Después Che nos ordenó a Inti y a mí partir para unirnos a la vanguardia. Como medida de seguridad, del otro lado de la carretera Camiri-Lagunillas se dejó a Camba, como ya no había mucha confianza en él[1] se quedó Julio también. El resto cruzamos y organizamos una comida a menos de 50 metros de la carretera en un pequeño monte. El agua del arroyo era extremadamente amarga.

Posteriormente llegó Che con algunos prisioneros, entre ellos uno que decía ser hijastro de Simoni, el dueño del chaco y el vaquero Braulio Robles con su hijo. En sus caballos trasladamos el puerco ya descuartizado hasta el arroyo y después los pusimos en libertad, se les pagó 10 pesos a cada uno. A Gregorio, a quien habíamos mantenido oculto, se le entregaron 100 pesos bolivianos después de la comida.

A las seis y treinta salimos por el camino que bordea el oleoducto. Tomamos a la izquierda hasta avanzar aproximadamente unos cuatro kilómetros, acampamos y Che mandó una exploración en busca de un lugar apropiado para la emboscada. A las trece horas ocupamos posiciones: Che y Ricardo se situaron en el medio con personal del centro; Miguel con la vanguardia en el flanco izquierdo, y yo con tres compañeros en el

[1] La desconfianza se debía a que en Camba se apreciaban ciertas debilidades a la hora de los combates. Le faltaba un entrenamiento militar previo.

flanco derecho. Debido a las características del terreno Che dio las siguientes instrucciones:

Después que los vehículos que vinieran por la izquierda penetraran dentro del radio de fuego de Ricardo, Miguel debía abrir fuego para impedir que retrocedieran; los que vinieran por la derecha se encontrarían dentro del radio de fuego de Che y éste abriría fuego, previa una señal realizada por el grupo mío con un pañuelo amarillo, lo que indicaría si venían o no soldados; la misión de mi grupo era en caso de que vinieran más de dos camiones, impedir que el tercero entrara a la emboscada, no avanzaran o pudieran replegarse.

Entre la una y las cinco de la tarde pasaron dos vehículos civiles y a las cinco y treinta pasó un camión del ejército; hice señales que indicaban que venían soldados. Che no tiró. Después me llamó la atención por hacer la señal, alegando que era criminal matar a dos hombres desamparados, posiblemente dormidos y envueltos en frazadas. Yo le expliqué que lo había hecho porque consideré que eran cuatro y no dos.

A las seis de la tarde ordenó levantar la emboscada y avanzar por un camino en busca del arroyo para poder cocinar, cuando lo hacíamos se sintió el paso de camiones y una voz que preguntaba: «Gregorio, ¿estamos cerca ya?» A lo que otro contestó: «No, un poco más adelante.» Pensamos que era el mismo Gregorio que nos había servido de guía.

En busca del grupo de Joaquín

Por las márgenes del arroyo avanzamos y tomamos una senda que nos separaba algo de la carretera donde pensábamos hacer otra emboscada. Continuamos por la senda en busca del Río Grande y la desembocadura del Rosita. Che consideraba que al conocer Joaquín su idea de subir por éste para operar en Samaipata, lugar escogido como zona de operaciones, podíamos encontrarlos por la región. Pasamos la noche en una cañada dentro de un vallecito, allí comenzó el «surazo»,[2] que por una parte nos molestaba al mojarnos con su fina llovizna, y por otra nos beneficiaba al llenar en algo los pequeños pozos de agua que nos permitirían cocinar. Preparamos avena y té con leche.

Muy poco pudimos caminar, a los macheteros se les entumecieron las manos y los pies debido a la inclemencia del agua y el frío. Cruzamos una pequeña loma y acampamos, hicimos fuego para secar nuestras hamacas. El agua que nos quedaba se guardó para desayunar.

Che mandó a la punta de vanguardia en misión de exploración y nos trasladamos hasta las márgenes del Río Grande donde hicimos café; luego mandó a Coco, a Julio y a Aniceto de exploración, indicándoles que si encontraban alguna casa, la tomaran. Así lo hicieron y a las ocho de la noche nos pusimos en marcha, la noche era extremadamente oscura, tropezábamos y caíamos continuamente. Al fin llegamos a la casa ocupada y se dispuso sacrificar un chivo. Pero a solicitud de los compañeros, se le propuso a Che matar un chancho y así se hizo.

La casa estaba situada a unos tres kilómetros de Puerto Camacho. Después de cocinar puerco y locro[3] toda la noche salimos por la mañana, llevamos como guía al hijo del dueño de la casa que era vaquero.

Caminamos por zarzales, seguimos por la playa y acampamos en un chaco que tenía jocos, maíz, plátanos, entre otros sembrados.

El 8 de junio escuchamos noticias sobre el estado de sitio y la amenaza de huelga minera ante el recorte del 50% de sus salarios.

Al amanecer trasladamos el campamento más adelante para evadir la vigilancia. Ñato, Benigno, Urbano y León trataron de hacer un camino, lo que fue imposible pues terminaba en farallas completamente lisas y verticales. Era necesario cruzar el río en balsa o bordearlo, pero era muy difícil por la distancia.

[2] Frente frío que se origina en la Antártida y que se produce entre los meses de junio y septiembre.

[3] Plato que se prepara con carne, papas, arroz y viandas típicas de la región oriental. En quechua *roghro*.

Comenzamos la construcción de una balsa y pusimos una emboscada en un lugar que tenía características de un puesto de observación. El intento de cruzar falló porque el agua era muy fría y entumecía los músculos. Ñato la probó y hubo que sacarlo.

Pacho, Coco, Ñato y Aniceto salieron con la misión de llegar hasta la casa antes visitada y arribar al río con una chalupa. En el camino tuvieron un encuentro con el ejército que avanzaba por la margen opuesta. Nosotros escuchamos el tiroteo y posteriormente llegaron Aniceto y Ñato informando sobre el encuentro. Pacho y Coco se habían quedado combatiendo para que ellos se retiraran.

Se adelantó la emboscada para un lugar con más condiciones y se comenzó la construcción de un camino para maniobras.

Pacho había tirado 10 cápsulas y consideraba que se habían hecho bajas al enemigo. Permanecimos emboscados, envueltos en un día tranquilo. Benigno y Urbano continuaron el camino.

Avanzamos temprano y acampamos en una quebrada donde había un pozo de agua, hicimos té. Por su parte, la radio informó el encuentro del sábado, dieron la noticia de un muerto y un herido. No se perdieron en vano las balas de Pacho. Además, dieron datos asombrosos sobre nuestra composición: 17 cubanos, 3 peruanos, 14 brasileros y 3 argentinos. Los dos primeros eran exactos; el resto era falso.

Pasamos por una cueva profunda y caliente que invitaba a quedarse, continuamos y después de caminar por terrenos cenagosos seguimos el cruce del arroyo del Río Grande a unos tres kilómetros de la desembocadura del Rosita. Che mandó de exploración a Coco y a Aniceto que no llegaron a la desembocadura porque una loma lo impedía, de haberla cruzado hubieran regresado de noche. Soltamos a Nicolás, el campesino guía, a quien entregamos 150 pesos.

DEL RÍO GRANDE Y EL ROSITA HASTA FLORIDA

Atravesamos el río, el agua era muy fría. Chino y Antonio fueron los últimos en cruzar y casi los arrastra la corriente.

Caminamos bastante, a las tres de la tarde nos detuvimos en la desembocadura de un arroyo que no estaba representado en el mapa. Ricardo salió corriendo, hizo varios disparos y mató un hochi,[4] así teníamos carne aunque fuera para una sopa.

Continuamos la marcha, cruzamos tres arroyos más y en el mapa sólo estaba el Abapocito. A la salida de un pequeño monte hicimos noche; mientras, Ricardo e Inti hacían un reconocimiento arroyo arriba.

Encuentro con Paulino Baigorría

A las ocho y treinta partimos y después de una larga caminata, todavía por la mañana, llegamos a un chaco. Se organizó la cocina y la recolección de víveres rápidamente para continuar hacia unas casas que estaban en el mapa. Por su parte, Pablito y Benigno salieron de exploración; descubrieron un chaco y apresaron a un campesino que se encontraba detrás de este, esperaron unos momentos y apresaron a otros campesinos que se acercaban al lugar.

Decidimos trasladarnos al chaco de los muchachos[5] que habíamos hecho prisioneros. Este se encontraba en la desembocadura del camino que viene de Abapó, allí tuvimos que colgar las hamacas por la abundancia de niguas. Uno de ellos, Paulino,[6] manifestó que quería unirse a nosotros.

Con un sol que rajaba las piedras, salimos hacia un case-

---

[4] Especie de jutía del oriente boliviano.

[5] Sus casas están, según el Che, a 10 ó 15 km al norte del cruce del río Mosquera con el Oscura, sobre este último río.

[6] Paulino Baigorría, campesino boliviano de unos 20 años que sirvió de guía a la guerrilla y pidió integrarse a ella. Cuando cumplía una misión encomendada por el Che, fue detenido, incomunicado y torturado.

río cercano. Al llegar acampamos en la casa del padrastro de Paulino; compramos chanchos, jocos y maíz. Después fuimos a la casa del alcalde de la comarca, un campesino llamado Calixto, quien se negaba a vendernos un buen cargamento de frijoles que poseía, finalmente le compramos a la fuerza dos quintales.

Anocheciendo, llegaron al campamento tres hombres sin haber sido detectados por nuestras postas, esto provocó el castigo de Aniceto y Chapaco. Resultaron ser compradores de chanchos, según nos aseguró Calixto.

Cocinamos congrí con chancho frito y asado en púa bajo la responsabilidad de Benigno y Moro.

Los interrogatorios a los tres visitantes fueron muy deficientes, a tal punto que las armas que llevaban no se las habían quitado.

Paulino (nuestro incorporado) era novio de la hija del alcalde, y a través de ella se enteró que entre los visitantes había un oficial del ejército, quien en otra ocasión había pasado por allí llevándose animales a la fuerza, y además era de los que habían nombrado alcalde a Calixto. Al conocer Che estos pormenores, reunió a los intrusos y les dio un plazo para que el oficial se identificara, si no serían fusilados los tres. El oficial[7] salió del grupo llorando y suplicando que no lo matáramos; Che primeramente pensó fusilarlos, después nos dijo que era más conveniente no hacerlo, pues la represión debía comenzarla el enemigo y no nosotros.

Preparamos las cosas para marcharnos al siguiente día, se acordó la salida para las tres de la tarde. Se compraron, entre otras cosas, 14 gallinas.

Los prisioneros fueros custodiados hasta alejarnos dos leguas del antiguo campamento. Les quitamos la ropa, los zapatos y los animales antes de liberarlos. El mulo confiscado fue asignado a Che que se encontraba enfermo.

Paulino continuó con nosotros fingiendo ser prisionero para no levantar sospechas, pues se había comprometido en

---

[7] Resultó ser Esquivel, subteniente de carabineros de la policía.

sacar a la ciudad los cuatro comunicados, dos mensajes y una carta para la mujer de Inti, Matilde Lara. Era el primer campesino que se nos incorporaba, tenía 20 años y estaba enfermo de tuberculosis. Se decidió mandarlo como mensajero después de un análisis de la situación; la guerrilla estaba dividida en dos grupos, ninguno de ellos con suficiente capacidad combativa.

Al pueblo boliviano

Comunicado Nº 4
Frente a la mentira reaccionaria, la verdad revolucionaria

En recientes partes, el Ejército ha reconocido algunas de sus bajas, sufridas en choques de avanzadas, adjudicándonos, como es su costumbre, una buena cantidad de muertos que nunca exhibe. Aunque nos faltan informes de algunas patrullas, podemos asegurar que nuestras bajas son muy reducidas y no sufrimos ninguna en las recientes acciones reconocidas por el Ejército.

Inti Peredo, efectivamente, es miembro de la Jefatura de nuestro Ejército, donde ocupa el cargo de Comisario Político y bajo su mando estuvieron recientes acciones. Goza de buena salud y no ha sido tocado por las balas enemigas; el infundio de su muerte es el ejemplo palpable de las mentiras absurdas que riega el ejército en su impotencia para luchar contra nuestras fuerzas.

En cuanto a los anuncios sobre la presencia de supuestos combatientes de otros países americanos, por razones de secreto militar y de nuestro lema, el de la verdad revolucionaria, no daremos cifras, aclarando solamente que cualquier ciudadano que acepte nuestro programa mínimo, conducente a la liberación de Bolivia, es aceptado en las filas revolucionarias con iguales derechos y deberes que los combatientes bolivianos los que constituyen, naturalmente, la inmensa mayoría de nuestro movimiento. Todo hombre que luche con las armas en la mano por la libertad de nuestra Patria mere-

ce, y recibe, el honroso título de boliviano, independientemente del lugar donde haya nacido. Así interpretamos el auténtico internacionalismo revolucionario.

E.L.N. de Bolivia.

Aislados de toda organización urbana solamente podíamos recibir mensajes de Cuba, pero no trasmitir. Era necesario contactar con la ciudad como única vía para el desarrollo de la guerrilla, pues por las condiciones inhóspitas y de aislamiento de las zonas rurales de Bolivia, la incorporación espontánea prácticamente era imposible.

Acampamos en la desembocadura de un arroyo.

Salimos temprano, caminamos hasta mediodía por el río, luego nos apartamos de éste y subimos una loma. En su firme acampamos alrededor de las tres de la tarde. Reanudamos la marcha, pero aún no habíamos caminado una hora cuando comenzó a llover, lo que provocó que Paulino, que venía de guía, perdiera la senda. Ya por la tarde la vanguardia volvió a encontrarla, pero era tarde y había que trabajar un camino para que fuera accesible a los animales. Acampamos.

Después de subir hasta ese camino, avanzamos dos horas y llegamos a una loma descubierta desde donde se divisa el Río Grande; el paisaje era muy hermoso, todos nos retratamos allí; Che lo hizo a caballo.

Bajamos por una loma muy pendiente, siguiendo el rastro de unos vaqueros. Descansamos en un arroyo cerca de Cerro Durán.

Continuamos por la senda construida por los ganaderos que iban delante de nosotros, esto lo pudimos comprobar cuando llegamos al lugar donde habían acampado en la noche, aún se mantenía el fuego encendido. Tratamos de alcanzarlos pero no pudimos, pues un fuego inmenso nos impedía el cruce, consideramos que fue hecho intencionalmente. Después un avión sobrevoló la zona, no sabíamos si a consecuencia del fuego o por alguna otra razón. Llegamos a Piray.

Seguimos hasta llegar a casa de la hermana de Paulino,[8] pero decidimos continuar a otra que estaba cercana al camino de Florida, de la hija de Paniagua. Allí compramos una vaca y se organizó un grupo al mando de Coco con la misión de ir al poblado de Florida y efectuar compras.

Regresamos con algo de azúcar y la noticia de la existencia de tropas.

El día transcurría normal, cocinamos, buscamos caña y se puso a Camba a hacer pan. Che lo autorizó a salir de su posición en la emboscada tendida por la vanguardia, al mando de Miguel, para realizar esta tarea.

COMBATE DEL 26 DE JUNIO

Cae Tuma

A las cuatro y treinta se me ordenó salir con Antonio, Tuma, Arturo y Ñato para relevarlos en la emboscada. Cuando llegábamos, sentimos un tiroteo y nos lanzamos al suelo, avanzamos hasta las posiciones. Cesó rápidamente y pudimos llegar hasta donde se encontraba Benigno que nos mostró cuatro cadáveres tirados sobre la arena. Miguel se encontraba en el centro de la emboscada y como no había camino de retirada, tuvimos que llegar a él directamente por el sendero, poniéndonos a la vista del enemigo. El ejército se había desplegado y ocupaba posiciones del otro lado del río, sin embargo, al cruzar nosotros no hicieron fuego, pues al parecer esperaban refuerzos. Le explicamos a Miguel que veníamos a relevarlo, pero considerábamos correcto enviar un mensajero a Che para explicarle la situación. Aceptó y propuso que yo le cubriera para tirarse a rescatar dos fusiles que se veían en el centro del río, me negué, pues no sa-

---

[8] En la casa no estaba el marido, había salido con el campesino Benjamín Paniagua.

bíamos si el ejército dominaba también el río. Posteriormente llegó Che y fuimos hacia él. Me indicó que me hiciera cargo del otro flanco junto con Miguel. Éste avisó que el ejército se desplegaba, ya que sentíamos ruido de ramas que se quebraban. Se le pidió refuerzo a Che y nos mandó a Pacho y a Antonio. Cuando situábamos a estos dos compañeros, se escuchó ruido de camiones que llegaban y después se generalizó el tiroteo, que nos sorprendió en una zona completamente desprovista de árboles; Pacho logró meterse en una zanjita y respondió al fuego; yo me tiré al suelo efectuando varios disparos, pero quedaba en una posición inclinada que daba ventaja al enemigo. Pacho me indicó que tratara de llegar a la zanja, hice un giro y sentí un golpecito en la pierna, le grité a Pacho que disparase, pues me habían herido. Protegido por Pacho y Antonio logré moverme hasta el monte, allí tropecé con Miguel que me informó la orden de retirada de Che.

A la salida del camino vimos al Médico, quien nos informó que Tuma había sido herido en el vientre en el momento que gritaba: «Muganga, cuídate que esto está que jode.» Lo montaron en un caballo.

La herida de Tuma era muy fea, se le operó en la casa del campesino Fenelón Coca, pero todo fue en vano. El hígado se le salía por la herida; murió. Con esta pérdida sentí que parte de mi vida me abandonaba, pues Tuma para mí era algo más que un combatiente, fue mi compañero, mi hermano, mi amigo y la alegría de todo el grupo por su carácter siempre jovial. Perdimos al compañero de la Sierra, la invasión, la campaña en Las Villas, del Congo y Bolivia; además, habíamos vivido juntos la primera etapa de construcción del socialismo.

Fue montado en un caballo, lo amarramos y Urbano se encargó de su traslado.

Sepultamos superficialmente a Tuma, pues la tierra era muy dura y no teníamos los medios adecuados para cavar en ella.

Durante el enfrentamiento hicimos dos prisioneros, dos nuevos espías: un teniente de carabineros llamado Walter Landívar y un carabinero. Che les dio una charla y se dejaron en libertad, anteriormente se les despojó de todas sus pertenencias. Los soltamos en calzoncillos. Después Che nos llamó la atención por ello, consideró que esa era una falta contra la dignidad humana que nadie tenía derecho a realizar.

Salimos con 9 caballos cuyo propietario era Celso Roca. Por la madrugada sentimos un fuerte tiroteo, pensamos que era el ejército avanzando o que tiraban por confusión sobre los prisioneros que habíamos liberado.

RUMBO A PALIZA HACIA EL RÍO LOS AJOS

A las dos aproximadamente salimos rumbo a Paliza. En el camino encontramos a un campesino que revisaba las huellas, al preguntarle qué hacía, respondió que su mujer le había dicho que había pasado un gran contingente de personas y que estaba comprobándolo.

Llegamos a las siete de la noche. Pacho me atendía como a un hermano. Conseguimos un guía para conducirnos a casa de Don Lucas, avanzamos hasta detenernos en una casa abandonada donde Benigno ordeñó algunas vacas que allí se encontraban; mientras, Che se enfurecía por el retraso de Chinchu y Moro.

Ese día la radio informó de los resultados del encuentro sostenido y anunció sólo tres muertos y dos heridos en la zona del río Mosquera. Al parecer uno de los soldados fingió estarlo, por nuestra cuenta eran cuatro.

Análisis e instrucciones de Che

Continuamos nuestro avance por la mañana, y ya en el entronque hicimos un alto donde Che organizó una reunión para analizar los resultados del combate. Manifestó que poniendo sobre una balanza el combate, para el ejército había sido un

Facsímil de una de las páginas del diario de Pombo.

éxito nuestro. Pero para nosotros era una derrota porque las bajas causadas al ejército eran reemplazables, mientras que las nuestras no, y por estar sometidos a un proceso de desgaste paulatino, era imprescindible encontrar a Joaquín o hacer contacto con la ciudad. Agregó que el desgaste no solo era en cantidad sino también en calidad, pues la muerte nos iba escogiendo los hombres.

Hizo un análisis de la personalidad de Rubio, mencionó su espíritu de sacrificio, los cargos que había abandonado por venir a Bolivia a luchar, su tarea con la Revolución Cubana, en la que había dado muestras de su capacidad organizativa, y cómo lo había seleccionado junto con Rolando para segundo jefe del frente que se pensaba abrir en Chapare.

Cuando se refirió a Rolando, comenzó resaltando su capacidad de dirigente, lo consideraba el cuadro más completo, tanto en lo político como en lo militar, de todos los componentes de la guerrilla. Su pérdida para él representaba mucho, sentía el orgullo de haberlo forjado a su lado.

Antes de referirse a Tuma aclaró que habían muerto compañeros bolivianos muy valiosos de los que no iba a hablar en aquellos momentos, que quería que los presentes comprendiéramos los lazos fraternales que lo unían a los cubanos caídos debido al tiempo que llevaba junto a ellos. Pero que sin lugar a duda, los mismos lazos en un futuro nos unirían a todos —cubanos y bolivianos— como latinoamericanos que éramos.

Dijo, además, que iba queriendo esa tierra como si fuera la de él; señalando las montañas, expresó que las iba amando como si fueran la Sierra Maestra; sin embargo, su deseo era que si tenía que morir, que fuera en la Argentina.

Al referirse a Tuma, lo hizo con un gran sentimiento. Recordó los años que llevaron juntos; habló de la invasión y de los tiempos de paz con el triunfo de la Revolución Cubana. Manifestó el duro golpe recibido, porque Tuma para él era casi un hijo. «Ha caído el primero de los que juntos comenzamos esta misión hace ya mucho másde un año.»

Analizó en sentido general la forma en que se habían realizado las emboscadas, señaló la no preparación de las posiciones ni de los caminos ocultos que permitieran una maniobra. Prometió darnos charlas e instrucciones sobre las tácticas guerrilleras.

Precisó que teníamos que extraer experiencias del heroico pueblo de Vietnam y adaptarlas a nuestras condiciones. Sobre todo la esencia de la táctica no la podíamos perder. Dijo que habíamos estado aplicando empíricamente algunos principios tales como la agresividad, y era indiscutible que habíamos sido extremadamente temerarios, audaces, pero esto no podía llevarnos a no observar la prudencia, a no organizar nuestras emboscadas. Significó que los vietnamitas habían desarrollado el método de derrotar lo mucho con lo poco y que habían logrado mantener a raya al mayor ejército de opresión: al imperialismo. Explicó que debíamos aplicar consecuentemente la economía de vidas, todo esto sin perder la agresividad. Teníamos que tener presente el uso máximo de los explosivos, los cuales habían sido muy utilizados y con efectividad en Cuba, y que allí no les habíamos dado el más mínimo empleo. Señaló que el uso de las minas antipersonales y las trampas eran medios con los que se causaban bajas al enemigo, se sembraba el terror y se le debilitaba moralmente; por ello era un arma tanto de la guerra psicológica como de la lucha armada.

«Estos medios no los hemos sabido aprovechar porque todo lo hemos querido resolver con nuestro arrojo, esta no es una guerra de cojones solamente, sino de cojones y habilidad; gana el más hábil.» finalizó Che.

Oímos noticias sobre la lucha en las minas.[9]

[9] Desde el 6 de junio la asamblea de los mineros en Huanuni manifestó su solidaridad con la guerrilla y el gobierno decreta el estado de sitio en el país. El 15 los sindicatos obreros se declaran en estado de urgencia, y el 23 los mineros y estudiantes firman un pacto de defensa. Los trabajadores declaran los distritos mineros «territorio libre». Acordaron donar un día de haber y medicinas. El 24, en plena fiesta de San Juan, las fuerzas armadas ocupan las principales minas de estaño y masacran a sus pobladores, a los que encontraron dormidos. El resultado fue de 87 muertos en Siglo XX (incluidos mujeres y niños), entre ellos los 20 que mostraron disposición de incorporarse a la guerrilla.

A los mineros de Bolivia

Comunicado Nº 5

Compañeros:

Una vez más corre la sangre proletaria en nuestras minas. En una explotación varias veces secular, se ha alternado la succión de la sangre esclava del minero con su derramamiento, cuando tanta injusticia produce el estallido de protesta; esa repetición cíclica no ha variado en el curso de centenares de años.

En los últimos tiempos se rompió transitoriamente el ritmo y los obreros insurrectos fueron el factor fundamental del triunfo del 9 de abril. Ese acontecimiento trajo la esperanza de que se abría un nuevo horizonte y de que, por fin los obreros serían dueños de su propio destino, pero la mec nica del mundo imperialista enseñó, a los que quisieron ver, que en materia de revolución social no hay soluciones a medias; o se toma todo el poder o se pierden los avances logrados con tanto sacrificio y tanta sangre.

A las milicias armadas del proletariado minero, único factor de fuerza en la primera hora, se fueron agregando milicias de otros sectores de la clase obrera, de desclasados y de campesinos, cuyos integrantes no supieron ver la comunidad esencial de intereses y entraron en conflicto, manejados por la demagogia antipopular y, por fin, reapareció el ejército profesional con piel de cordero y garras de lobo. Y ese Ejército, pequeño y preterido al principio, se transformó en el brazo armado contra el proletariado y en el cómplice más seguro del imperialismo; por eso, le dieron el visto bueno al golpe de Estado castrense.

Ahora estamos recuperándonos de una derrota provocada por la repetición de errores tácticos de la clase obrera y preparando al país, pacientemente, para una revolución profunda que transforme de raíz el sistema.

No se debe insistir en tácticas falsas; heroicas, sí, pero estériles, que sumen en un baño de sangre al proletariado y ralean sus filas, privándonos de sus más combativos elementos.

En largos meses de lucha, las guerrillas han convulsiona-
do al país, le han producido gran cantidad de bajas al Ejército
y lo han desmoralizado, sin sufrir, casi pérdidas; en una confrontación de pocas horas, ese mismo Ejército queda dueño
del campo y se pavonea sobre los cadáveres proletarios. De
victoria a derrota va la diferencia entre la táctica justa y la
errónea.

Compañero minero: no prestes nuevamente oídos a los
falsos apóstoles de la lucha de masas que interpretan ésta
como un avance compacto y frontal del pueblo contra las armas opresoras. ¡Aprendamos de la realidad! Contra las ametralladoras no valen los pechos heroicos; contra las moder-
nas armas de demolición, no valen las barricadas, por bien
construidas que estén. La lucha de masas de los países subdesarrollados, con gran base campesina y extensos territorios,
debe desarrollarla una pequeña vanguardia móvil, la guerrilla, asentada en el seno del pueblo; que ir adquiriendo fuerza
a costillas del ejército enemigo y catalizar el fervor revolucionario de las masas hasta crear la situación revolucionaria en
la que el poder estatal se derrumbar de un solo golpe, bien
asestado y en el momento oportuno.

Entiéndase bien; no llamamos a la inactividad total, sino
recomendamos no comprometer fuerzas en acciones que no
garanticen el éxito, pero la presión de las masas trabajadoras
debe ejercerse continuamente contra el gobierno pues ésta
es una lucha de clases, sin frentes limitados. Dondequiera
que esté, un proletario, tiene la obligación de luchar en la
medida de sus fuerzas contra el enemigo común.

Compañero minero: las guerrillas del E.L.N. te esperan
con los brazos abiertos y te invitan, a unirte a los trabajadores del subsuelo que están luchando a nuestro lado. Aquí re-
construiremos la alianza obrero campesina que fue rota por
la demagogia antipopular, aquí convertiremos la derrota en
triunfo y el llanto de las viudas proletarias en un himno de
victoria. Te esperamos.

E.L.N.

Bajo la lluvia llegamos a la finca de Don Lucas, nos ubicamos en una de las casas aledañas. El viejo se mostró muy servicial a pesar de lo que le peleó una hija por ofrecernos ayuda.

Tomamos a dos campesinos presos y el viejo se ofreció para acompañarnos.

Salimos rumbo a Barchelón por la mañana, y en un descanso retuvimos a un campesino muy conversador llamado Andrés Coca.

En el trayecto el caballo que montaba me tumbó varias veces, hasta que finalmente acampamos en casa de un tal Yépez;[10] tenía tres hijos,[11] sólo uno sabía leer.

Temprano llegamos a casa de Don Nicomedes Arteaga, comimos naranjas en abundancia. Nos vendieron «ponchados» (cigarros de fabricación casera).

Bajamos al río Piojera en busca de la casa principal donde comimos. Che le tomó fotografías a los campesinos.

El día siguiente lo pasamos allí, pues Che estaba bastante enfermo y no había dormido en toda la noche. El médico, para convencerlo, le dijo que era necesario que yo descansara porque al tener la pierna siempre colgada del caballo imposibilitaba que la misma evolucionara correctamente.

Pasó un avión volando bajo sobre el caserío y esto provocó el rumor de que en la noche sería bombardeado. Los vecinos abandonaron sus casas y se fueron a dormir al cafetal.

Salimos tempranito; casi todos los compañeros estaban enfermos del estómago.

El asma de Che seguía en aumento. Rebuscando en mi mochila apareció un pomito de la medicina contra el asma, le quedaba algo en el fondo y aunque no se podía utilizar como inhalador, se pensó rebajarlo y se le aplicó por vía inyectable.

En el camino que viene de Los Ajos encontramos al hermano mayor de los Yépez,[12] quien comunicó que en la angostura estaba el ejército y, además, habían visto pasar soldados ha-

[10] Andrés Yépez.

[11] Juan, Hipólito y Renán Yépez.

[12] Renán Yépez.

cia El Filo. Continuamos y por la tarde llegamos a la Junta; allí acampamos en la casa de Manuel Carrillo.

Todos los campesinos, atemorizados, abandonaron el lugar, esto no era extraño. Ocurría siempre que llegábamos a un caserío. Caminamos hasta la casa de un campesino llamado Ramón, cuya suegra no quería que nos quedásemos, pero él la convenció explicándole que sólo era un negocio lo que quería tratar con nosotros.

Salimos rumbo a Peña Colorada y descansamos en Alto del Palermo para reagruparnos. El viento era inmenso, casi nos tumbaba. Desde allí veíamos la carretera. Al continuar, llegamos a una pulpería[13] bien surtida, compramos cigarros, caramelos, leche y sardinas. No se compró más para evitar el exceso de peso. Por la noche llegamos a la carretera y Che mandó a Antonio a una casa donde vivía una ancianita para pedirle permiso para cocinar en su casa; pero ella se negó a abrir la puerta. Después la dueña de una pulpería se negó a vendernos, lo que nos obligó a comprar por la fuerza.

Se concibió el plan de llegar al poblado de Samaipata por medio de algún vehículo que detuviéramos en la carretera y asaltar la farmacia y el hospital. Esta acción nos proporcionaría medicinas en general, y especialmente las que Che necesitaba contra su asma, que se agudizaba por momentos por la escasez de medicamentos antiasmáticos.

Él había calculado la cantidad de medicamentos que necesitaría para combatir durante un año su asma. Estos, por su propia orientación, se habían dejado en las cuevas del campamento que había sido ocupado por el ejército, sólo llevaba pequeñas cantidades que repartió en algunas de nuestras mochilas y que, debido a los continuos ataques sufridos, había consumido.

---

[13] Establecimiento donde se venden víveres, su propietaria era Bertha Molina.

ASALTO A SAMAIPATA

El asalto al pueblo de Samaipata, capital de la provincia Florida, fue propuesto por la totalidad de los compañeros que componíamos la guerrilla como único medio de adquirir las medicinas para Che. Él se negaba rotundamente, porque consideraba que la culpa de no tener los medicamentos era de él y no era justo que otros compañeros arriesgaran su vida para conseguirlas. Hubo que discutir mucho para convencerlo, finalmente aceptó cuando explicamos que también era muy necesario conseguir medicinas para el resto de los guerrilleros.

Para esta misión fueron designados Papi, Coco, Pacho, Aniceto, Julio y Chino. Era el 6 de julio.

Ya en la carretera fueron detenidos varios vehículos. Uno de ellos trató de fugarse, se le dio el alto varias veces y finalmente Inti le disparó a la goma.

En una camioneta se trasladaron al pueblo, se dirigieron al paradero de la góndola (ómnibus), donde tomaron varios refrescos e invitaron a los allí presentes. Al punto llegaron dos carabineros; fueron desarmados e invitados también. Allí compraron víveres, ropa y otras cosas. Un ciudadano le preguntó a Pacho que si era argentino, y éste con acento sudamericano le contestó que sí, pero de La Paz, tratando de desubicarlo. (A partir de ese momento le decíamos «Argentino de La Paz».) Aún se encontraban tomando refrescos cuando llegó el teniente Juan Vacaflor; también lo detuvieron y le brindaron algo de tomar. Ante esta situación decidieron dar un golpe de mano. Distribuyeron las posiciones, dejaron a Chino junto con Julio y Aniceto custodiando a los prisioneros, el teléfono y demás. Al Teniente lo condujeron al cuartel, lo obligaron a dar la contraseña para que abrieran la puerta; al entreabrirse, la empujaron y penetraron Ricardo y Pacho disparando; detrás, Coco con el Teniente habían sorprendido al ejército, a los soldados no les dio tiempo a tirarse de las camas y repeler la agresión, solamente uno, que debió haber estado despierto, se tiró al suelo, se ocultó detrás de unos tanques y disparó sobre Pacho. Ricardo se percató y empujó a Pacho, por lo que no fue alcanzado por el proyectil. Pacho, reaccionando rápidamente, lanzó una granada que le causó la muerte al soldado, única baja en el enfrentamiento.

El balance de la acción desde el punto de vista militar y político había sido un éxito; se había tomado una capital de provincia, hecho que tendría una repercusión nacional e internacional.

Se capturaron nueve soldados, cinco máusers, una BZ, un equipo de campaña y un mapa donde estaba trazada toda nuestra ruta, e incluso se preveía nuestra salida por donde lo habíamos hecho y nuestra incursión a Samaipata. En aquel momento nos extrañó mucho que con esta visión tan exacta no hubieran tomado las medidas correspondientes.

Consideramos, por información posterior, que se debía a que apreciaron de mayor importancia impedir que nos pudiéramos asentar en El Filo para realizar nuestra operación guerrillera; pensaron que de caer esa zona en nuestras manos sería imposible desalojarnos; decidieron ocupar los caseríos, los caminos, firmes, antes de nuestra llegada, con el fin de hacernos difícil la estancia. Los prisioneros de la acción fueron liberados durante la caminata y despojados de sus pertenencias aproximadamente a un kilómetro del pueblo de Samaipata. En cuanto a las medicinas, se resolvieron algunas necesarias, pero ninguna contra el asma.[14] Che ordenó retirada urgente hasta la pulpería. Allí hicimos café con leche.

Los zapatos se distribuyeron por orden de ingreso en la guerrilla.

Después marchamos hacia una casa cercana, la de Ramón, donde no habíamos recibido hostilidad en la visita anterior. Al llegar, el campesino salió hasta el cruce del camino para comprobar si había rastros del ejército. «Todo silencio» (frase que utilizaban para explicar que no había nadie). Che estaba bastante mal, se utilizó el sobrante del pomito de

---

[14] Al conocer el ejército la necesidad de medicamentos que para el asma requería el Che, controlaron que no los pudieran adquirir, según el testimonio del oficial del ejército Arnaldo Saucedo Parada.

talamonal, se le agregó agua destilada y tratamos de disminuir de esta manera el fuerte ataque de asma. Este campesino informó sobre la presencia de soldados en Los Ajos y San Juan.

De Samaipata hasta cerca de El Filo

Caminamos desde esta casa al río sin contacto alguno con los soldados. Todo indicaba que no habían estado allí. Che consideró que el campesino había mentido en cuanto a la presencia del ejército; de esta forma nos retirábamos y él evitaba comprometerse con la guerrilla.

Seguimos hacia el Piray, acampamos en una cueva cercana.

Reanudamos la marcha sin rumbo fijo, pues habíamos extraviado el camino hacia El Filo. Descansamos en una tapera.

Reiniciada la marcha, caminamos hasta una bifurcación del camino donde nos esperaba la vanguardia. Se decidió coger a la derecha; llegamos a una tapera desde donde se divisaban algunos chacos que pensamos fuera El Filo. Pero el camino no continuaba, sino que terminaba en una faralla.

La radio informó de un combate en El Dorado; tratamos de ubicarlo en el mapa, según la información radial se colocaba cerca de nuestra zona, entre Samaipata y Río Grande, pero no existía; sin embargo, encontramos un lugar con este nombre entre Ñancahuazú y Muyupampa. Acampamos.

Llovía mucho, nos separamos de la vanguardia.

Chinchu mató un ternero, Ñato y Aniceto fueron en su ayuda pero se perdieron. León salió a buscarlos y los localizó. Todos nos dedicamos al traslado de la carne hacia el campamento.

Descansábamos esperando noticias de Miguel sobre el camino que abría la vanguardia, cuando escuchamos por la radio sobre un combate en Iquiri. Era probable que Joaquín estuviera allí esperándonos. Esto confirmaba la posibilidad de que el encuentro de Benigno, por confusión, fuera con este y no con el ejército, ya que si el enemigo hubiese avanzado por el arroyo hubiera encontrado a Joaquín. Hablaban de un guerrillero muerto.[15]

Por la mañana llegamos al arroyo después de bajar una loma empinada donde había acampado la vanguardia. En la tarde llegamos a un chaco abandonado, había naranjas, limas y huellas de chanchos, las seguimos y encontramos la casa de un campesino llamado Aurelio Mancilla, quien nos informó sobre el ejército. Todo hacía indicar que nos esperaban por el camino, pero al perdernos habíamos caído por detrás. Se puso una avanzada en la casa del alcalde, que se había ido huyendo y después nos enteramos que una mujer había informado al enemigo de nuestra presencia allí. Se tomó prisionero al cuñado del alcalde.

Llovió toda la noche, no obstante cocinamos chancho, maíz y jocos.

Al mediodía del día 14, después de repartirse naranjas, comenzamos la marcha llevando como guías a Aurelio y a Pablo, el cuñado del alcalde. Nuestra dirección era hacia Pampa y de allí a la casa de piedra en el camino de Florida, lugar de contacto con Paulino.

Poco antes de llegar a Pampa, divisamos a lo lejos a dos hombres a caballo; tratamos de avisar a Miguel, enviamos a Papi porque la vanguardia pasaba por una hondonada y no podía verlos.

Resultaron ser un soldadito y el campesino Anselmo, este último transportaba maíz y harina de trigo para el ejército. El soldadito llevaba un mensaje de su jefe para el subteniente de El Filo. Che decidió cambiar el rumbo, tomar por el camino viejo a Florida. Acampamos por allí con los detenidos y el guía.

Salimos. Aurelio nos había hablado de pasos muy difíciles y casi imposibles de cruzar, pero a pesar de que el trecho fue malo, resultó mejor de lo pensado. En el camino nos

[15] Serapio Aquino Tudela (*Serapio* o *Serafín*). Boliviano. Cayó después de alertar a sus compañeros para que no fueran sorprendidos en una emboscada tendida por el ejército.

señaló algunas vacas que eran propiedad del corregidor, dueño también de todas aquellas tierras y explotador de ellos. Sugirió que nos lleváramos una para comer en la tarde; tomamos tres. Luego Che mandó a soltar una y matamos otra, pasamos la noche cocinando y asando.

Iniciamos el día chapeando para facilitar el paso a los animales, después avanzamos muy lentamente por el cansancio y las pésimas condiciones del camino. Parte de la vanguardia siguió adelante y dormimos separados porque los caballos cargados no tenían acceso por aquel lugar.

Se avanzó muy poco por lo abrupto del camino. Nuestro guía nos había ilusionado con un naranjal que estaba cerca, mas al llegar encontramos las matas completamente secas. Acampamos al lado del Cerro Durán.

Al amanecer fuimos por la senda que abrió Miguel y salimos al cruce del camino del Piray, descansamos y salieron Coco, Pacho y Pablito para confirmar si Paulino había dejado los encargos en una cueva, de acuerdo con lo planificado. Se liberó a los prisioneros.[16]

Le regalamos a Aurelio un abrigo y fósforos y le dimos dinero sin que el soldadito lo viera.

Después llegamos a un lugar donde habíamos acampado el mes anterior, cerca del Piray. Por la noche llegó Coco e informó que el fusil que habíamos dejado estaba en su lugar, que no había rastros de Paulino, pero sí muchas huellas del ejército; esto nos preocupó porque ya las habíamos detectado también en el campamento.

Che sobre la situación política

Che nos dirigió la palabra después de escuchar las últimas noticias; hizo un análisis de la crisis política que sufría el gobier-

---

[16] El 7 de julio de 1967 el ejército apresó a exprisioneros de la guerrilla que informaron que eran 25 guerrilleros, que el jefe se llamaba Fernando, era rubio, se trasladaba a caballo y que lo acompañaba un negro que iba herido en una pierna.

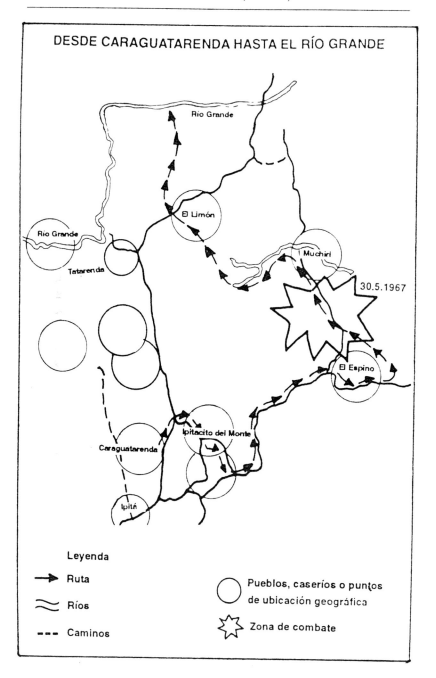

DESDE CARAGUATARENDA HASTA EL RÍO GRANDE

Leyenda

Ruta

Ríos

Caminos

Pueblos, caseríos o puntos de ubicación geográfica

Zona de combate

no de Barrientos. Nuestro jefe continuó su análisis señalando que lo peligroso no era que subiera al poder Ovando[17] u otro generalote, sino que lo hiciera un seudorrevolucionario como Lechín, que tenía algún prestigio.

Por estos días escribiría Che en su diario de campaña: «...Lástima no tener cien hombres más en este momento.» Estaba convencido que de tenerlos se hubiera desmoronado completamente el gobierno boliviano, teniendo en cuenta la presión que ejercíamos siendo sólo un reducido grupo de combatientes.

Avanzamos y llegamos a las dos casas anteriores. Encontramos a uno de los hijos de Benjamín Paniagua y al cuñado de Paulino; nos enteramos que el ejército buscaba a Paulino por colaborador de la guerrilla, se desconocía su paradero, también se comprobó que las huellas detectadas correspondían a un contingente de 100 hombres que pasó después de nosotros y se dirigía a Florida.

Che mandó a Coco, a Camba, a León y a Julio a explorar y comprar víveres en Florida;[18] regresaron con un hombre llamado Pedro Melgar, quien informó que todos los hombres del pueblecito Moroco fueron hechos prisioneros y trasladados a La Paz acusados de ser enlaces guerrilleros, entre ellos, el alcalde Calixto. Agregó que el día que nos retiramos el ejército no avanzó hasta por la mañana, llegaron únicamente hasta Tejería, sin perseguirnos. Además, el corregidor le había dicho que hacia aquí se dirigía un grupo de guerrilleros entre los que había una mujer. Por este hombre conocimos que el cadáver de Tuma, comido por los animales, fue descubierto cuatro días después de retirarnos.

Che pensó por la información de Melgar en la posibilidad de que el grupo al mando de Joaquín se estuviera moviendo en

---

[17] Alfredo Ovando Candia (1918). Militar boliviano, uno de los líderes del golpe de Estado de noviembre de 1964; comandante en jefe de las fuerzas armadas. Presidente de Bolivia en los períodos 1965-1966 y 1969-1970.

[18] El campesino que les sirvió de guía hasta Florida fue Andrés Yépez.

nuestra dirección; lógicamente la mujer sería Tania. Ese día la radio anunció que el guerrillero muerto que se encontraba en Santa Cruz para ser identificado era el dirigente minero Moisés Guevara.[19]

Permanecimos en las afueras, a unos 300 metros del río, después en Tejería, ya de noche, compramos un chancho y chancaca.[20]

Avanzamos en la mañana y nos retiramos del camino a Moroco, tomamos el de la laguna con idea de desorientar a todos sobre nuestro rumbo. Posteriormente, encontramos a dos campesinos. A pesar de la advertencia hecha para que no dijeran absolutamente nada de nuestra presencia allí, estropeaba en parte nuestro plan de despistar.

Miguel perdió la senda y estuvimos un buen rato extraviados, hasta que llegamos a un arroyo que se escogió para pasar la noche.

La radio informó que la esposa de Bustos confirmó que este se había entrevistado con Che en una reunión sobre discusiones políticas celebrada en La Paz; según le había dicho su esposo.

En resumen, consideramos que Bustos había hablado demasiado y estaba rajado, porque también dijeron que después que él llegó a La Paz, le informaron que tenía que trasladarse a una finca en Camiri, y aunque no se negó, no le gustaba el asunto, pues se sentía «engañado».

Días de exploración

Che mandó a hacer exploraciones para saber hacia dónde se dirigían los dos caminos antes de tomar una decisión. Resultado: uno iba al río Piray cerca de su desembocadura en Florida; el otro bordeaba la cordillera con posibilidad de salir al Rosita. Se escucharon ruidos de vehículos.

---

[19] Identificación falsa.

[20] Especie de raspadura.

Llegamos al mediodía a una tapera y esperamos los resultados de las exploraciones que salieron; una al mando de Miguel y la otra de Benigno. Decidimos bajar hasta un arroyo y al otro día continuar explorando.

Al amanecer, salió una nueva exploración al mando de Coco que junto con la de Benigno subieron al firme.

Miguel consideró que el arroyo era el Suspiro y por tanto salía al río Rosita directamente, aunque para avanzar por allí sería necesario abrir el camino a machetazos.

La radio habló de dos encuentros, uno en Taperas rumbo a Muyupampa y otro en San Juan del Potrero, al norte de donde estábamos, buscando Samaipata, o sea, a extremos opuestos.[21] El 26 de julio de 1967 comenzamos la construcción del camino, se designó a Benigno, a Urbano y a Camba para esta tarea, aunque al último daba igual no haberlo designado; ya a esta altura había decaído mucho, no quería trabajar y mucho menos pelear.

26 de julio de 1967

Che celebró una reunión y hablódel significado de esta fecha para nosotros y sobre el desenvolvimiento de la Revolución Cubana, destacó su importancia en el desarrollo de la revolución continental. Manifestó que los movimientos de liberación nacional e incluso la política de reformas que trataba de llevar a cabo el imperialismo a través de la llamada «Alianza para el Progreso» y todo el proceso de democratización ficticio que acontecía en el continente, eran consecuencias de la existencia de la Revolución Cubana y de su ejemplo, del cual teníamos que extraer experiencias. Copiar los hechos positivos y analizar los negativos para no volver a incurrir en ellos. Nos dijo que la Revolución Cubana era el comienzo de la verdadera y definitiva revolución de los pueblos latinoamericanos, y que aunque pare-

---

[21] Era una desinformación del ejército que conocía que los guerrilleros escuchaban los noticiosos.

ciese difícil, estaba convencido de que el carácter continental de la lucha obligaría al acercamiento de los pueblos, a su unidad, y a través de esta integración dialéctica, se llegaría a la formación de una gran comunidad latinoamericana sin fronteras territoriales ni de ideas, a una gran América socialista.

Nos preparábamos por la mañana para salir, después de escuchar las noticias, cuando llegó Willy muy sofocado avisando que había visto al ejército.

Combate del 27 de julio

Che reforzó la retaguardia compuesta por Antonio, Arturo, Chapaco y Willy, con Ricardo, Inti, Chino, León y Eustaquio; Antonio fue designado para dirigir la acción.

El ejército subió a un pequeño alto, los vimos, eran ocho soldados, hicieron señales y dispararon tres morterazos. Luego llamaron a un tal Melgar[22] y uno avanzó como para bajar una quebrada, le siguieron dos más, penetraron a un montecito y salieron. El otro que había quedado vigilando el camino se les unió. Avanzaron confiados, el resto quedó rezagado, lo que impidióque al comenzar el fuego estuvieran todos dentro de la emboscada. Cayeron los cuatro, pero de acuerdo con la organización, consideramos tres muertos y un herido.

Che ordenó la retirada por un camino muy abrupto y difícil, tanto, que imposibilitaba el paso de los caballos; estos cayeron varias veces, hasta que continuamos a pie. La mayor parte se recorrió dentro del agua, que tenía un nivel muy bajo.

Salió una avanzada compuesta por Pacho, Coco, Raúl y Aniceto con la misión de llegar a la desembocadura del arroyo y, en caso de que ese fuera el río Suspiro, debían emboscarse allí para garantizar nuestra llegada. La vanguardia avanzó mucho, lo que determinó que por la noche nos quedáramos separados.

En la tarde del siguiente día llegamos a la desembocadura,

---

[22] Antonio Melgar, estafeta del ejército boliviano muerto en combate.

allí descansamos un buen rato. Che explicó la necesidad de cruzar el chaco del padrastro de Paulino ese día para evitar que el ejército maniobrara por el camino de abajo y pudiera cortarnos el avance.

Al reanudar la marcha, Che me ordenó llevar un mensaje a Miguel, en el cual le decía que buscara un buen sitio para acampar. Se escogió un lugar situado entre dos caminos; a la orilla de uno de ellos y en las márgenes del río. Cuando llegamos allí, Che llamóa Miguel y le explicó que ese sitio no era el correcto porque en caso de pasar el enemigo, estábamos forzados a enfrentarlos.

Después se celebró una reunión donde Chino habló sobre el día de la liberación de su patria, 28 de julio 1821.[23] Hizo una comparación de aquella con la nuestra. Antes de finalizar, manifestó su orgullo de poder luchar al lado de un hombre como Ernesto Guevara.

Che explicó que debido a la mala ubicación del campamento se daría diana a las cuatro y treinta de la mañana para tratar de salir a las cinco con el objetivo de llegar al chaco de Paulino.

COMBATE DEL 30 DE JULIO

Caen Ricardo y Raúl

Por la madrugada, cuando Moro estaba de posta y hacía café, vio una luz, avisó a Che y a Miguel que estaban despiertos al lado de él. Me alertaron para que me quitara de la luz. La avanzada del enemigo gritó «Regimiento Trinidad» al confundirnos con un campamento del ejército, a esta voz Moro respondió con fuego, se encasquilló su M-2, pero Miguel lo protegió dispa-

---

[23] Fecha en que se conmemora el aniversario de la independencia de Perú.

rando con su garand. Che ordenó la formación de una línea de defensa. Benigno tiró una granada a un grupo de soldados que estaban en una pequeña barranca ocultos, la que explotó en el agua sin lograr su objetivo, pero los soldados se aterrorizaron y salieron corriendo. Comenzó nuestra retirada con suficiente tiempo, pero la demora de los caballos, unida a la confianza que todos teníamos en la ineficiencia del ejército, nos retrasó; amaneció antes de cruzar el chaco. A Chino se le cayó la carga del caballo (frijoles) y en vez de recogerla rápidamente, esperó la llegada de la retaguardia para hacerlo. Muganga, por su parte, comenzó a probarse unas botas nuevas que había tomado. En el tiroteo, uno de los caballos que estaba cargado con los equipos capturados (un mortero, fusiles, ropa, etc.) se escapó definitivamente. Esta demora permitió a la vanguardia enemiga (25 hombres) avisar al grueso de la tropa (unos 120 en total) y comenzó la persecución. Habíamos cruzado tres vados y al cruzar el cuarto bajo el fuego, el caballo de Che resbaló y cayó. Inmediatamente Julio, Coco, Miguel y él hicieron una línea de defensa para evitar que el enemigo disparara con libertad y los obligaron a parapetarse cuando ya estaban prácticamente encima de nosotros.

Julio cruzó la laja, también resbaló y cayó al agua. Los soldados empezaron a gritar «tumbamos a uno, tumbamos a uno», pensando que habían hecho blanco.

Llegamos a la casa y hablamos con una hermana de Paulino, ella nos informó que estaba preso en Samaipata y confirmó la detención y traslado de todos los hombres del caserío hacia La Paz. Mientras tanto, el ejército tomó un atajo tratando de cortarnos la retirada. Che situó a Benigno con Pablito en el primer chaco para continuar la marcha.

Nuestro grupo cruzó a todo galope por el vado cuando ya el ejército casi dominaba este y el cruce del camino. Parte de la vanguardia, Pacho, Aniceto y Raúl, cubrían el camino de Abapó, y la retaguardia reforzada con Chinchu se retiró, no pudieron cruzar el vado, pues el ejército mantenía un fuego concentrado sobre él. Aniceto y Chinchu lo intentaron, pero hirieron al último. Se organizó una barrera de fuego y se lanzaron Pacho y

Raúl al rescate del cuerpo de Chinchu. En el intento muere Raúl con un tiro en el rostro cuando trataba de incorporarse. Pacho intentó cargar el cuerpo de Chinchu, pero un disparo le cruzó las nalgas, rozándole los testículos, se parapetó detrás del cuerpo inerte de Raúl y logró silenciar una ametralladora. Se hizo un alto al fuego espontáneo, el que aprovecharon Arturo y otros compañeros para sacar a Chinchu.

Por nuestra parte, ya en un lugar con algunas condiciones por donde el ejército se veía obligado a avanzar por un solo camino, hicimos línea de defensa. Che, Inti, Chino, Moro y yo habíamos establecido una línea de defensa cuando llegó Camba con la noticia de que habían herido gravemente a Chinchu.

Che mandó a Urbano, a Ñato y a León para brindar ayuda y buscar a Miguel y a Eustaquio. Posteriormente regresó Camba e informó que Miguel había sido sorprendido por el ejército; nos retiramos río abajo hasta el lugar donde estaba de posta Coco.

Urbano —que llevaba la misión de colaborar con la retirada de los heridos— recogió a Benigno y a Pablito —que se encontraban situados en el cruce del vado— para que lo ayudaran, lo que permitió al ejército avanzar y sorprender a Miguel. Sin embargo, con la ayuda de Benigno y Pablito se logró encontrar a la gente de Antonio y cargar a los heridos. Benigno fue el machetero que construyó el camino de regreso y Urbano el que brindó los primeros auxilios a Chinchu, tapándole las heridas con su camiseta. Por la noche, sobre las diez, murió Ricardo (Chinchu). Lo enterramos en un lugar oculto.

Prosiguió la marcha ya de madrugada; sin dejar huellas, por la mañana llegamos al arroyo donde esperaba Miguel. Este trocó las instrucciones de Che y había dejado las huellas de su marcha.

Allí Che hizo un balance de la emboscada que arrojaba un saldo negativo para nosotros. Habíamos perdido dos hombres (además teníamos un herido), una grabadora con mensajes recibidos de Cuba, el libro de Debray *¿Revolución en la Revolución?*, corregido por Che, un libro de Trotsky sobre la revolución rusa, el diario de Ricardo y todas las reservas de medicinas. La necesidad de estas últimas ya se había hecho sentir, pues habíamos necesitado plasma para tratar de salvarle la vida a Ricardo, quien, finalmente, murió sin recursos. El plasma había quedado en la mochila de Willy, y en total se perdieron 11 mochilas.

Che señaló los errores principales cometidos por nuestra parte, que habían arrojado estos resultados. Explicó que aunque las bajas del ejército habían sido mayores, al establecer la correlación de fuerzas estas resultaban insignificantes. Los partes anunciados, a pesar de no ser muy claros, daban cuatro muertos y cuatro heridos, y otro parte de Chile informaba sobre tres muertos y seis heridos. Como nuestras fuerzas no tenían posibilidades de ser repuestas en aquellos momentos, las bajas eran inmensas, más si se analizaba la calidad de los combatientes.

Habló sobre los caídos: Raúl y Chinchu. Sobre el primero dijo muy poco porque no lo conocía mucho. De Chinchu hizo un análisis general recalcando la importancia que había tenido en la etapa insurreccional del Congo, donde prácticamente fue su segundo. Terminó haciéndole algunas críticas sobre la actitud mantenida en la lucha boliviana. De los que participamos en el Congo, era el segundo que caía.

Para mí fue un duro golpe; habíamos pasado momentos difíciles, en los cuales el afecto y el cariño de los hombres se desarrolla con mayor firmeza. Junto a él habíamos dado los primeros pasos en la organización de la lucha y, además, aprendimos todas las normas requeridas para soportar la vida clandestina en la ciudad. Era un compañero exigente, tanto consigo mismo como con los demás. Dejaba tras de sí a su madre, tres hijos y a su esposa.

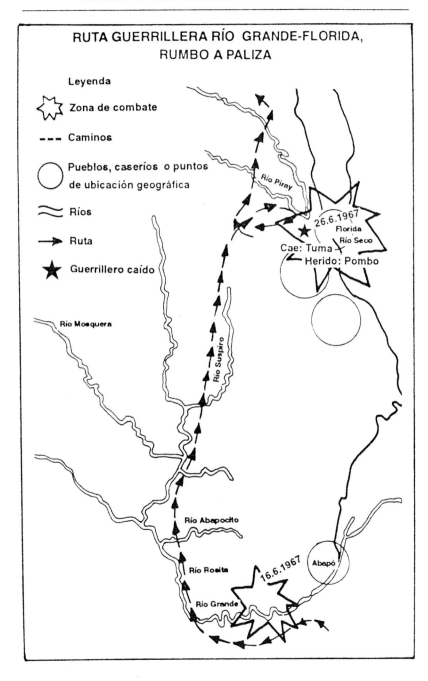

RUTA GUERRILLERA RÍO GRANDE-FLORIDA, RUMBO A PALIZA

Cerca del río Rosita

Nuevos campamentos

Posteriormente, comenzamos a construir la defensa del campamento. La posición era inmejorable, algo como para poder acabar con un batallón. La idea era pasar allí de forma inadvertida. En caso de que el ejército entrara por el arroyo en nuestra búsqueda, lo dejábamos pasar y cuando tratara de salir, le asestaríamos un fuerte golpe.

Salieron Miguel y Camba a comenzar la chapea, pero no logramos avanzar. El monte era una maleza de espinas. Matamos un caballo como medio de subsistencia.

Siguieron avanzando en la senda Benigno y Pablito, que tardaron dos horas en regresar al campamento.

El asma de Che aumentaba, al punto que se pensó en ponerle un enema para aliviarlo si no se controlaba con las inyecciones de anestesia que quedaban. Moro me dijo que era muy peligroso y que él tenía miedo de los resultados, pero que tenía preparada una inyección de calcio, la cual en caso de gravedad neutralizaba la acción del talamonal.

En las exploraciones apareció un arroyo que considerábamos que llegaría al Río Grande. Che ordenó a Miguel que virase tratando de llegar a un descampado que se veía a lo lejos para comprobar si lo que se divisaba eran chacos. Los resultados fueron negativos.

Trasladamos el campamento a menos de una hora de camino. Realmente eso era lo que se había chapeado. Miguel y Aniceto salieron de exploración arroyo abajo. A chapear fueron dos parejas, Benigno y Camba, y Urbano y yo. Se avanzó muy poco.

De noche efectuamos una reunión para celebrar el 6 de agosto, día en que se conmemora la independencia de Bolivia.[24]

---

[24] La larga lucha por la liberación de Bolivia adoptó la forma de guerrillas, y entre 1824 y 1825, con las batallas de Ayacucho y Tusmesla,

Miguel no había regresado, incumplía así la orden de Che que advirtió que regresaran antes del anochecer, motivo por el cual se levantó el campamento bien temprano. Se tomaron las medidas de seguridad correspondientes y se mandó a un grupo dirigido por Antonio arroyo arriba, y otro, al mando de Benigno, arroyo abajo. La orden de Che fue avanzar con mucha precaución y tratar de llegar hasta la desembocadura del río.

Aproximadamente a las doce volvió Benigno con Miguel, lo que sucedió fue que les cogió muy tarde para el regreso y se vieron obligados a pasar la noche fuera.

Se encontró otro arroyo, al que nos mudamos en la mañana.

Moro conversó conmigo sobre una aparente desmoralización que había en el grupo y después lo comentó con Che; máso menos estos fueron los planteamientos: León manifestaba que había sido engañado. Decía que cuando fue designado para cuidar la finca, el Partido le prometió entregar a su esposa 200 pesos bolivianos y después no le dieron nada. En cuanto a Camba, no valía la pena comentar su actitud. Willy quería ir a ver a sus familiares. Che perdió el control y le dio una puñalada a su yegüita. Por la noche celebró una reunión en la que prácticamente no se podía mantener en pie. Comenzó haciéndose una autocrítica por el estado de ánimo que lo llevó a apuñalear a su yegua. «...Es uno de los momentos en que hay que tomar decisiones grandes; este tipo de lucha nos da la oportunidad de convertirnos en revolucionarios, el escalón más alto de la especie humana, pero también nos permite graduarnos de hombres; los que no puedan alcanzar ninguno de estos dos estadios deben decirlo y dejar la lucha...»

Expresó que conversaría por separado con cada uno de los combatientes para que sin ningún temor plantearan su decisión, los que prefirieran abandonar la lucha, saldrían cuando las condiciones de seguridad lo permitieran. Explicó su decisión de mandar a buscar las medicinas, porque era evidente que su

---

son derrotadas las tropas reales. El 6 de agosto de1825 se proclama la independencia de la nueva república con el nombre de Bolívar, según acuerdo. Simón Bolívar fue su primer presidente.

estado de ánimo estaba gravitando sobre la moral combativa de la guerrilla.

Para ello dio a conocer el siguiente plan: saldrían Benigno, Julio, Ñato, Coco, Aniceto, Pablito, Darío y Camba. El primer día regresaría Camba para informar, el segundo día retornarían Pablito y Darío con la misma misión. Los cinco restantes llegarían hasta la casa de Vargas (el campesino muerto en Ñancahuazú). Una vez allí regresarían Coco y Aniceto; los otros tres, Ñato, Benigno y Julio, continuarían hasta el campamento Tres Cabezas para tratar de traer las medicinas escondidas.

Por la mañana salió a continuar su tarea el grupo de chapeadores y se puso una emboscada de la que yo era responsable. Comenzaba a colaborar, aunque no estaba del todo bien de las piernas podía caminar.

Al otro día regresó Camba con la noticia de que no habían encontrado agua, y que de hallarla regresarían Pablito y Darío. De no ser así, no retornarían hasta llegar al río. Antonio y Chapaco cazaron una urina, con lo que mejoró la situación de Che, porque la carne de caballo le hacía mucho daño, era alérgico a ella. Cuando se le propuso que comiera la urina no quiso hacerlo, pues dijo que no tenía derecho a privilegios. Solo por nuestra gran insistencia fue que aceptó.

Por la tarde llegaron Pablito y Darío con mensaje de Benigno anunciando que aproximadamente en tres días más llegarían a casa de Vargas. Se trasladó el campamento para un nuevo arroyo descubierto durante la exploración, el cual tenía la característica de desaparecer y reaparecer a medianoche.

Escuchamos en la radio, el día 12 de agosto, la noticia de un encuentro en Monteagudo, hablaban sobre el cadáver de un «antisocial» (guerrillero) llamado Antonio Fernández. Después de buscar en nuestro archivo, el que más se acercaba era Antonio Jiménez (Pedro), de Tarata.[25]

Llegaron Coco y Aniceto con la noticia de la presencia de

---

[25] Efectivamente, se trataba de Antonio Jiménez Tardio (*Pedro* o *Pan Divino*), guerrillero boliviano que cayó combatiendo el 9 de agosto en la serranías de Iñao.

guardias en casa de Vargas.

Por la radio escuchamos tres días después la noticia de un encuentro en la zona de Monteagudo, Muyupampa, donde habían hecho dos prisioneros. Todo indicaba que el grupo de Joaquín estaba en apuros, debido a la consecutividad de los encuentros. Hablaron de un combate en Chuhuayaco sin bajas para el ejército. (Estos dos lugares están en sitios muy distantes uno del otro.)[26]

RUMBO AL RÍO ROSITA

Salimos hacia un pozo de agua estancada que suponíamos cerca del río. El efecto se hizo sentir: nos dio diarreas.

Luego apareció un avión y dio vueltas sobre el río. Che mandó a recoger nuestras cosas para salir de mañana en marcha forzada, tratar de llegar al río y de ahí pasar a la desembocadura del Rosita. Previendo el avance del ejército por este río, teníamos que ganarle la salida.

Después dispuso una avanzada que saldría en la madrugada para tomar la salida del Rosita, y una exploración cautelosa río abajo. Los enfermos marcharían conmigo y después la retaguardia. Esta a su vez relevaría a la vanguardia que estaba emboscada, y así continuar hasta la desembocadura.

Ocupan las cuevas

La noticia principal desde el día 14 al 17 fue el anuncio por radio del hallazgo de las cuevas[27] hacia donde habían parti-

---

[26] Desinformación del ejército.

[27] El diario *Presencia* del 12 de agosto informó sobre la ocupación de los depósitos de armas, municiones y equipos de la guerrilla en la zona de Ñancahuazú.

do nuestros compañeros. Daban una descripción exacta de todo. Alguien había denunciado.[28]

Che mostraba gran preocupación por la suerte de los compañeros que habían ido en busca de las medicinas.

Al día siguiente Camba decidió plantear abiertamente su deserción, alegó que no estaba bien físicamente y no le veía perspectivas a la lucha.

Llegamos al arroyo por la tarde. Salió una exploración compuesta por Miguel, Coco, Inti y Aniceto en busca de un vado para cruzar, para evitar las lomas.

Arturo y Urbano, que estaban de posta, cazaron un anta (tapir americano). Era el único que habíamos logrado ver a pesar de que abundaban en la zona. Con esto se alivió la situación y posibilitaba la idea de Che de conservar hasta última hora los animales; primero, porque eran reserva de comida, y segundo, porque era la única forma en la que podía trasladarse. No podía dar un paso.

Nuestra situación se agravaba; Moro estaba padeciendo un dolor de espaldas (lumbago) desde el día anterior y no quería comer. Pacho ya estaba bien.

El siguiente día fue tranquilo y se continuó con la chapea. No nos movimos. Fueron cazados cinco monos. La enfermedad de Moro continuaba acrecentándose.

A Che hay que abrirle otro absceso en el pie y toma tabletas para combatir el asma.

Mi pie mejora.

Esperamos la terminación del camino y avanzamos, al hacerlo cayó la bestia de Moro en un barranco. Demoramos mucho en sacarla. Che echó una bronca a los chapeadores por considerar el trabajo mal hecho. El caballo blanco se atascó en un pantano y fue necesario abandonarlo, aunque no fue mucha

---

[28] El 4 de agosto en las cuevas ocupadas por el ejército también encuentran documentos, fotografías y otros elementos válidos para el enemigo, que procede a perseguir y detener a miembros de la red de apoyo urbano del ELN y a colaboradores. Muchos pasan a la clandestinidad. Se instruye con estas pruebas el proceso de Camiri.

la pérdida, ya que tenía una matadura y un tumor en la barriga. Así y todo Che nos recriminó por no haberle dado uso a la parte de la carne que servía.

Capturamos a dos campesinos que dijeron ser cazadores e informaron que el ejército estaba en casa de Vargas, de donde ya nos encontr bamos bastante cerca. Más tarde, nos entera mos que los soldados salían de recorrido y a pescar en peque ños grupos; Además, existían guarniciones en Ipitá, Caraguatarenda, Tatarenda y Ñumao.

Por la información de los campesinos se comprobó que el enemigo situaba emboscadas en todos los lugares conocidos por nosotros para obligarnos a operar en zonas desconocidas.

Pescamos con dinamita que traían los cazadores.

Se dio la diana de madrugada para tratar de no ser vistos por el ejército que posiblemente vendría a pescar.

Desde la quebrada la vanguardia informó de los obstáculos que impedían la marcha de los animales. Che dispuso embos car a la retaguardia, reforzada con personal del centro, y a la vanguardia. Designó a Miguel, Urbano, Camba, a Darío y a uno de los supuestos cazadores (Hugo Guzmán) para que salieran de exploración. Luego vimos a tres civiles que hacían disparos; al parecer era una señal, ya que al poco rato llegaron soldados a pescar.

La comida fue una sopa de suchi (aura) y un gato podrido que trajo Miguel, cocinado junto con unos huesos de anta.

El siguiente día fue de tensión, esperábamos la llegada del ejército que se aproximó hasta las márgenes opuestas. Estuvie ron largo rato detenidos frente a nuestra posición, luego se retiraron a un recodo para pescar.

Acciones guerrilleras

En la tarde, Che llamó a Antonio para darle instrucciones de atacar de todas formas, y en caso de que fuera un grupo pequeño dejarlos pescar y hacerlos prisioneros para obtener información sobre la ubicación de las tropas. Nuestro objetivo era llegar a la finca de Honorato Rojas para subir por Río Grande en busca del Acero o del río Frías, hasta llegar a la zona de Muyupampa, lugar donde suponíamos estaba operando el grupo de Joaquín.

La planificación del ataque salió mal. El ejército, al llegar, lo hizo con cautela, a diferencia de los días anteriores. Se dividieron en dos grupos; uno de ellos quedó rezagado en el recodo y el otro, con muchas medidas de seguridad, avanzó por la orilla del río hasta el vado, pasaron frente a la posición mía que estaba junto a la de Pacho y no disparamos. Según las instrucciones el fuego lo comenzaría Antonio, que estaba al frente del flanco derecho y era el responsable de la emboscada.

Dos soldaditos llegaron frente al vado y comenzaron a desvestirse; cuando el primero puso el pie sobre el agua, Antonio se anticipó, le disparó y falló. El resto concentró el fuego sobre el grupo de soldados. Estos botaron sus fusiles y echaron a correr. Salieron ilesos. Pacho y yo abrimos fuego contra los que estaban en el recodo. Inti, Coco y Pablito propusieron a Che (que a la sazón llegó a nuestras posiciones) bajar al otro lado del río y recoger los fusiles. Che aceptó. Eustaquio, que al parecer estaba entretenido, no se percató de que los hombres que bajaron eran nuestros y abrió fuego contra ellos. Casi hiere a Inti. Che se enfureció y cogió a Antonio por la camisa. Éste le dijo: «Fernando, coño, a mí ningún hombre nunca me ha hecho esto.» Che lo soltó y le pidió disculpas. Posteriormente hubo un análisis para determinar sobre quién recaía la responsabilidad del fracaso.

Se ordenó la retirada y Che puso al grupo de los enfermos bajo mi responsabilidad. Moro se quedó a dormir con la retaguardia a unos 200 metros del lugar donde acampamos, no pudo continuar caminando, pues ya estaba muy enfermo.

Continuamos la marcha, casi nadie llevaba agua. Yo le di lo poco que me quedaba a Moro.

Comenzamos a comer unas cañitas que tenían un líquido amargo, pero mitigaban algo la sed.

A pesar de esto, todos recibimos una gran alegría cuando regresaron Benigno, Ñato y Julio, pues considerábamos que con mucha suerte nos alcanzarían en la casa de Honorato o no los volveríamos a ver.

Por los compañeros conocimos que en Ñumao y Vargas había estancias y campamentos del ejército que patrullaban el camino de Vargas a Ipitá, algunos tramos en vehículos y otros a pie. Cuando llegaron a Ñancahuazú observaron huellas frescas de tropas y aquello era prácticamente una carretera. En el arroyo del Congrí el ejército había construido buenos caminos. La loma tenía tres subidas muy resbalosas, y algo más adentro, en lo que fuera nuestro campamento del Oso en los inicios, había un campamento antiguerrillero.

Che nos explicó que esta medida psicológicamente era buena para el enemigo, porque entrenaban a la tropa en campamentos que se suponía habían sido conquistados en combate al enemigo, y esto levantaría la moral combativa del ejército.

Calcularon, según lo observado, más de 350 soldados en la zona. En su retirada llegaron a la finca del abuelo[29] en busca de comida, y de regreso sintieron nuestro tiroteo. Acamparon cerca para después localizar y seguir nuestras huellas. Benigno casi aseguró que por allí había estado hacía poco tiempo la gente de Joaquín.

Ya no teníamos agua para mitigar la sed de Moro, que había agotado tres botellas que traía Che.

Varios compañeros se dieron a la tarea de localizar un cactus llamado caracoré, que es una planta parásita que en su interior tiene un reservorio natural de agua.

Por la tarde lo localizamos y se organizó la matanza de la yegüita que Che había ciudado con mucho cariño. Llenamos tres botellas de agua de caracoré para Moro.

Al otro día la sed era tremenda, Miguel y Chino comenzaron a tomarse sus orines y como consecuencias: diarreas y calambres.

Recibimos un mensaje de Cuba que no pudo copiarse bien.

La retaguardia, reforzada con personal del centro, quedó en el lugar por donde tenían que subir los compañeros que habían ido de exploración en busca de agua.

---

[29] Esta era la finca visitada el 26 de mayo y que pertenecía al tío abuelo de Moisés Robles, campesino guía de los guerrilleros.

Llegamos al mediodía a un alto y divisamos la confluencia del Masicuri y del Río Grande. Se pensó llegar en un día, pero los macheteros estaban extenuados. Miguel pidió permiso para bajar una quebrada, aunque cuando la autorización llegó, ya Benigno, Urbano y Julio habían comenzado el descenso, y a las cuatro de la tarde se oyó la voz: «¡Agua!» En lo que bajaba, Urbano me alcanzó unas cantimploras con agua, fue una bendición, estábamos muertos de sed. Che se quedó al cuidado de su tropa de animales, que no podían bajar por la quebrada. Ñato, León, e Inti se quedaron con él, posteriormente se les llevó agua y comida. Habían transcurrido tres días sin agua.

Decidimos quedarnos el día allí y salió una exploración río abajo para buscar el lugar por donde pudieran pasar los animales. La realizaron Aniceto y León, quienes llegaron con la noticia de que era factible.

Se lograron bajar los mulos, pero el macho se desbarrancó. En realidad, con el hambre que todos teníamos, lo que deseábamos era que hubiera muerto, olvidándonos de la necesidad que Che tenía de montar en él.

En Vado del Yeso

Avanzábamos lentamente. Julio regresó de una exploración diciendo que estaríamos en menos de una hora en el Río Grande.

Aproximadamente a las seis de la tarde, llegamos a la quebrada que bajaba a la finca de Honorato Rojas.[30] A las siete llegamos al entronque del camino y se mandó una exploración a la casa, pero no encontramos a nadie allí, aunque había rastros que indicaban que hacía poco tiempo que se habían marchado. El fuego aún estaba encendido. Comimos harina y matamos dos chivos para fricasé. Todo esto ocurrió el 1º de septiembre de 1967.

---

[30] Campesino conocido por los guerrilleros desde el 10 de febrero. Solo 24 horas antes, el 31 de agosto, había conducido al grupo de la retaguardia, comandado por Joaquín, hacia una emboscada en el vado de Puerto Mauricio, en el Río Grande.

Durante la madrugada del día 2 de septiembre, dejamos una emboscada en la casa, a cargo de Miguel, Coco, Pablo y Benigno, y nos retiramos por el curso del arroyo. Después de las diez nos hicimos cargo de ella Chino, Eustaquio y yo: la orientación era que uno vigilara mientras descansaban dos, y en caso de venir el ejército, la alerta se daría haciendo como si fuera un perro. Yo hice tres horas de guardia, le pasé el turno a Chino una hora. Como a la una de la mañana, sentí la voz de éste que decía: «Un soldadito», y después los disparos. Resultó que el soldado, al saberse descubierto, abrió fuego contra Chino, y éste al no tener su fusil entre las manos daba vueltas buscándolo, ya que era medio ciego y no lograba verlo. Me incorporé y abrí fuego contra las sombras del soldado y el campesino que ya se perdían en el recodo, logré matar al caballo.

Che se molestó y dijo un montón de cosas; la descarga para mí fue sencilla; para el Chino, lastimosa.

Miguel había capturado a varios campesinos (sus apellidos eran Santos, Veizaga y Burgos). Los soltamos después de comprarles un torito. Estos, antes de retirarse, informaron que Honorato Rojas estaba en Valle Grande curándose una mordida de tigre.

Ese día, o sea, el 2 de septiembre, la radio extranjera informaba de la caída de un grupo de guerrilleros comandados por el cubano Joaquín: 10 muertos. (Es importante tener presente este detalle por la importancia en el posterior desarrollo de los acontecimientos.)

Por la mañana del día 3, Coco, al mando de un grupo compuesto por Benigno, Inti, León, Pablito y Julio, salieron hasta las casa para conseguir víveres. Tomaron a dos campesinos presos, los que dijeron no haber visto al ejército, y que la primera noticia que tenían de la existencia de guerrillas, desde hacía varios meses, había sido las que les dieron unos campesinos que habían pasado el día anterior huyendo.

Al llegar a la casa del latifundista, el encargado no quería dar información, por lo que lo amenazaron, en eso apareció un grupo de soldados que al escuchar la discusión se asomaron para ver qué sucedía. Inmediatamente comenzaron a correr hacia el monte para tratar de cortar la retirada a nuestros compañeros. Sin embargo, por medio de gritos y disparos lograron salir del semicerco que les habían tendido.

Ese día la radio trasmitió la noticia de la detención de José Castillo[31] como único sobreviviente del grupo de los 10 hombres. Ubicaron el combate en Vado del Yeso, Masicuri.[32]

Todo hacía indicar la falsedad de la noticia que escuchábamos desde el día 2.

Señalaban el combate de Vado del Yeso por el río Masicuri. ¿Cómo era posible, si nosotros estábamos allí y no habíamos escuchado un solo disparo? ¿Cómo era posible que hubiera sido aniquilado todo el grupo? Si nos guiábamos por la táctica de la guerrilla, esto era prácticamente imposible. Pero además, el sobreviviente que anunciaban era José Castillo (Paco), perteneciente a la resaca, o sea, uno que había querido abandonar la lucha y era mantenido prisionero por el grupo de Joaquín. Existía además la posibilidad de que hubiera podido escapar.

Sin embargo, fue cierto, y el grupo de la retaguardia —separada de nosotros por un imponderable— al mando del heroico comandante Vilo Acuña, fue aniquilado. El tiempo se encargó de descifrar muchas de nuestras interrogantes. Basados en algunos relatos de los periodistas, y en especial el realizado por Paquito, único sobreviviente de la traicionera emboscada de Vado del Yeso, tenemos hoy una imagen dantesca de esa masacre que fue posibilitada por una vil traición.

Nuestra retaguardia

Nuestra retaguardia era comandada por Joaquín y estaba compuesta además por Braulio, Marcos, Pedro, Walter, Ernes-

---

[31] José Castillo Chávez (Paco, Paquito). Boliviano.

[32] En Vado del Yeso, en el río Masicuri, no fue donde se produjo la emboscada, sino en el vado de Puerto Mauricio, en el Río Grande. El cambio de lugar en los partes militares se debió a las profundas contradicciones y rivalidades entre los comandantes de la VIII y la IV División. La VIII División llevó a cabo las operaciones en la jurisdicción de la IV División.

to, Polo, Víctor[33] y los expulsados Pepe,[34] Eusebio,[35] Chingolo y Paco. Para curar a los enfermos se quedó el Negro, que junto con Tania, Alejandro y Moisés, pertenecían al grupo del centro. En total eran 17 compañeros esperando el regreso de Che.

Al día siguiente de la partida nuestra, la retaguardia se trasladó a la otra margen del río, a unos 500 metros más o menos, al fondo de la orilla. Allí acamparon durante cinco días para trasladarse después a otro lugar situado a unos 400 metros del anterior. En ese campamento permanecieron más tiempo que en el primero. Se proveían de víveres en las casas de los campesinos cercanos al lugar.

Un día, Joaquín ordenó que toda la gente alistara sus mochilas para partir. Como a las siete de la mañana se preparó una emboscada al ejército, fueron casi todos los compañeros, solo quedaron Alejandro, Tania, Serapio y Chingolo. La emboscada se preparó cerca de la casa de los campesinos, sobre una orilla del río Ñancahuazú; quedaron en la retaguardia, en un puesto de vigilancia, Guevara y Paco.

La emboscada fracasó porque Joaquín se adelantó y disparó su fusil en dirección al monte donde había escuchado un ruido. Una vez terminadas las discusiones, críticas y comentarios, abandonaron ese lugar. Caminaron todo el día, siempre por la margen del río, alejándose cada vez más de las casas. Llegaron a una profunda quebrada que salía del río, a unos 400 metros. Acamparon sobre las paredes de la quebrada. Subiendo hasta una loma muy alta, se tenía una vista perfecta de todos los contornos. Allí se instaló un puesto de vigilancia permanente. A esta loma la llamaban la Loma del Observatorio. (Estos lugares los escogía Braulio durante las exploraciones.) Desde ese sitio se controlaban todos los movimientos del ejército sobre el río y en las casas de los campesinos. Durante 10 días hubo vuelos de helicópteros sobre las casas, se suponía que aterrizaban allí para dejar víveres a las tropas que ocupaban la zona.

[33] Casildo Condori Vargas (*Víctor*). Boliviano.

[34] Julio Velazco Montana (*Pepe*). Boliviano.

[35] Eusebio Tapia Aruni (*Eusebio*). Boliviano.

También hacían sus incursiones sobre el río guías campesinos o soldados vestidos de campesinos, los que rastreaban en busca de huellas. Cuando éstos dejaron de rastrear volaron cuatro aviones del ejército y bombardearon la zona del otro lado del río, o sea, del lado opuesto a donde estaba el campamento guerrillero; así lo hicieron durante cuatro días.

Después volvieron a rastrear, hasta que varios campesinos a caballo cruzaron el río y pasaron toda la zona bombardeada. Se dispuso otro puesto de vigilancia sobre la orilla del río, a la salida de la quebrada. También realizaron desde ese día exploraciones en busca de Che y reconocimientos del terreno. En una de esas exploraciones, Braulio y Polo se tropezaron con dos campesinos y les tomaron los caballos que llevaban. Este acontecimiento se recibió con mucha alegría en el campamento porque los caballos servían para comer, ya que no tenían más que un poco de maíz.

Dos días después aparecieron nuevamente varios campesinos bajando por el río; pasaron casi por el mismo lugar donde estaban apostados los compañeros que hacían guardia. Al informarse esto, se consideró que los campesinos los habían descubierto y se ordenó de inmediato abandonar el campamento para escapar por otro lugar. Así lo hicieron, y después de caminar una noche y un día llegaron a una cañada donde había una pequeña laguna estancada, allí establecieron un nuevo campamento. Desde él se hacían con más frecuencia exploraciones por los alrededores en busca de Che, y se vigilaban también los movimientos del ejército.

Un día fue un grupo voluntario por las casas de los campesinos para conseguir víveres, porque ya no tenían qué comer. Cuando la comisión regresó, fue una noticia grata saber que el ejército había abandonado las casas de los campesinos.

Habían comprado una buena cantidad de maíz, incluso trasladaron un saco lleno hasta la mitad del camino en una mula prestada por un campesino. Al día siguiente salió una comisión para recogerlo, los compañeros Marcos y Pedro realizarían la exploración acostumbrada. Como jefe de la comisión fue Braulio, que tenía la intención de atrapar un caballo que había visto por la zona. Ya de vuelta trajeron el maíz y no se pudo hallar el caballo. Pepe, que integraba el grupo, se retrasó bastante al subir una loma. Al llegar al firme, el resto de los compañeros decidió hacer un descanso para esperarlo y después continuar. Braulio dijo que quería llegar temprano al campamento, se fue y dejó a Ernesto como jefe del grupo. Pasóun rato y Pepe no llegaba, en vista de lo cual Ernesto mandó hasta un lugar determinado a Polo y a Paco con el propósito de encontrarlo. Así lo hicieron, pero Pepe no apareció por ninguna parte y regresaron al grupo. Ernesto ordenó llegar lo más pronto posible al campamento para informar a Joaquín de lo sucedido.

Una vez informado, Joaquín se preocupó mucho y empezó a hacer preguntas a Eusebio, a Paco y a los otros para conocer si le habían escuchado a Pepe sobre sus intenciones de fugarse. Marcos y Pedro salieron a buscarlo en dirección a la casa de los campesinos. Al día siguiente volvieron muy agitados e informaron que Pepe había desertado. Pasó por la casa de los campesinos y dijo que se había fugado porque los guerrilleros eran unos asesinos.

Estuvieron en ese lugar que le llamaban el Campamento de la Laguna unos días más, luego lo abandonaron para trasladarse al campamento del Observatorio o cerca de él. Allí, sobre una pequeña quebrada, se organizó un nuevo campamento. Esto sucedía, más o menos, a mitad del mes de mayo.

Mueren Marcos y Víctor

Después mandaron una comisión a la casa de un campesino y tuvieron suerte, volvieron con una buena cantidad de víveres. A los dos días regresaron a esa casa Marcos, Pedro y Víctor, cuando ya estaban cerca cayeron en una emboscada del ejército. Murieron Marcos y Víctor; Pedro logró escapar ileso. Se sintió mucho la pérdida de los compañeros, especialmente la de Marcos.

Después de esto no fueron más a casa de los campesinos

y a medida que transcurría el tiempo, el maíz, que era lo único que comían, comenzó a escasear. Joaquín se veía muy preocupado y nervioso. Braulio, en compañía de otros compañeros, hacía exploraciones casi todos los días.

Todos estaban muy preocupados por la ausencia de Che.

En aquel lugar estuvo el grupo como hasta mediados del mes de julio.

Cuando ya quedaba muy poco maíz, decidieron ir a casa de los campesinos para conseguir alimentos aunque fuera a tiros. La situación era muy difícil, había mucha hambre.

Salió una comisión y en el camino se encontraron los cadáveres de Marcos y Víctor; solamente los huesos, los reconocieron por los zapatos. Después de enterrarlos, prosiguieron y encontraron las casas abandonadas y huellas del ejército. En las primeras, habían juntado el maíz y le habían prendido fuego, las calabazas estaban hechas pedazos para que se pudrieran.

Tuvieron que remover el maíz y recoger el que no estaba quemado, lograron reunir una buena cantidad y hubo que hacer dos viajes. Se había solucionado el problema del hambre.

Cuando Alejandro y Polo hacían guardia en la Loma del Observatorio, tuvieron un choque con el ejército que venía subiendo. Después de un breve tiroteo se retiraron hasta el campamento e informaron que el ejército avanzaba. Joaquín ordenóabandonarlo, pero primero tenían que trasladar el maíz; un grupo lo hizo y el resto preparó la emboscada. Después de trasladar el maíz a una distancia prudencial, se retiró toda la gente de ese lugar. Caminaron una noche y un día, hasta llegar nuevamente al Campamento de la Laguna. Antes de llegar, Paco había escuchado unas voces en el momento que bajaba una loma para entrar al campamento, pero no les dieron importancia.

Al poco rato, Moisés Guevara, que estaba de centinela, vio que el ejército bajaba por una loma y se acercaba al campamento. Él y Polo dispararon, y lograron contenerlos hasta que otros compañeros los reforzaron. Se produjo un combate de minutos mientras que el resto de la gente ponía a buen retiro las mochilas, el maíz y la ametralladora 30; después uno a uno se fueron retirando. Esa noche descansaron sobre una pequeña loma y el ejército no avanzó.

Al día siguiente siguieron caminando y salieron al río Yaqui o Iquira, caminaron por el agua, río arriba, para no dejar huellas. La marcha fue muy penosa, todos los compañeros estaban agotados debido al peso que cargaban. El que más sufría era Serapio, ya que su pie lisiado se le inflamó considerablemente.

Muere Serapio

Durante el descanso Serapio se adelantó para ganar tiempo; al rato siguieron Pedro y Eusebio que lo ayudaban a llevar su mochila. Cuando ya estaban por alcanzarlo, Serapio les hizo señas y les gritó que no avanzaran porque el ejército estaba emboscado allí. Le dispararon y murió. De esta forma salvó a todo el grupo de caer en una emboscada.

La guerrilla tuvo que retroceder y preparar una defensa para el caso de un avance del ejército; como no avanzó, se retiraron río abajo, en aquel momento la aviación sobrevoló la zona, pero no atacó.

El grupo se internó en el monte y acampó cerca del río para pasar la noche. Cocinaron maíz abundante para dos días. Por la mañana abandonaron ese lugar y subieron una loma muy alta. Joaquín ordenó dejar gran parte del maíz y todas las cosas que hicieran carga pesada e inútil para poder caminar rápido y tratar de salir del cerco que el ejército les había tendido. Así caminaron rápido varios días, sin tener más encuentros. Habían logrado salir del cerco y llegaron a un caserío donde trataron por todos los medios de no ser vistos, ya que el propósito del grupo era llegar a la carretera de Sucre y proveerse de víveres, y no querían que fueran a delatar su presencia allí. En vista de que fueron descubiertos, interrogaron a los moradores sobre la posición del ejército y el nombre del lugar; dijeron que los soldados estaban en un pueblecito llamado Ticucha, cerca de allí, y que ese caserío se llamaba Taperillas.

En Taperillas y Monteagudo

Continuaron la marcha y llegaron a una loma; de allí mandaron a una comisión a las casas para comprar víveres, mientras un grupo de cinco compañeros trasladaba las cosas y buscaba un lugar para acampar.

Como a las diez de la noche, regresó la comisión llevando víveres y confirmando que el ejército estaba lejos de ese lugar. Los campesinos les habían pedido que volvieran si deseaban comprar más comestibles, que ellos gustosos les venderían.

Joaquín estaba dispuesto a que la gente regresara a comprar algo más, pero como todos estaban agotados, no fueron. (Felizmente, porque el ejército ya había llegado a las casas esa noche.) Al día siguiente, cuando se repartía la carga y el alimento, el enemigo, que había seguido las huellas, ubicó el lugar donde estaban acampados y disparó contra ellos. Joaquín y los suyos reaccionaron de inmediato y respondieron al fuego, a pesar de que el ataque fue sorpresivo, no tuvieron bajas gracias al monte que era muy tupido.

Un grupo, como era de costumbre, mantenía a raya al ejército, mientras otros trasladaban las mochilas lejos del lugar. Cuando se unieron, se percataron de la deserción de Eusebio y Chingolo. Estos dejaron sus mochilas tiradas y aprovecharon el momento crítico para huir.

El grupo buscó un lugar seguro y acampó varios días. Posteriormente siguió, tras largos días de caminata, hacia Monteagudo. El 5 de agosto acamparon sobre una montaña alta (llamada Iñao, según se supo después), el grupo bajó al pueblecito de Chuayacú, donde compró bastantes víveres. En el campamento sólo quedó Tania. Al regreso, después de una noche y dos días, se preparó enseguida una emboscada, pensando que el ejército los seguía; esperaron dos días, pero el ejército no apareció y levantaron la emboscada. Sin embargo, esa misma tarde, la posta sorprendió a un campesino rastreando huellas y lo tomó prisionero. El hombre confesó que el ejército estaba cerca y que a él lo habían obligado a seguir las huellas.

Varias compañías del ejército estaban tratando de cercar al grupo guerrillero.

Al siguiente día, cuando habían avanzado veinte minutos, el ejército comenzó a bombardear el campamento. El campesino prisionero marchaba delante y en un descuido de Braulio escapó.

Después de unas horas aproximadamente, el ejército alcanzó a la columna y la conminó a rendirse. La única vía de escape que tenían era una loma descubierta, pero Joaquín venía atrasado con casi la mitad del grupo, entonces Braulio dijo que no se podía esperar a Joaquín, que era necesario buscar una posición favorable y comenzóa subir la loma, el resto le siguió. En ese momento, el ejército empezóa disparar en dirección a ellos, pero todos siguieron subiendo como podían hasta llegar a la cima. Una bala alcanzóa Pedro, que repelía la agresión manteniendo a raya al enemigo con su ametralladora calibre 30. Al pasar al otro lado, esperaron por Joaquín. Se escuchaban voces sobre la loma; habían logrado pasar antes que el ejército los rodeara. Así reemprendieron la marcha hasta un lugar seguro para descansar esa noche. Después caminando por las lomas másaltas dieron un rodeo (desde esas lomas se observaba la población de Monteagudo que estaba muy cerca) y regresaron para borrar las huellas; continuaron de nuevo a la zona de Taperillas y lograron llegar hasta la casa de un campesino y comprar víveres.

Inmediatamente después, sin dejar huella alguna, abandonaron ese lugar, así caminaron muchos días hasta llegar a la loma donde habían dejado maíz y varias cosas más, no hallaron nada, el ejército los había ocupado. Luego salieron al Iquira para llegar al Campamento de la Laguna, de allí salieron a explorar la zona; había efectivos del ejército por todo ese territorio, y estaban construyendo un camino hasta Ñancahuazú.

Por esta razón, abandonaron ese campamento y cruzaron el río Iquira. Joaquín indicóque el grupo se dirigía hacia el Río Grande, se internaron por una zona llena de montañas altas y farallones peligrosos, hasta un llano de vegetación tupida. Braulio trabajaba y guiaba al grupo diariamente hasta quedar rendido, abría sendas todos los días. Al día siguiente pasaron muy rápido la zona del Campamento Central. Caminaron duro, pero sin contratiempos. solo escucharon ráfagas de ametralladoras y morteros (supusieron que el campamento estaba ocupado y el ejército hacía prácticas de tiro). El grupo andaba muy mal. Joaquín casi no podía caminar y se veía más viejo; Tania sentía fuertes dolores en los ovarios.

Hacia el vado de la traición

Siguieron hacia abajo por el río en dirección a Río Grande, habían caminado tres días sin llegar ni tener absolutamente nada que comer. Todos andaban semidescalzos, los zapatos los sujetaban con cordeles o trapos, casi no tenían ropa, Joaquín andaba medio desnudo. No salieron de esa marcha por el río sino para descansar. lo que hacían con mucho cuidado, pero siempre en desorden. De esta manera, antes de llegar a la desembocadura del río, se toparon con un campesino que llevaba burros de Valle Grande: lo detuvieron y le compraron uno para comer, después salieron a Río Grande.

Orillando después de un día llegaron cerca de la casa de Honorato Rojas, que decían era amigo. Mandaron a dos hombres a su casa, volvieron e informaron que no pudieron entrar porque habían escuchado disparos, aunque no vieron nada. Intervino Alejandro y le dijo a Joaquín que se podía probar una vez más, y si lo acompañaban dos hombres, él iría hasta la casa del campesino. Joaquín aceptó y salieron los tres; al poco rato regresó Walter e informó que se habían entrevistado con el campesino, quien se ofreció a colaborar en todo lo que pudiera, porque estaba contra el ejército. Los otros dos compañeros se habían quedado vigilando la casa para comprobar si alguien salía de ella.

Ya por la noche. después que se informó a Joaquín todo lo hablado con el campesino. y hecho ya el campamento para pernoctar, Joaquín y los otros volvieron a la casa de Honorato. Regresaron muy avanzada la noche y dijeron que el campesino se había comprometido a indicarles un lugar seguro, donde había agua y podían acampar. mientras saliera una comisión en busca de Che. También se había comprometido a ir al pueblo cercano para comprar víveres, con ese objetivo le dejaron 100.000 pesos bolivianos. Esa noche comieron pescado comprado por el campesino.

Al día siguiente y a la hora indicada por éste, las cuatro de la tarde, abandonaron el campamento y se dirigieron a la casa de Honorato, quien los estaba esperando con dos ollas de maíz y los invitó. Después los condujo hasta la orilla del río, siguieron por allí río arriba, doblaron una gran curva y luego de caminar unos 300 metros, el campesino se detuvo y les indicó, haciendo señas con las manos, en dirección a una loma que se veía al frente; se despidió dándoles la mano a los que estaban cerca de él, luego, al pasar junto a Joaquín también le dio la mano, se fijó en Tania con atención, ésta trataba de que no le viera la cara. Después, Honorato se alejó rápidamente.

Braulio siguió caminando un trecho más; comenzó a cruzar el río. Se dio la voz que el paso debía ser lo más rápidamente posible y en fila india. Cuando había llegado Braulio a la orilla, se produjo un fuerte tiroteo. El ejército emboscado atacaba al grupo de guerrilleros simultáneamente, por ambos lados del río.

Todos cayeron al agua, algunos ya muertos o mal heridos. Joaquín, que había logrado volver a la orilla, corría por ella tratando de escapar, pero lo acribillaron. Paco se había dejado llevar por la corriente unos cuantos metros y se protegió tras una piedra que sobresalía del agua. Ernesto llegó a su lado nadando. Los cadáveres eran arrastrados por la corriente del río. En ese instante, el ejército comenzó a disparar en dirección a Ernesto y a Paco, a este último lo alcanzaron dos balas, una en el antebrazo, otra sobre el hombro y después otra que le atravesó la axila.

Los soldados avanzaron lentamente y les gritaron desde la orilla que salieran del agua con las manos en alto. Así lo hizo Ernesto, pero Paco no podía levantar las manos, además, tenía puesta su mochila, Ernesto lo ayudó a salir del agua. Una vez en la orilla los separaron y comenzaron a propinarles patadas. Luego a Ernesto lo reconocieron unos sargentos que eran de Trinidad. Ernesto les dijo algo y enseguida empezaron a gritarle y a patearle en la cara, después le dispararon y le partieron un brazo. En ese momento, gritó desde la orilla opuesta un militar ordenando que pasaran hacia allá a los prisioneros, a lo que respondieron: «Muy bien, Capitán.»

Fueron conducidos al otro lado y puestos junto a los cadáveres que habían podido recoger. Les pidieron que los identificaran; Ernesto cayó al suelo quejándose del dolor. Lo llevaron a un rincón y el sanitario le vendó el brazo con un trapo. Se hacía de noche. Ernesto seguía quejándose de dolores, se acercaron los mismos que lo patearon más el capitán Mario Vargas. Lo llevaron a la orilla del río y lo asesinaron, lo acribillaron con una ráfaga de ametralladora.

Toda esa escena la observaba Paco con mucha dificultad, pues le sangraban las heridas y sentía mucho dolor. Cuenta que pasó la noche junto a los cadáveres de sus compañeros, los que estaban apilados junto a sus pertenencias y que al salir el sol los soldados se movilizaron y Honorato Rojas llegó con chancho frito para la tropa.

Encontraron el cadáver de Polo, al que vio como hinchado. Paco estaba muy mal de sus heridas y se sentía peor al ver a sus compañeros, cuyos cuerpos yacían casi destrozados a su lado.

Después llegaron campesinos con mulas y en ellas cargaron los cadáveres, los campesinos iban cabizbajos y silenciosos. Paco estuvo caminando descalzo todo un día y una noche rumbo al caserío de Masicuri. Le habían amarrado las heridas con una camiseta vieja. Una vez en la carretera, a eso de las tres de la madrugada lo trasladaron a Valle Grande en uno de los dos camiones en que los recogieron.[36]

Esta breve narración de los hechos estoicos y a la vez heroicos de la retaguardia, es un ejemplo de decisión y coherencia entre lo que predicaban y lo que hicieron estos hombres, nuestra historia. Existen otros datos posteriores que demuestran más claramente la traición de Honorato Rojas y sus consecuencias.

---

[36] Por fuentes militares se conoció después que en los interrogatorios participó el agente de la CIA de origen cubano, Gabriel García.

El día que Alejandro fue a casa de Honorato, había allí un hombre que fue presentado como amigo de confianza. Este hombre era un soldado disfrazado de campesino en su labor de investigaciones sobre las actividades guerrilleras.

Esa situación representaba una disyuntiva para el campesino, o entregaba al soldado a la guerrilla o traicionaba a ésta con el ejército. Se decidió por la última variante, o sea, del lado donde él veía más fuerzas. Pero no sólo esto, sino que él personalmente situó las posiciones de los soldados para asegurarse de que no hubiera sobrevivientes, pues sabía lo caro que podía costarle esa traición.[37]

FATAL DESENCUENTRO

Recordemos que el día 1º de septiembre nuestra columna, comandada por Che, llegó a Vado del Yeso. La emboscada al grupo de Joaquín había sido el 31 de agosto en el vado de Puerto Mauricio. El hecho de nosotros traer animales y tener que irles abriendo paso nos atrasó y evitó que ambas columnas llegaran sincronizadamente. Si hubiera sucedido lo contrario, los acontecimientos habrían tenido otro desenlace, pues hay que recordar la opinión de Che sobre Honorato Rojas el 10 de febrero en la primera ocasión en que tropezamos con él: «...incapaz de ayudarnos, pero incapaz de prever los peligros que acarrea y por ello potencialmente peligroso...»

Lógicamente, nadie supo absolutamente de la emboscada, pues el ejército tomótodas las medidas de seguridad para que no se conociera lo referente a ella. Esta es la razón por la que nosotros la considerábamos falsa, pues cuando conocimos la noticia por la *Voz de los Estados Unidos* (ya que hasta la pren-

---

[37] Por el servicio prestado al ejército en la masacre de Puerto Mauricio, Honorato Rojas recibió una condecoración del gobierno. En 1969 fue ajusticiado por un comando del ELN.

sa local mantuvo absoluto silencio) tratamos de averiguar, pero ningún vecino escuchó el combate ni vio siquiera movimiento de tropas; nosotros no escuchamos disparos ni encontramos ninguna señal del hecho que suponíamos, por la magnitud de la noticia, que tuviera que ser conocido en toda la región. Todo indicaba que la información era falsa.

Por nuestra parte, el día 4 de septiembre pusimos una emboscada al mando de Miguel en el camino de Masicuri a la casa de Honorato. De un grupo que se ofreció voluntariamente para localizar mercancías, fueron seleccionados Coco, Chapaco, Arturo, Julio y Aniceto al mando de Inti. Urbano y Camba salieron de exploración río arriba.

Escuchamos por la radio la noticia de la muerte en Vado del Yeso, cerca de donde cayera Joaquín, del médico peruano Negro. Fue identificado por Ciro Roberto Bustos, todo indicaba que él estaba colaborando con el ejército.

Esperamos todo el día por el regreso de los compañeros, éstos llegaron en la madrugada y trajeron algo de comida; estuvieron prácticamente junto al ejército.

Se puso nuevamente la emboscada, y en lo que Urbano iba a avisarle a Miguel para que se retirara, chocó con una patrulla del ejército que se había infiltrado entre la emboscada y el campamento. Hicieron varios disparos en dirección a éste, por lo que se dispuso la defensa y ocupamos nuestras posiciones.

Después de unos minutos, Che ordenó que me encargara, junto con Camba y Chapaco, de los enfermos; a la sazón se sintió ruido a unos 300 metros de las posiciones, pensamos que era el ejército que trataba de rodearnos y nos dispusimos a defendernos. Moro se olvidó de su enfermedad y le quitó el fusil a Camba, quien se lo entregó gustoso. Para alegría nuestra era Miguel que, al percatarse de la situación, decidió dar un rodeo por el monte. Avisamos a Che que estaba al frente de la defensa y se organizó la retirada.

Luego de cruzar varios vados (algunos muy peligrosos) hicimos noche y matamos una de las vacas que nos habíamos llevado en la retirada. Ese día me correspondía trabajar en la cocina, lo que hice junto con Che, pues él se había autocastigado como ayudante de cocina por habérsele mojado su fusil en el río. Esta era la pena con la que se sancionaba al que incurría en alguna negligencia.

Al otro día caminamos poco por lo difícil del camino, acampamos para hacer exploración al día siguiente.

Radio La Cruz del Sur dio la noticia del hallazgo del cadáver de Tania en las márgenes del Río Grande, y se refería a las declaraciones de Paco contra Debray.

Se organizó una emboscada rotativa y se mandó a Chapaco y a Aniceto de exploración.

Escuchamos sobre la visita de Barrientos a la casa de Honorato Rojas. También ofrecía garantía para la vida de los guerrilleros bolivianos; la condición era presentarse con las manos en la frente. Para los cubanos no, pues estaba consciente de que ninguno se iba a entregar con vida.

Antonio y yo pasamos el día emboscados a cargo de ocho hombres. Todo transcurrió tranquilamente.

POR EL RÍO LA PESCA HASTA MASICURI

Salimos temprano para cruzar el río por el vado encontrado el día anterior por Miguel. El río tenía mucha fuerza y los mulos cruzaron a nado, menos el macho que se negaba rotundamente. A Che se le perdieron los zapatos al tratar de pasarlo. Un helicóptero pasó tres veces sobre nosotros; además, vimos una avioneta lejana. Che comentó la posibilidad de que el ejército estuviera emboscado delante, ya que el uso del helicóptero era factible para ello.

Se organizaron dos exploraciones; una río abajo y la otra arroyo arriba. La primera tuvo éxito, pues descubrió que era posible cruzar cuando bajara el río; la otra casi no pudo avanzar. Se puso una emboscada a cargo de Antonio en la mañana y de mí por la tarde. Por la noche se organizó la matanza de uno de los bueyes. Ñato, Darío, Julio y Pablito se comieron un filete entero; Che se molestó con Ñato por no haber pedido autorización y con Chino por permitirlo, este pidió ser sustituido en el cargo y Che me nombró a mí como jefe de abastecimiento, además de jefe de servicios que ya era.

En la mañana la diana fue dada personalmente por Che con la voz de «¡Ejército!» Todos nos movilizamos y ocupamos posiciones. Al rato se aclaró que todo fue una confusión de Antonio que al parecer se estaba quedando dormido y le pareció ver a varios soldados.

Chapaco fue castigado a tres días de ayudante de cocina por negarse a ir de exploración por las márgenes del río. Salieron dos exploraciones que regresaron al otro día. La del río dio como resultado que se podía cruzar después de bordear la faralla. Consideramos que estábamos a unas tres horas del río Piraymini (La Pesca).

Los que exploraron el arroyo informaron que éste no permitía el cruce a los animales por tener pasos muy difíciles y que nacía en una cordillera que se veía a lo lejos frente a nuestra posición.

Después de esperar noticias de Miguel, que había salido temprano, partimos por la tarde en una penosa marcha hasta donde se construía una balsa para cruzar el arroyo. Habían atravesado ya 10 compañeros y el resto esperamos para trasladarnos al otro día.

Avanzamos varios kilómetros sin llegar al río La Pesca. Che prohibió hacer fuego para combatir el frío, ya que algunos compañeros cocinaban carne alegando haberla guardado de la comida anterior, cuando en realidad había sido sustraída de la reserva de la colectividad.

Escuchamos en la radio la detención de Loyola, presentaron las fotos donde aparece ella con los guerrilleros.[38]

Che empezó a evaluar el estado anímico de la tropa.

---

[38] Como resultado del hallazgo de documentos y fotografías encontrados en las cuevas, Loyola Guzmán Lara fue perseguida, aunque estaba en la clandestinidad. Fue arrestada el 14 de septiembre junto con Norberta Aguilar y Paca Bernal Leyton. Estuvo presa tres años.

La proposición de Barrientos de perdonar la vida a los bolivianos que se entregasen, habría hecho pensar a algunos. Se suscitaron, repetidamente, una serie de pequeños conflictos y discusiones; Chapaco se negó a que Aniceto lo mandara, esto motivóque fuera castigado por Antonio a seis días de ayudante de cocina. Che ratificó el castigo. Algunos comentaban que Moro fingía estar enfermo y que debía cambiar su actitud, pues le restaba movilidad a la guerrilla (esto era falso). Existían problemas también por la comida.

Che llamó a Inti y a Coco. Posteriormente me pidió un mapa general de Bolivia y planteó que al parecer lo de Joaquín era cierto, y que la moral estaba decayendo. Hizo un recuento de todos los incidentes que lo demostraban. Explicó que era necesario tratar de dar un golpe que levantara la moral y nos permitiera abastecernos de víveres y otras cosas para luego abandonar la zona y ocultarnos durante un tiempo. En este intervalo haríamos contacto con la ciudad e incorporaríamos a 40 ó50 hombres dispuestos a integrarse a la guerrilla, los que estaban en La Paz. El plan consistía en subir por el río La Pesca hasta Masicuri arriba y de allí a Valle Grande, bordearlo e ir en busca de un camino que según el mapa nos llevaba a Puerto Breto y de ahí a Chapare o a Alto Beni.

Temprano iniciamos la marcha para llegar al río La Pesca. Cuando bajamos, ya Miguel se había perdido sin dejar a nadie para guiarnos. Detuvimos a unos campesinos y Benigno cometióel error de dejarlos ir a buscar más trampas con el compromiso de regresar. La bronca de Che fue grande, al punto que Benigno se echóa llorar. Estos campesinos habían informado que en la orilla del Río Grande estaban pescando Aladino Gutiérrez y otros, a los que habíamos informado anteriormente que saldrían con nosotros en la mañana por el río La Pesca en dirección a Los Sitanos, lugar donde Aladino tenía chacos y una pulpería.

Che autorizó a otro campesino para que fuera a buscar sus animales, después se enteró que éste había sido guía del ejército hacía tres meses atrás en un recorrido efectuado por la zona; salimos a buscarlo con urgencia y lo trajimos de vuelta.

En la tarde voló una avioneta que dio sospechosamente dos vueltas sobre el lugar.

Nos dividimos para la marcha en tres grupos: la vanguardia, que salió con una hora de ventaja; una parte del centro; y la retaguardia con el resto de los compañeros del grupo central que estaban enfermos. Chino estaba muy mal y se retrasó, tuvimos que dejarlo esperando por la retaguardia o por Che, que era el único capaz de hacerlo avanzar ya que nadie estaba autorizado a llamarle la atención.

Al llegar a una parte del río, encontramos a la vanguardia descansando y a los campesinos pescando. Seguimos y llegamos a una chancaquería, allí encontramos a Miguel. Compramos un chancho, arroz y gran cantidad de chancaca, lo que permitió hacer un buen mate porque llevábamos varios días tomándolo amargo.

Salimos por la tarde hasta llegar a un chaco intermedio donde almorzamos y después continuamos hacia Los Sitanos.

Uno de los campesinos, por el ansia de llegar rápido a su casa, engañó a Eustaquio, lo que ocasionó que Che y el resto del personal del centro se perdieran. Salí en su busca. Aparecieron a campo traviesa. Che se había percatado, al coronar el firme, que había sido engañado, pues no encontró ni la finca ni el chaco donde cocinábamos.

Después de varios tropezones y caídas llegamos, avanzada la noche, a la casa de Aladino, donde compramos cigarros, refrescos y otras cosas. Se tomó la casa del alcalde, Alejandro Vargas, y se destruyó el teléfono, aunque no funcionaba. De madrugada salimos hacia Alto Seco, nos alejamos un poco y acampamos en las márgenes del Piraipani.

Por la mañana nos encontramos con las primeras casas de la bajada; llegamos a la del alcalde, a quien le compramos algunos animales y dos quintales de maíz para llevarlos a moler a un molino hidráulico situado en las márgenes del río cerca de la subida al camino de Alto Seco, cuya propietaria se llamaba Manuela Durán Peña.

Che ordenó que lo despertaran a las diez, pero como se encontraba tan cansado y decaído lo dejamos dormir hasta las once (tremenda descarga). Esto provocó que me recriminara.

Cuando salimos hacia la casa donde recogeríamos la harina, nos perdimos, lo que motivó salir de allí a las dos de la madrugada.

DE ALTO SECO A PUCARÁ

En las primeras horas de la mañana llegamos a la población de Asunción (Alto Seco). Compramos una cantidad inmensa de mercancías (víveres, ropas, dulces, etc.), tantas que pensamos que no las podríamos cargar, ya que sólo de panes nos tocó a cada uno 23.

Pusimos dos emboscadas; una en el camino que viene de Valle Grande y otra en el de Los Sitanos. La noticia de nuestro arribo al poblado había sido comunicada a Valle Grande desde el día anterior por un campesino que llegó primero que nosotros de Los Sitanos. El corregidor, Vidal Osinagas Aguilar, había desaparecido, al parecer para informar de nuestra presencia allí; por lo que todas las mercancías fueron confiscadas, ya que habían sido compradas en la pulpería de éste. El plan de capturar un vehículo para trasladarnos a Valle Grande, abastecernos de medicinas y continuar a Puerto Breto había fracasado, pues el ejército controlaba el movimiento de vehículos.

Por la noche se celebró un pequeño acto en el que Inti hablóa la población; la actitud de los campesinos fue bastante afable, aunque un poco reservada. De madrugada salimos hacia un lugar conocido por Santa Elena.

Llegamos a las diez; el día fue de descanso y posta hasta la madrugada, luego nos dirigimos hacia Loma Larga, llegamos agotadísimos y acampamos en el entronque del camino a Pujio.

Partimos a las cuatro de la tarde, pues la idea de Che era coronar el alto a Pujio sin ser vistos desde la falda opuesta donde se divisaba una hoguera que podía ser del ejército. Muy temprano por la mañana est bamos en el alto, donde encontramos a un campesino. Al llegar a Pujio nos vieron varios campesinos más, quienes, como siempre, se dieron a la fuga. Impedimos que algunos huyeran, y otros, que observaban desde lejos, entraron en confianza y regresaron. Nos invitaron con mate, café y chicha; nos enteramos que un carabinero había estado hacía poco tiempo allí a detener a un campesino.

Desde ese sitio hay una vista bellísima; se ve el Río Grande y a lo lejos se aprecia el lugar donde convergen las líneas divisorias de tres departamentos: Cochabamba, Santa Cruz y Chuquisaca.

Se comentó sobre la próxima salida de Camba (que ya había planteado su deseo de abandonar la lucha), a quien se trataría de utilizar como mensajero; de esta forma nos prestaba un servicio y a la vez evitábamos que al no tener acogida en los círculos revolucionarios, se arrojara en brazos del enemigo como colaborador.

Continuamos la marcha hacia un caserío donde hicimos té y compramos un trozo de carne de chancho. Nos enteramos que el alcalde de La Higuera, Aníbal Quiroga, había estado por aquellos lugares el día anterior. Continuamos e hicimos noche en un lugar descampado y abierto, los campesinos nos llamaron cuando cruzamos frente a sus casas, pero por no perjudicar a ninguno de ellos, Che impidió acampar en las casas.

Al mediodía llegamos al Abra del Picacho; los campesinos de la zona celebraban una fiesta, nos recibieron con vasos de chicha y mucho júbilo. Comprobamos que la gente del caserío de Pujio habían llegado primero que nosotros, dijeron haber cruzado frente a nuestra posta. Se mandó a preparar café y emparedados. Continuamos la marcha por el camino de La Higuera. Aproximadamente a las doce y treinta llegamos allí. Los vecinos habían abandonado sus casas. Había sólo algunas mujeres, entre ellas una se asustó al sentir una explosión y comenzó a gritar que había sido un tiro. Julio trató de tranquilizarla diciéndole que era un volador tirado en el Picacho con motivo de la fiesta.

Tomamos prisionero a un campesino que bajó por el camino de Pucará; Che lo interrogó y éste afirmó: «todo silencio», es decir que no había soldados. Che manifestó que no confiaba en este hombre, pues consideraba que le había mentido. Sintió deseos de tomar por el camino del río, lo que lo haría variar todos los planes y aventurarnos por regiones mucho más inhóspitas. Decidió correr el riesgo y seguir por el camino a Pucará.

COMBATE DEL 26 DE SEPTIEMBRE

Caen Miguel, Coco y Julio

A las tres salió Miguel al frente de la vanguardia. Che les dio instrucciones para que avanzaran con mucho cuidado. Se debían mantener no menos de 10 metros entre cada elemento de la columna y mediarían 30 minutos entre pelotones, con lo que se garantizaba que al comenzar el centro la marcha, la vanguardia ya hubiera ocupado el firme de la loma.

A la media hora, cuando estaba en marcha toda la guerrilla, sonaron disparos concentrados. Se veía la movilización de soldados corriendo por el firme tratando de llegar al camino que subía por el flanco izquierdo. Che dio órdenes de retroceder hasta el poblado y organizar la defensa, para lo que era necesario cruzar un camino y retirarnos; pero el ejército batía perfectamente el lugar, nos sometieron a un fuego intenso que nos obligó a tirarnos en el suelo, excepto Chino, a quien ya no le funcionaba su instinto de conservación. Todos logramos cruzar menos Inti y León, que se tiraron por una quebrada que allí nacía, por lo que quedaron separados del grupo. Se nos unieron Benigno, Pablito y Darío, los que informaron del resultado de la emboscada. Camba había desaparecido.

Benigno se había retrasado porque se le metió una piedrecita en el zapato y le molestaba para caminar (lo que le salvó la vida, ya que él era la punta de vanguardia). Al retrasarse él, pasaron delante Miguel, Coco y Julio, que ya coronaban el firme de la quebrada del Batán; en ese instante el ejército, que se encontraba emboscado, abrió fuego. Miguel cayó muerto; Coco y Julio, heridos, pero con posibilidades de moverse por sí mismos. Julio trató de alcanzar una cerca de piedra que estaba en el flanco derecho a unos 15 ó 20 metros; los soldados, al percatarse, concentraron fuego sobre él y lo acribillaron. Benigno trató de sacar a Coco y se lo echó al hombro, pero un tiro lo remató y otro se le alojó a Benigno a flor de piel, encima del hombro. El resto de la vanguardia, Pablito, Darío y Aniceto, se retiraron por detrás de una cerca de piedra.

Che se percató de que no podíamos continuar por el sendero, pues todo hacía indicar que el enemigo llegaba primero que nosotros al lugar que coronaba el firme. Decidió abandonar el camino y quedarse él con Pacho y Urbano conteniendo el avance del ejército, mientras que yo con el resto del personal preparaba la defensa en una loma que se encontraba a unos 600 metros y a la que solo se podía llegar por un trillo, pues los flancos eran farallas altas.

Así se hizo, hasta que Che ordenó levantar la defensa y continuar la marcha; cuando lo hacíamos, vimos a lo lejos, por la quebrada del flanco izquierdo, a un hombre que avanzaba hacia el río, observamos con los binoculares y vimos que era León. Nos miró y le hicimos señales para llamarlo, pero continuó. A las cinco de la tarde paramos para curar a Benigno; mientras, Antonio situaba una emboscada a 100 metros.

Llegó Inti con los pies envueltos en un pedazo de frazada, ya que había perdido los zapatos al tirarse por la quebrada. Intentó caminar sin zapatos; pero era prácticamente una odisea, pues en la zona existían unas tunas redondas, llenas de espinas, que oscilaban entre tres y cinco pulgadas de largo; eran lo más parecido a un erizo gigante.

Urbano fue de exploración para verificar si había señales del ejército, llegó bien abajo y no vio nada.

Che decidió coger por una quebrada que nos quedaba a la derecha y voltear por ella tratando de llegar a La Higuera. Intentamos despistar al ejército enviando compañeros con los animales a caminar hasta las márgenes del Río Grande, para regresar sin dejar huellas a donde nos habíamos separado, después de haber soltado definitivamente los animales. La caminata era muy difícil pues la quebrada era pedregosa. Acampamos bien arriba en un cañón.

El balance del encuentro fue desastroso para nosotros, ya que perdimos a tres hombres de gran valor. Miguel, que fue el brazo de hierro en la construcción de caminos y un combatiente ejemplar. Se había iniciado en la lucha revolucionaria en la Sierra Maestra, donde alcanzó el grado de capitán. Se puede asegurar, sin lugar a duda, que en aquel momento era el hombre de mayor experiencia con que contaba la guerrilla después de Che. Era el tipo de hombre cuyo temperamento se podía definir con la frase «a mal tiempo, buena cara».

Coco, que se perfilaba como el boliviano de mejores condiciones militares y políticas, había trabajado con nosotros desde el principio.

Julio, que prometía ser un buen combatiente.

Los tres eran militantes comunistas desde muy temprana edad; elocuentes ejemplos de tenacidad y firmeza ideológica, pues al ofrendar sus vidas lo hacían con plena confianza en el triunfo de la causa de la revolución.

Además, desaparecieron Camba[39] y León,[40] pensamos que se entregaron. Este último sorprendió a muchos, porque parecía convencido de la misión y se había ganado la confianza de Che.

Después de caminar parte de la madrugada llegamos a la cima de un firme, de allí vimos una casita que estuvimos observando largo rato. Más tarde vimos a un soldado y a un campesino, salieron jugando hasta el frente; por ellos descubrimos que

[39] Camba fue hecho prisionero cuando trataba de reincorporarse a la guerrilla. En el proceso de Camiri no declaró lo que le ordenaron. Fue condenado a 10 años de prisión y amnistiado en el gobierno de Juan José Torres.

[40] León se entregó al ejército y aportó valiosas informaciones al servicio de inteligencia, además de un informe detallado de todo lo sucedido en su etapa guerrillera.

allí había un sendero que seguramente bajaba al río. Al mediodía escuchamos disparos salteados, ráfagas y gritos de «¡Ahí está!, ¡míralo allí!,¡entrégate!» Pensamos que fuera con Camba.

Al parecer, un poco más arriba de la casa, el ejército tenía un puesto de observación o una emboscada, pues veíamos movimientos de soldados quebrada arriba. Fueron detectados por el reflejo del sol en sus cantimploras o en algún otro objeto.

Por la tarde y con muchas precauciones, nos trasladamos a una hondonada con matorrales un poco má saltos. al comienzo de una quebrada. Escuchamos la noticia de la muerte de Coco, Julio y Miguel y el traslado de sus cadáveres para Valle Grande. Habían chocado con la compañía Galindo, dijeron por radio.

Momentos de angustia. 28 de septiembre

Ese fue un día de tensión extraordinaria, ya que pudimos haber sido descubiertos en un momento u otro. Sucedió que pasaron 123 soldados divididos en dos grupos, uno de 46 y después otro de 77. En esta última ocasión sonó un disparo cuando estaban justo frente a nuestro escondite, se replegaron y tomaron posiciones, mientras un oficial ordenaba que bajasen a la quebrada. Gritaban «¡ahí están, míralos!» Che. dando muestras de absoluta serenidad, ordenó no movernos y esperar a que ellos abrieran fuego.

No sabemos bien qué sucedió; al parecer por radio les comunicaron lo ocurrido y continuaron la marcha, no sin antes mirar insistentemente hacia donde estábamos nosotros.

De habernos descubierto, esa hubiera sido una situación compleja, puesto que estábamos en una especie de ratonera sin ninguna posibilidad de defensa. Che explicó la necesidad de buscar otro lugar y permanecer ocultos algunos días para hacer creer al enemigo que nos habíamos retirado de la zona; Además, era necesario buscar otra bajada al agua, para lo que designóa Inti y a Willy. Comenzó a llover.

El ejército, acompañado de campesinos, patrullaba el camino continuamente.

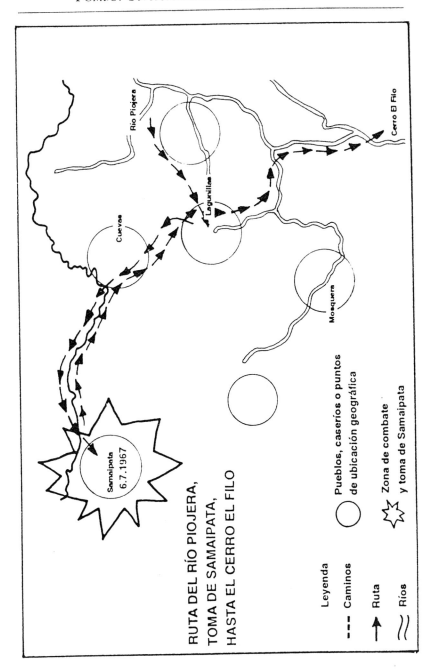

RUTA DEL RÍO PIOJERA,
TOMA DE SAMAIPATA,
HASTA EL CERRO EL FILO

Leyenda
--- Caminos
↑ Ruta
)) Ríos

○ Pueblos, caseríos o puntos
de ubicación geográfica

✦ Zona de combate
y toma de Samaipata

Río Piojera

Cerro El Filo

Cuevas

Lagunillas

Mosquera

Samaipata
6.7.1967

La exploración en busca del lugar apropiado para escondernos fue positiva. Antonio, Arturo, Pacho y yo bajamos al agua.

Por la mañana seguía la tensión con el caminar de soldados hacia ambos lados.

Ya de noche ascendimos hasta el lugar escogido para el nuevo campamento. Chino daba lástima, se caía una y otra vez, luego no encontraba los lentes y comenzaba a gritar: «Fernando, Fernando, se me han perdido los espejuelos», pues sin ellos no veía absolutamente nada. Che era quien regresaba y lo atendía cuando lo llamaba.

En una ocasión, Che puso a Chino bajo mi custodia. Yo le decía que con una soguita o cordel amarrara de un lado a otro las patas de sus espejuelos, para evitar que se le cayeran. No lo hacía. Esto motivó que yo le echara unas cuantas refriegas. Che me reprendió por ello, diciendo que nadie estaba autorizado a echarle descargas a Chino, y para evitarlo, desde aquel momento él, personalmente, sería quien lo atendería. Realmente, era algo doloroso decirle cualquier cosa a Chino, pues era el más sacrificado del grupo, hacía un esfuerzo sobrehumano, estoico; encarnaba las anticondiciones guerrilleras, debido a su edad y estado físico.

Por primera vez en cuatro días comimos algo sólido, las diarreas eran tremendas y el agua que tomábamos, pura magnesia. Che autorizó a comernos la reserva de sardinas que teníamos (tres cuartos de lata por cabeza). La distribución que ordenó fue la siguiente: media lata ese día y un cuarto de lata al otro. Por confusión mía se comió media lata en la mañana y el cuarto restante en la tarde (tremenda bronca).

La situación había mejorado, pues el nuevo campamento era un llano con alguna vegetación que permitía cocinar sin que el humo fuera visto desde la casa. Chapaco dijo ser «técnico en frituras» y fue designado para esa tarea, además, asamos un pedazo de charqui.

Se pusieron dos observatorios: uno loma arriba y otro en un balcón de la pequeña meseta. Por la tarde un grupo de soldados se internó en un cañón que quedaba en el flanco derecho de la casa y escuchamos algunos disparos.

Se designó a Ñato, Darío y Eustaquio para bajar al agua.

Che nos llamó a Inti y a mí para decirnos que había escuchado por Radio Balmaceda de Chile la noticia del alto mando del ejército en la que informaban que la guerrilla al mando de Che Guevara estaba cercada por 2.000 soldados en un cañón en la selva. Manifestó que al no decir nada las emisoras locales, parecía ser una infidencia y el ejército estar seguro de nuestra presencia en la zona por lo exactos que habían sido, lo que determinaría la concentración de fuerzas y medios. Nos pidió que no hiciéramos comentarios para evitar desmoralización.

Al otro día en la tarde Che mandó a bajar, cocinar algo en el arroyo y continuar para salir de la quebrada. Retiró la emboscada que estaba situada en la loma, allí estábamos Pacho, Willy y yo que demoramos un poco. Ya Che había salido y dejó la retaguardia en espera de nosotros.

Se desviaron sin dejar a nadie que indicara el rumbo, así quedamos separados en dos grupos: el nuestro bajó por el arroyo y pasó el día oculto en el anterior campamento.

Por la madrugada nos despertaron Inti y Ñato —que bajaban en busca de agua— con órdenes de Che para que recogieran también las latas que teníamos nosotros y llenarlas. Resultó que el grupo de ellos se extravió por equivocación de Ñato y habían acampado en lo alto. Posteriormente subimos para localizar una posición en la loma desde donde se pudiera hacer buena resistencia al ejército.

Por la tarde bajamos al arroyo e hicimos café, harina y arroz con charqui. En la madrugada salimos para cruzar el camino que lleva a las casas y descendimos a una quebrada muy profunda, de esta forma logramos salir de lo que suponíamos la primera línea de fuego. Escuchamos las declaraciones de León y Camba sobre la identidad de Fernando, los enfermos y la cantidad que éramos. Para sorpresa nuestra, se portó más firme Camba que León. Este último dijo que se había entregado confiando en la honorable palabra del presidente Barrientos de respetar la vida de todo guerrillero que lo hiciese.

Avanzamos hacia abajo; hicimos alto en la quebrada para desayunar con un plato de comida que teníamos de reserva. Continuamos hasta otra quebrada que se unía a ésta por la derecha, cogimos por ella hacia arriba y pusimos una observación de tres hombres durante tres horas rotativas. Salimos Pacho, Inti, Eustaquio y yo con la misión de explorar dos quebradas que a los dos kilómetros se bifurcaban. Por ninguna de ellas había bajada ni agua. Por la tarde continuamos la marcha hasta las ocho de la noche, no se podía avanzar más por la oscuridad y la falta de visibilidad.

Caminamos desde las tres de la mañana hasta las seis, cuando nos ocultamos en un montecito. Se pusieron dos observaciones, una vigilando el trillo de ganado por donde llegamos y otra por unahondonada que nos quedaba a la derecha. Salieron Pacho y Benigno de exploración en busca de agua y localizaron una casa. Cuando se retiraban sintieron ladrar a los perros, al mirar comprobaron que llegaban seis soldados.

Escuchamos la noticia de la presentación de Camba para declarar en el juicio contra Debray.

Esta fue una noche tremenda para Che, pues Chino se dio más de veinte caídas y él era quien lo auxiliaba.

Por la mañana salieron Urbano y Ñato de exploración, el resultado arrojó que a seis kilómetros había un arroyo con agua. Allí fuimos en grupos de tres, cocinamos en una casa de piedras en pleno día, tomamos medidas para evitar el humo. Se pusieron tres emboscadas: una arroyo abajo, al mando de Antonio; otra arroyo arriba, bajo las órdenes de Aniceto, y la última en la quebrada, con Pacho al frente. Pasamos la noche allí y escuchamos que había 1.800 soldados buscándonos en la zona.

Nos trasladamos hasta el entronque de una quebrada que caía en la nuestra por la derecha, como a las doce del día tomamos prisionera a Epifania,[41] una anciana que se dedicaba a pastorear cabras, primero se hizo pasar por sorda, después que no hablaba español, la obligamos a permanecer con nosotros y por la tarde dio datos concretos sobre el ejército, informó la

---

[41] Más tarde pensaron que había sido Epifania la que había dalatado la presencia de los guerrilleros, pero no fue ella, sino Pedro Peña, «quien vio pasar un grupo de 17 hombres» que habían establecido un campamento cerca y habló con Aníbal Quiroga, corregidor de La Higuera, y éste informó al ejército.

distancia del camino ancho, que suponíamos era el que iba a Pucará, donde era posible la existencia de tropas. Hicimos algunas frituras de harina de trigo con levadura y soltamos a la viejita que fue acompañada por Inti, Aniceto y Pablito hasta su casa. Ella no quería que llegaran y lloraba implorándolo. El cuadro que presenciaron fue desolador, la vieja tenía dos hijas; una postrada y otra enana; le regalaron 50 pesos bolivianos.

Avanzamos de noche por la quebrada. Se presentó el primer obstáculo; una faralla peligrosísima. Todos informaron que no se podía cruzar, y Che, dando una vez más ejemplo de su férrea voluntad, la cruzó arañando las paredes como si fuera un gato, llegó hasta arriba y organizó el cruce del resto de la tropa con una soga, después saltó al otro lado, dejando en el centro un espacio como de metro y medio que formaba un pozo de agua helada.

Esta demostración nos inspiró mucho más en nuestra decisión de vencer. Che, a pesar de estar enfermo, logró lo que muchos compañeros sanos consideraban imposible.

Se preparó un té y a la una y treinta vimos una luz; Chapaco, Willy y Antonio informaron que al parecer era gente, pues se movía; Che me preguntó si la veía moverse, le contesté que no, que todo hacía indicar que eran residuos de fuego de una tumba de monte; a las dos y treinta paramos hasta las cuatro. El camino era un zarzal.

LA QUEBRADA DEL YURO

Seguimos la marcha y a las cinco y treinta de la mañana del día 8 de octubre llegamos a la unión de dos quebradas, el Yuro[42] con San Antonio. Che ordenó tres exploraciones; una al flanco

---

[42] De unos 300 metros de extensión, desemboca en la quebrada de San Antonio y est situada entre la quebrada de La Tusca y la de Jagüey. El vocablo proviene del quechua yuro, que significa cantarillo o recipiente

izquierdo, otra al flanco derecho y la tercera al centro. El resto nos ocultamos.

Al poco tiempo llegaron Benigno y Pacho e informaron haber visto soldados moviéndose en el firme. Che mandó a recoger las exploraciones y levantóuna emboscada que había colocado al mando de Antonio. Nos retiramos quebrada abajo. Decidió abandonar la central e internarnos por otra quebrada que nos quedaba a la izquierda, con la idea de pasar inadvertidos ese día. Mandóa Pacho y a Benigno de reconocimiento, éstos informaron que la quebrada La Tusca terminaba en farallas y no tenía salida prácticamente. Organizó la defensa como sigue: retaguardia: Antonio, Chapaco, Arturo y Willy a la entrada de la quebrada; Benigno, Inti y Darío en el flanco izquierdo con la misión de garantizar la entrada; y si fuera necesario retirarnos, hacerlo por allí. En el flanco derecho se situó Pacho, prácticamente en un puesto de observación, y en el extremo superior, Urbano y yo.

Las instrucciones fueron: en caso de que el ejército tratara de entrar a la quebrada nos retiraríamos por el flanco izquierdo; si intentaba penetrar por los flancos nos retiraríamos quebrada abajo por las posiciones defendidas por Antonio; si atacaba por la entrada nos iríamos por el flanco izquierdo donde se encontraban Inti, Benigno y Darío; si el ataque comenzaba por el extremo superior la retirada sería quebrada abajo hasta salir a la del Yuro. El firme de la izquierda fue fijado como punto de reunión. Esta decisión se fundamentaba en la aplicación de la ley de las posibilidades, pues se suponía que nosotros supiéramos la posición y ubicación del enemigo; y existía la posibilidad de que este no nos hubiera descubierto; en caso de que fuera al contrario, tendríamos la posibilidad de retirarnos hasta buscar una posición más ventajosa. Pero de no habernos descubierto, tendríamos la posibilidad de infiltrarnos o romper el cerco en las primeras horas de la noche; así quedaba a nuestro favor una

---

de arcilla. Algunos pobladores de la zona la llaman Churo, de uso frecuente así en la bibliografía consultada.

mayor cantidad de tiempo para alejarnos del enemigo en la oscuridad.

A la una y treinta de la tarde aproximadamente, comenzó un tiroteo general en los momentos en que Che nos mandó a relevar con Ñato y Aniceto. Ellos fueron descubiertos moviéndose en la quebrada y el fuego se generalizópor todos los flancos, excepto por el izquierdo. De acuerdo con esa situación no prevista, en la que el ejército dominaba la quebrada y era muy difícil caminar, decidimos pedir instrucciones a Che y enviamos a Aniceto. Al llegar al lugar donde estaba situado el puesto de mando, no lo encontró allí, Che se había retirado ya. Regresóe informó a Ñato de lo acontecido, y cuando intentaba llegar al lugar donde est bamos nosotros, fue herido en un ojo. Ñato hacía señales tratando de explicar la situación, pero Urbano y yo no las comprendíamos, no queríamos retirarnos si no era por una orden de Che. El fuego entonces se alejaba y se iba haciendo másintenso por la quebrada del Yuro arriba. (Después comprendimos lo que ocurrió, Che, al retirarse por la quebrada, había sido descubierto y era perseguido.) A las cuatro Ñato nos hizo señales que indicaban: «Dice el Comandante que se retiren.» Yo salgo primero y me ponen una lluvia de disparos, pensé que Urbano no podía salir y él pensó que me habían herido. La chaqueta que llevaba me la atravesaron por delante y por detrás, pero logré llegar a la posición de Ñato, donde también estaba el inerte cuerpo de Aniceto.

El ejército concentró el fuego sobre un hombro que se le veía a Urbano sin lograr el objetivo, le tiraron una granada que al estallar levantó polvo, y esta fue la oportunidad que aprovechó Urbano para salir.

En busca de Che

Nos reunimos y continuamos hacia el puesto de mando, al llegar comprobamos que se habían retirado sin apuros y que de la mochila de Inti habían sacado un radio y de la mía una cartera que contenía 20.000 dólares y los documentos y los diarios que yo cargaba. Todo indicaba que Che se había retirado quebrada abajo, pues sentimos un tiroteo en esa dirección y después disparos espor dicos. Fue en ese momento cuando perdimos definitivamente nuestro contacto con Che. Urbano, Ñato y yo tratábamos de subir al firme izquierdo cuando Benigno nos vio, nos hizo señales, nos gritó con todas sus fuerzas que no continuáramos o el ejército nos mataría, pues dominaba nuestra posición desde la loma del frente. Bajamos y tomamos posiciones.

Desde allí escuchamos las voces de los soldados; uno de ellos gritó: «Hay tres en la quebrada.» »Vamos a sacarlos con bazucas y lanzallamas.»

A las siete de la noche, bajaron Inti, Darío y Benigno, quienes aprovechando el momento en que el enemigo disparaba, lo hicieron ellos simultáneamente y así evitaron que los soldados tuvieran noción del lugar desde donde eran agredidos, y pudieron ocasionarles varias bajas.

Nos preguntamos recíprocamente por Che, nadie lo había visto salir. Ante esa disyuntiva, aligeramos nuestras mochilas y comenzamos a subir la loma para llegar al punto designado por Che para reagruparnos. A las veintiuna horas, llegamos y comprobamos que un grupo de nuestros compañeros había estado allí, pues encontramos residuos de comida, parece que para aligerar también sus mochilas. Entonces recordamos que Che nos había manifestado su intención de romper el cerco en la noche y dirigirse al río Piraypani para llegar a Valle Grande buscando el camino a Puerto Breto.

Avanzamos hacia arriba tratando de llegar al cruce del camino que va de Pucará a La Higuera. Caímos en una quebrada de espesa vegetación y agua y ascendimos hasta un firme completamente descampado. Al cruzar una cerca ya en la cima, pudimos comprobar que estábamos en el camino a Pucará, lo cruzamos con mucha cautela sin dejar huellas y paramos a descansar. Aquí les hice la pregunta cuya respuesta a todos preocupaba: ¿Cuál sería el mejor camino a seguir? Pedí que cada compañero diera su opinión; el grupo era muy reducido y a pesar de haber sido elegido yo como jefe las decisiones, dentro de lo posible, debían ser colectivas.

A propuesta de Benigno marchamos a la derecha para cruzar

lo más alejados posible del ejército. El camino era infernal, completamente descampado, solo había matojos con espinas. La tierra era arenosa, avanzábamos tres pasos y retrocedíamos diez.

Ya de día nos ocultamos mejor y pusimos observadores. Estábamos frente a la escuelita de La Higuera. A las siete de la mañana del día 9 comenzó un helicóptero a dar viajes protegido por un avión. En aquellos momentos pensamos que se debía a alguna visita que efectuaban los altos jefes militares, incluso Ovando y Barrientos.

Escuchamos por la radio una noticia sobre la captura por el ejército de un guerrillero que podía ser Che. Pensamos que eso no era posible. Al mediodía la desmintieron y dijeron que era su lugarteniente. Por las señas que daban creímos que se trataba de Pacho, por su parecido físico con Che.

En el otro lado de la loma sentimos un fuerte tiroteo.

En la noche decidimos bajar y cruzar el valle ocupado por el ejército, pues habíamos detectado tres lugares con tropas.

De noche y con mucha cautela, bajamos y vimos cómo los soldados cantaban y bailaban en medio de una alegre fiesta, a las veintiuna horas tocaron a formación, lo que nos sorprendió algo. Los perros comenzaron a ladrar, bajamos hasta un arroyo que tenía alguna vegetación y tomamos un poco de agua con azúcar (no comíamos nada desde el día 6 cuando comimos las frituras). Descansamos y a las veinticuatro horas reanudamos la marcha hasta tropezarnos con una quebrada que no daba paso. Intentamos cruzarla por varios lugares y por todos resultaba imposible. Allí comprendimos lo confiado que podía estar el ejército, pues había hecho un cordón por la cabecera de la quebrada, que era por donde únicamente ésta permitía el acceso.

Urbano, con las sogas de las hamacas, se dejó caer por una faralla y las amarró en la saliente de una raíz. Logramos bajar a la quebrada, aunque el descenso no fue fácil. Caminamos aproximadamente hasta las cinco y treinta de la mañana y decidimos ocultarnos en una pequeña quebrada a la izquierda del campamento. La exploración la realizaron Urbano y Darío.

A la derecha, como a unos 200 metros, había un camino por el que bajaban varios campesinos acompañados de soldados.

En la tarde del día 10 escuchamos la noticia de la muerte de Che, no había dudas, daban la descripción de su persona y la forma como estaba vestido; hablaban del suéter que perteneció a Tuma y que él llevaba como recuerdo, de los dos relojes: el de él y el de Tuma, que conservaba para entregárselo al hijo de éste que no había conocido, las abarcas que le había hecho Ñato, los dos pares de medias (Che siempre usaba dos pares, pues tenía la piel muy fina y así la protegía).

Hubo un profundo silencio, sentimos un indescriptible y profundo dolor, por vez primera en mi vida se me escaparon las lágrimas sin necesidad de que otra persona llorase a mi lado, comprendí más que nunca que Che para mí había sido un padre.[43]

Efectuamos una reunión en la que comuniqué al resto de los compañeros la noticia y pedí a Darío y a Ñato que decidieran su actitud a seguir, y a Inti que hiciera un enfoque desde su punto de vista como político. Propuse continuar luchando hasta la muerte y seguir adelante bajo el lema dictado por Che de «Victoria o Muerte». Se hizo este juramento: «Che, tus ideas no han muerto. Nosotros, los que combatimos a tu lado, juramos continuar la lucha hasta la muerte o la victoria final. Tus banderas que son las nuestras no se arriar n jamás. Victoria o Muerte.»

Se hizo un segundo juramento según el cual ninguno de nosotros podía abandonar el grupo y mucho menos la lucha; continuaríamos todos juntos y ninguno podía caer prisionero.

Versión del teniente Gary Prado

Entre las versiones que se conocen sobre la muerte de Che, consideramos una como bastante acertada, basándonos en el

---

[43] Acerca de ese momento Inti anotó: «Un dolor profundo nos enmudeció. Che, nuestro jefe, camarada y amigo, guerrillero heroico, hombre de ideas excepcionales, estaba muerto. Permanecimos callados, con los puños apretados, como si temiéramos estallar en llanto ante la primera palabra. Miré a Pombo, por su rostro resbalaban lágrimas.»

conocimiento personal de Che y las condiciones del terreno. Esta versión nos llegó a través del cineasta italiano Rosi, que la recibió del entonces teniente del ejército boliviano Gary Prado, quien participó en las acciones de la quebrada del Yuro.

Todo parece indicar que Che, al conocer que el ejército avanzaba peinando y que comenzaría el combate, cumplió con la primera fase de sus instrucciones, que era retirarse por el extremo inferior de la quebrada. Al sentirse perseguido de cerca y traer un grupo de hombres enfermos, escogió a los que estaban en mejores condiciones combativas y poniéndose al frente de ellos, hizo una línea de defensa para contener al ejército, de esta manera permitía que los enfermos se alejaran a una buena distancia del punto por donde el enemigo bajaría y le cortaría la retirada. Como es lógico, durante el tiempo que duró el combate, el enemigo maniobró y logró completar el cerco.

Al continuar la marcha, chocaron con el ejército frontalmente dentro de la quebrada, a los primeros disparos el que fungía como jefe, Che, fue herido en una pierna, el resto de sus compañeros se desplegó y establecieron una defensa cerrada. Uno de ellos, Willy Cuba, lo ayudó a subir por el flanco derecho, los demás siguieron defendiendo sus posiciones hasta que fueron gravemente heridos o muertos, y a los que no murieron el ejército posteriormente los ultimó. Cuentan que Che se les había perdido y que establecieron contacto con él de forma casual cuando se dirigían a instalar un mortero. En los momentos en que lo encontraron se estaba curando la herida, le cayeron sorpresivamente e impidieron que pudiera defenderse, aunque consideraron que la defensa que podía haber hecho era nula, pues tenía su fusil inutilizado y se le había perdido el magazine de su pistola. Fue conducido caminando hasta la escuelita de La Higuera.[44]

---

[44] Desde el 8 de octubre las contradicciones evidentes entre las versiones emitidas sobre la muerte del Che —según declaraciones oficiales de altos dirigentes militares y civiles, comunicados militares y los resultados de la autopsia (día 10)— demuestran que había sido capturado con vida y después asesinado. El Che estuvo combatiendo herido,

EN EL RÍO MIZQUE

Caen Moro, Eustaquio, Pablo y Chapaco

El día 13 escuchamos la noticia de que uno de los grupos de sobrevivientes había sido liquidado por el ejército. El grupo de los enfermos estaba constituido por cuatro compañeros: Moro, Eustaquio, Pablo y Chapaco, los que, después de dos días de caminata continua, sin alimentos y con sed, en la desembocadura del Río Mizque con el Grande trataron en forma desesperada de obtener agua. El punto que escogieron estaba custodiado por el ejército y, al bajar, les abrieron fuego. Ellos repelieron la agresión avanzando contra las posiciones del enemigo. Como consecuencia de esto fueron acribillados a balazos.

EN ABRA DEL PICACHO

Por nuestra parte, ya de noche, casi sin ánimos para caminar, cruzamos tres quebradas bastante difíciles. En una de ellas hicimos un poco de café y cocinamos harina. Avanzamos hasta acampar en una quebrada situada aún dentro del valle y, por consiguiente, dentro del cerco.

Volvimos a cocinar harina y escondimos debajo de unas piedras el instrumental quirúrgico de Moro y algunos equipos fotográficos míos para aliviarnos del peso.

Salimos de la quebrada y subimos una faralla muy accidentada, Ñato resbaló y el auxilio oportuno de Urbano evitó que se despeñara. A las veintitrés horas cruzamos la loma que forma la última herradura.

---

junto a Willy y al Chino, hasta que el cañón de su fusil M-2 fue destruido por un disparo y su pistola quedó sin magazine. Las heridas de las piernas le impedían caminar sin ayuda, pero no eran mortales.

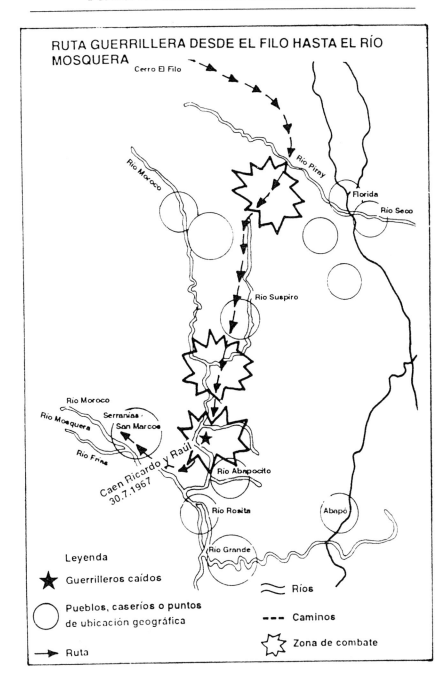

RUTA GUERRILLERA DESDE EL FILO HASTA EL RÍO MOSQUERA

Cerro El Filo

Río Moroco

Río Piray

Florida

Río Seco

Río Suspiro

Río Moroco

Río Mosquera

Serranías San Marcos

Río Frías

Caen Ricardo y Raúl 30.7.1967

Río Abapocito

Río Rosita

Abapó

Río Grande

Leyenda

★ Guerrilleros caídos

◯ Pueblos, caseríos o puntos de ubicación geográfica

➤ Ruta

≈ Ríos

--- Caminos

✧ Zona de combate

No teníamos idea del lugar en que nos encontr bamos, solo veíamos a la derecha el Río Grande. Caminamos una hora y encontramos una casa deshabitada, la ocupamos y encontramos de comer solamente un pedazo de chancaca.

Salimos para dormir cerca de allí. Vimos un ternero y decidimos esperar por alguien que viniera a ordeñar la vaca. Aproximadamente a las seis de la mañana llegó un muchacho como de 15 años, al que tomamos prisionero. Al interrogarlo titubeó mucho, dijo que «no había ejército en la zona desde hacía una semana,» nos explicó que estábamos en el Abra del Picacho, es decir, le habíamos dado la vuelta por completo a la herradura que forman las lomas de La Higuera, y habíamos salido por el mismo lugar que entramos. El muchacho solicitó incorporarse a la guerrilla, algo inexplicable para nosotros en aquel momento.

Llegó un campesino, que al darse cuenta que éramos nosotros se dio a la fuga, lo perseguimos, pero no logramos alcanzarlo. Salimos apresuradamente llevándonos al muchacho y llegamos a otra casa donde ofrecimos pagarle al campesino para que nos sirviera de guía. Aceptó.

El fugitivo se había dirigido al Abra del Picacho para informar sobre nuestra presencia a una compañía del ejército que se encontraba allí acampada. Esto motivó que avanzáramos de prisa para llegar primero que ellos al camino que va a Pujio por el firme. Al llegar allí se podían tomar dos vías: el camino que habíamos tomado, o sea, por Pujio y luego bajar a Santa Elena, o por el río El Potrero. Nos decidimos por este último.

Cuando descansábamos, observé que el campesino ponía cara de susto («de cerco», como decía Che), le pregunté qué ocurría y empezó a gritar: «¡Soldados, soldados!» Efectivamente, por el firme avanzaba el ejército tratando de cortarnos la retirada. Nos tiramos a toda carrera quebrada abajo, momento aprovechado por el campesino y el muchacho para huir. Decidimos abandonar la quebrada. Ya fuera de ella, Urbano, que iba como punta de vanguardia, chocó con el ejército de frente al subir una loma, con tan buena suerte que los soldados se encontraban sentados descansando y tenían los fusiles amontonados como a metro y medio o dos metros de distancia. Gritaron: «¡Aquí están!» Abrimos fuego, lo que al parecer los puso nerviosos, porque no pudieron hacer blanco sobre nosotros. Fue una verdadera lluvia de disparos la que nos cayó a todo lo largo del firme y del lado opuesto. A toda carrera regresamos a la quebrada y subimos por ella, nos encontramos grandes obstáculos, lo que nos obligó a botar las mochilas para poder continuar. Benigno, que era la retaguardia, había pasado a la punta de vanguardia. Subimos por una faralla casi vertical y borramos las huellas. Allí sentíamos las voces de los soldados en la quebrada discutiéndose nuestras pertenencias cuando hallaron nuestras mochilas, después comenzaron a rastrear.

Logramos subir al firme e intentamos perdernos en un monte. Yo me quedé descalzo, pues mis botas no aguantaron más y se desbarataron.

Salimos de allí y entramos a un pequeño monte. Urbano hizo un reconocimiento por el frente y Ñato por uno de los flancos; el primero descubrió a unos campesinos con perros rastreando en el firme de las lomas. Deliberamos y decidimos esperar la noche para tratar desalir y romper el cerco que nos habían tendido alrededor del montecito, eran alrededor de 300 soldados.

A las diecisiete horas aproximadamente, el enemigo abrió fuego sobre el pequeño monte con morteros, granadas y fusiles.

Nos trasladamos a una lomita pequeña que tenía una meseta, esta posición era la más alta, formaba una especie de escalón.

A las dieciocho y treinta comenzaron a peinar el montecito. Algunos soldados temerosos exclamaban: «Retirémonos; aquí no hay nadie.» «Los guerrilleros no pueden ser bobos para meterse en este montecito.»

Las instrucciones eran no tirar si no éramos vistos. Un hombre que acompañaba al ejército localizó a Benigno y éste le disparó y al parecer cayó muerto; los soldados se retiraron apresuradamente del monte. Posteriormente estrecharon el cerco alrededor de lo que era nuestra lomita. Un soldado se puso a la vista de Ñato y éste lo derribó de un disparo en la frente.

Pasó un rato y otro soldado fue avistado desde nuestras

posiciones, Urbano le disparó y cayó herido. Este hombre gritaba desesperadamente llamando a uno de sus compañeros para
que lo auxiliara, vino otro soldado a socorrerlo y le disparamos
también, el cuerpo inerte del segundo rodó hasta nuestras posiciones, le quitamos los zapatos y se los asignamos a Urbano,
que por marchar en la vanguardia necesitaba aplastar las espinas, yo cogí las abarcas de Urbano, ya que me encontraba descalzo. Con la caída de la tarde, el ejército retiró un poco el
cerco y lo hizo más amplio.

Para nuestra desgracia salió una luna bella que alumbró el
campo como si fuera un sol. Decidimos esperar a que se ocul-
tara para salir. Mientras, dormimos juntándonos los seis para
recibir el calor de los cuerpos, porque el frío era intenso. Despertamos a la una de la mañana, todavía estaba claro. Al fin, a
las tres y treinta se ocultó. Nos comimos lo último que nos
quedaba (un poco de chancaca). Inti me propuso enterrar el
dinero y los relojes para que no cayeran en poder del enemigo.
Yo no acepté, explicándole que esos objetos eran los únicos
recursos que moverían a los campesinos a ayudarnos para lograr llegar a Puerto Breto, el Beni o Cochabamba y hacer contacto con Rodolfo y entonces recoger a los 50 hombres que
estaban preparados en La Paz para regresar al monte. Estos
eran los planes, aunque no sabíamos lo difícil que sería cum-
plirlos.

En medio del frío y la oscuridad de la noche, nos arrastra-
mos para tratar de internarnos en las filas del ejército por el
firme. Divisamos a un soldado que estaba de posta fumando,
avanzamos hacia él para aniquilarlo, nos ve y titubea, en lugar
de disparar, preguntó a gritos: «Cojudos, ¿quién anda ahí?» Al
gritar, da la alarma en la tropa y se forma confusión. El ejército
estaba situado a ambos flancos y había dejado un corredor en el
centro, al parecer con la intención de que pasáramos y entonces
encerrarnos en un fuego nutrido y concentrado. La posta disparó y comenzó un fuerte pero desatinado tiroteo. Nos dejamos
caer rodando, dando vueltas, mezclándonos con los soldados.
Se dio el caso de que Inti le disparó a dos soldados poniéndoles
el fusil en el estómago. Yo, por otro lado, dentro de la confu-

sión, me senté en una piedra tratando de orientarme, pues no sabía quién era quién. Por su parte, Benigno, que también andaba desorientado, llegó hasta uno que estaba en el suelo y le preguntó: «¿Te hirieron?», pensando que era uno de nosotros, se percató de que era un soldado al verlo sin barba y pelado. En medio de un torrente de disparos en el que los soldados se tiraban entre ellos, logramos reagruparnos y salir del cerco.

Después llegamos a una tapera y borramos las huellas para burlar el rastreo que seguramente comenzaría por la mañana. Nos internamos en un monte con una profunda quebrada que bajaba hasta el lugar por donde habíamos salido. Seguimos avanzando y llegamos a otro monte más pequeño, allí descansamos, sentíamos a los campesinos rastrear junto con los soldados. Nos subimos en los árboles, los veíamos lejos, traían perros.

Continuamos la marcha, nos metimos por un arroyo para despistar el olfato de los perros y llegamos a una casa donde había una mujer, nos hicimos pasar por soldados y le compramos un puerco, harina y una olla. Realmente pensamos que no la engañamos, pues era muy raro que unos soldados estuvieran peludos, barbudos y sin olla para cocinar.

EN EL RÍO SANTA ELENA

De madrugada llegamos a las márgenes del río Santa Elena, algo más abajo que El Naranjal por donde cruzamos la vez anterior. Nos ocultamos en un monte regular. La vegetación había variado considerablemente, ya era bastante exuberante.

Por la noche bajamos a cocinar, freímos el puerco y se hizo un fricasé.

Proseguimos atravesando un campo parecido a un marabuzal. Al coronar el firme nos encontramos una casa, tratamos de bordearla pero no se podía, continuamos y cogimos hacia la derecha, hasta que nos percatamos de que habíamos equivocado el camino, retrocedimos y a las cuatro de la tarde sentimos ladridos de perros. Decidimos ocultarnos y realizar una buena exploración para determinar el lugar idóneo para bajar. Después de encontrarlo, ya en la tarde, llegamos a otra casa, compramos un chancho y lo freimos con agua. Allí nos enteramos que había participado en el encuentro del río El Potrero una compañía que estaba situada en Alto Seco. Le propusimos al campesino darle 1.000.000 de bolivianos para que nos sacara al Piraypani. Aceptó, aunque solo nos llevó hasta el firme y ésto porque lo obligamos. A este hombre le compramos unas tijeras.

Continuamos y llegamos de madrugada al río, nos internamos por un arroyo y acampamos. Pasamos todo un día allí y aprovechamos para pelarnos y afeitarnos.

Al otro día salimos hasta una casa donde había una mujer y sus dos hijos: una hembra muy bonita y un varón llamado Fidel. Esto nos alegró mucho y Benigno decía: «Mira a Fidel, mira a Fidel, carajo.» En la madrugada salimos y comenzamos el ascenso a la loma del día veinticinco; de ahí pensábamos llegar al río La Pesca, y antes a la quebrada donde habíamos acampado con Che en el viaje de ida, pues los productores de la chancaca salían periódicamente a trabajar en sus chacos y pensábamos pasar un mes ocultos en las casas.

Al caer la noche salimos para tratar de llegar todavía oscuro a Los Sitanos. Cuando culmin bamos la cima, escuchamos silbidos, retrocedimos y nos emboscamos. Dos soldados bajaron un poco comentando: «Deben haber sido vacas», regresaron algo antes de llegar a nuestras posiciones en la emboscada. Esperamos un rato y nos trasladamos de lugar. Fue necesario taparle la boca a Darío, los nervios lo atacaban y quería toser. Avanzamos un poco y nos adentramos en el monte.

Al día siguiente muy por la mañana, el ejército salió en nuestra búsqueda, utilizaron campesinos para el rastreo. Nos quedamos tranquilos en una barranquita cerca de un pozo de agua. A las ocho llegó una patrulla con un campesino. Estuvieron a menos de cinco metros de nosotros en el borde de la barranquita, o sea, encima de nosotros. El campesino dijo: «Por aquí no han bajado» y se fueron. Por la tarde cambiamos la posición. Nuestra dieta estaba balanceada de la siguiente forma: chancaca, chancho frito y café.

Pasamos todo un día allí descansando y por la noche bajamos al agua para hacer té caliente.

Análisis de la situación

Tuvimos una conversación en la que analizamos la situación; si mirábamos hacia atrás, donde habíamos estado ya varios días, notábamos que el enemigo, situado allí, trataba de internarnos en zonas desconocidas para nosotros, lo que tenía grandes desventajas, pero también una ventaja, y era que en las zonas no operadas el ejército no había organizado al campesinado ni nombrado a sus alcaldes, por lo tanto, no se sentían obligados a informar sobre nuestra presencia. Además, en esas zonas no habían ofrecido 5.000 pesos bolivianos por la captura de cada uno de nosotros, vivo o muerto. (Esa suma representaba para cualquier campesino másde cinco años de trabajo.) Esto quería decir que en las zonas no operadas los campesinos eran apáticos e indiferentes, pero les interesaba ganar dinero, por ello suministrarían víveres. De hecho, no nos convenía continuar la marcha en dirección a Los Sitanos, pues seguramente las tropas estarían situadas a lo largo de la loma del día veinticinco. Igual control tendrían sobre los lugares donde habíamos acampado con anterioridad.

Por todo ello, lo mejor era avanzar hasta Valle Grande por la misma zona en que estábamos, guiándonos por el Piraypani hasta Guadalupe. Con esta maniobra sorprenderíamos y llegaríamos hasta la carretera. De ser posible compraríamos ropas nuevas en Guadalupe.

En busca de Valle Grande

Caminamos arroyo abajo por la madrugada para luego cruzar el camino por donde habíamos subido la noche anterior de acuerdo con lo planificado. A las tres descendimos una faralla y acampamos. La tarde se dedicó a la captura de una vaca y a su sacrificio bajo la responsabilidad de Urbano.

Por la mañana trasladamos la posición para un arroyo distante a unos tres kilómetros. Escogimos una quebrada seca para evitar que algún campesino pudiera venir a buscar agua y nos descubriera.

Debido al agotamiento, al día siguiente cambiamos nuevamente la posición para un arroyito que nos quedaba cercano. Allí nos quedamos a dormir.

Caminamos unos 700 metros de madrugada, arroyo arriba, alejándonos del lugar donde habíamos sacrificado la vaca. En el trayecto apareció un campesino pastoreando reses acompañado de un perro. Nos ocultamos, pero el animal olfateando llegó hasta nosotros y le llevó un trozo de carne asada a Darío que estaba entretenido, luego ladró varias veces. El campesino lo llamó, se fue, pero al rato regresó y se llevó un hueso en la boca.

Este incidente debió llamar la atención a su amo, quien seguramente se percató de que había alguien allí.

De noche nos alejamos hasta donde lo permitió la oscuridad y nos tiramos a dormir.

Con las primeras luces avanzamos hasta un lugar muy difícil de subir. Por la habilidad de Urbano, logramos escalarlo. Allí había varias sendas que suponíamos llevaban a distintas casas o chacos cercanos, decidimos cruzar el camino de mayor importancia, aunque fuese de día, y apartarnos. Nos internamos en un monte boscoso y caminamos hasta que anocheció. Después de atravesar muchos espinales, encontramos un camino que nos sacó hasta un arroyo casi seco. Prácticamente no veíamos, por lo que hicimos una fogata para calentarnos y tomamos agua con chancaca.

Muy temprano nos internamos por el arroyo tratando de

ocultarnos mejor. Por la tarde subimos al firme que estaba bien oculto, pero a escasa distancia de un trillo, lo cruzamos por donde habían estado quemando los chacos antes de la lluvia. La noche era muy oscura y acampamos en un arroyo pequeño.

De madrugada caminamos unos dos kilómetros para llegar a una loma que al frente tenía una casa. La observamos un rato detenidamente tratando de ver qué perspectivas de abastecimiento tenía.

Llegamos hasta la casa haciéndonos pasar por soldados. El propietario y sus hijos estaban solos y no había nada de comer, primero pensamos en tomarlos prisioneros y llevarlos con nosotros, después nos dio lástima con los niños y no lo hicimos.

Avanzamos unos siete kilómetros y nos ocultamos por la mañana. Caminamos de noche hasta otra casa donde nos trataron muy bien y nos informaron que el campesino que habíamos visitado el día anterior nos denunció y posteriormente siguió nuestras huellas hasta el vado anterior, donde se le perdieron. (Esto ocurrió porque avanzamos por dentro del río.) También nos habló de la presencia de soldados acantonados en el molino de maíz. Cocinamos y nos fuimos.

Por la mañana nos internamos por un arroyo y nos ocultamos frente a unos chacos. Al mediodía llegó un muchacho y se dedicó a pastorear ovejas; debido a la oscuridad, decidimos esperar por la luz del día para continuar.

Esquivando las viviendas, seguimos la marcha. Comenzó a llover torrencialmente, al punto que Urbano se desvió sin darse cuenta. Encontramos una cueva de piedra donde nos protegimos de la lluvia de más de 30 horas. En la noche salimos y subimos a una loma bastante alta desde donde se observaba que en el firme había una tapera. Cuando llegamos a ella no había nadie y sólo encontramos un poco de maíz picado. Ya en la noche llegamos a un arroyo, pero no se veía nada. Caminamos y a tientas encontramos una gran piedra saliente donde protegernos de la persistente lluvia.

Salimos temprano, no habíamos comido nada en dos días, por lo que en la caminata íbamos buscando rastros de ganado. Logramos ese día localizar un chancho y lo sacrificamos.

Al día siguiente subimos a unos firmes descampados, al subir una hondonada vimos unas casas. Pasamos entonces a una quebrada desde donde observamos a qué casa llegar.

En la noche bajamos al caserío y después de muchas vueltas tratamos de entrar en la casa, pero una anciana que la habitaba gritó. En eso llegó su hijo Honorato que nos vendió algunas cosas. Mostró estar muy interesado en el dinero, por lo que le proponemos 1.000.000 de pesos bolivianos para que nos sacara hasta Valle Grande, y aceptó.

Partimos a las veintitrés horas del día 5 de noviembre. Caminamos durante la noche hasta las ocho de la mañana. Mi pie cada vez estaba más adolorido e hinchado.

Estábamos a tres kilómetros de un camino que da a un caserío llamado Raya. Cocinamos un locro que estaba exquisito y avanzamos con idea de llegar a Pampa Grande, en los alrededores de Valle Grande. Nuestro guía nos informó que el camino de la entrada estaba vigilado, por lo que propusimos nos llevara bordeando Valle Grande hasta Mataral, sin pasar por el caserío. No logramos llegar, pues todos estábamos extenuados y decidimos acampar en un monte bajito cerca de una casa, a la una de la mañana.

Por la tarde subimos a un firme, que según el campesino nos ahorraría varios kilómetros, pero él no conocía bien el camino y nos perdimos. Llegamos a una casa cercana y su morador nos orientó. Ya por la madrugada vimos las luces de la ciudad de Valle Grande, lo que nos proporcionó a todos gran alegría.

Le pagamos al campesino. Caminamos todo el día hasta una loma y desde allí escuchamos las notas musicales de la Banda Provincial de Valle Grande. La vista era hermosa, se veía la ciudad completamente encendida jugando con el oscuro reflejo de las lomas en la profundidad.

Nato manifestó su deseo de bajar al cementerio para poner flores a los compañeros caídos. Le explicamos que a pesar de ser un bello gesto era una gran locura que nos podría traer terribles consecuencias. Convencido, desistió de su idea.

Rumbo a Mataral

Continuamos la marcha hasta la carretera y cruzamos. Habíamos logrado bordear Valle Grande. Seguimos e hicimos alto en una quebrada donde elaboramos nuestros planes e instrucciones futuras. Caminaríamos por la carretera con mucho cuidado, al llegar a los caseríos nos apartaríamos y los bordearíamos, así avanzaríamos más rápidamente. En Mataral enviaríamos a un mensajero a la ciudad. Todo lo calculábamos de acuerdo con un mapa que llevábamos.

Al continuar se ejecutaron las instrucciones, excepto en lo referente a las medidas de seguridad al cruzar las casas. Nos internamos por un camino donde comenzaron a ladrar los perros, luego vimos una luz roja que venía. Abandonamos el camino hasta que vimos cruzar a un campesino que iba fumando.

Caminamos toda la mañana y bajamos por una quebrada. Realmente nos habíamos internado mucho y ya estábamos distantes de la carretera. Buscamos un lugar para acampar, pues habíamos sentido ruidos. Se hizo una exploración y resultaron ser dos casas.

Por la tarde llegóa nuestro campamento un campesino. Urbano estaba de posta, lo tomó prisionero y le propuso entregarle 2.000.000 de bolivianos si nos sacaba hasta la carretera.

Aceptó, pero antes pidió ir a su casa para avisar a su esposa que faltaría y para traernos ropa, charqui y queso que vendía un cuñado. Le explicamos que uno de nosotros tendría que acompañarlo para garantizar su regreso. El campesino, al parecer, evaluólas características de cada uno de nosotros y pidióque lo acompañara Darío, decidimos que fuera Urbano en su lugar. Después de llegar a la casa, no quiso salir, a empujones hubo que sacarlo.

Llegamos a un lugar llamado Rancho Grande, que est en el camino hacia El Naranjal. Benigno, Ñato y Darío llegaron a la tienda haciéndose pasar por nuevos vecinos compradores de una finca en El Naranjal. La mercancía se justificó como tapeque (comida que se prepara para llevar a los viajes).

Durante la noche y por la mañana nos apartamos del camino, nos ocultamos para descansar. Frente nos quedaba un trillo muy transitado que iba a dos casas, parecía que había una boda. Al mediodía llovió muchísimo y por la noche continuamos la marcha, fue agotadora. Acampamos en un marabuzal.

Al día siguiente salimos de nuevo a la carretera. el vadeo hecho aumentó el camino en unos 20 kilómetros y así evitamos pasar por un pueblito que tenía una tranquera con soldados. A las cinco de la mañana llegamos a la carretera Santa Cruz-Cochabamba.

Nos internamos en el río tratando de ocultarnos y encontramos una tapera en donde cogimos jocos. Por la tarde dejamos en libertad al campesino y le pagamos 3.000.000 de pesos bolivianos por sus servicios.

Le aconsejamos que no regresara por la carretera, pues sería arriesgarse a caer en manos del ejército.

Plan de salida

De noche bajamos al río y en un lugar apropiado cocinamos.

Allí discutimos el plan de salida, la forma de contacto, etc. Acordamos que salieran Inti y Benigno para la ciudad, y antes, Urbano y Ñato al poblado de Mataral para comprar ropa y observar los controles, de acuerdo con los resultados decidiríamos partir a Cochabamba o a Santa Cruz. Por todos los medios debían evitarse los canales del Partido y establecerlos para mayor seguridad con el ELN.

Al otro día salieron Urbano y Ñato hacia Mataral, los demás nos quedamos ocultos. Cuando llegaron al pueblo fueron a una pulpería a comprar y la mujer que los atendió les dijo (como tratando de colaborar): «los guerrilleros andan por aquí; ha sido apresado un campesino e informó que los había guiado hasta aquí cerca»; en el acto regresaron para informar la situación, Además, habían llegado tres camiones de soldados para reforzar la guarnición.

Nos retiramos con urgencia, y por la tarde, cuando aún avanzábamos, escuchamos un golpe metálico (al parecer fue un soldado al tomar agua de su cantimplora), nos detuvimos a observar, a unos 600 metros vimos al ejército que avanzaba en nuestra dirección, precipitadamente bajamos una quebrada y comenzamos el ascenso de una pequeña loma. A mediados de su altura, en la falda, nos ocultamos y tomamos posición para defendernos. Iba cayendo la noche sobre el firme y se veían las siluetas de los soldados avanzando.

Ya de noche, continuamos la marcha, nos detuvimos solamente para cocinar en una laguna.

Cuando salimos otra vez al camino, vimos huellas frescas de soldados. Tomamos precauciones y avanzamos con mucho cuidado, pues esperábamos que estuviesen emboscados. Pero no, al parecer pasaron, y como la laguna no se ve desde el camino y ellos no conocían la zona, siguieron. Avanzamos toda la noche y con las primeras luces del día cruzamos la carretera. Caminamos aproximadamente un kilómetro río arriba donde la vegetación era muy escasa, casi ninguna, pero debido al agotamiento, nos tiramos a descansar.

COMBATE EN MATARAL

Muerte de Ñato

Entre las nueve y las diez de la mañana, Ñato, que estaba de posta, nos despertó y nos indicó que escuchásemos (tocándose el oído). Era el ejército que llegaba. Darío tosió debido a los nervios, lo escucharon los soldados y dijeron: «Cojudos, ¿quién anda ahí? ¡Contesten!» Abrieron fuego y nosotros también. Inmediatamente nos retiramos abandonando las provisiones, para brincar una cerca de espinas. Comenzamos el ascenso, ya llegando al firme nos dimos cuenta que Ñato se había retrasado por coger un saco de comestibles y fue alcanzado por un disparo en la columna vertebral, retrocedimos y establecimos una línea de defensa a su alrededor para tratar de llevarlo con nosotros: era imposible, no se podía mover, le habían partido la columna vertebral, y los dolores eran terribles, no había salvación, las heridas eran mortales y no se le podía mover.

La situación era muy difícil, por un lado Ñato exigía que le quitáramos la vida, nos pedía que no permitiéramos que cayera prisionero y, por otro, era la vida de nuestro compañero, con el que habíamos compartido peligros y vicisitudes, al que nos unía un gran cariño y respeto, fiel a la causa por largo tiempo. Como era boliviano lo primero que hice fue consultar con Inti y Darío. La dolorosa decisión fue cumplir con el compromiso contraído como nos pedía Ñato. Como lo definiera Che, él había alcanzado el eslabón más alto de la especie humana: el de revolucionario.

Proseguimos y pasamos un desfiladero donde el enemigo nos disparaba a distancia. Logramos pasar y descendimos para dar un rodeo. Salimos a la carretera en dirección a Cochabamba. En el trayecto nos encontramos de frente con los soldados, nos hicieron fuego, pero ambas fuerzas tuvimos la misma reacción: corrimos hacia atrás. Cuando se recuperaron, ya nosotros habíamos subido y bordeado la loma sobre ellos (la velocidad fue inmensa). Volteamos el firme y cruzamos por el lado de los soldados. Posteriormente, tomamos la carretera del oleoducto y por la mañana logramos salir a unos 20 kilómetros más arriba de donde tuvimos el encuentro. El plan era tomar un vehículo y costara lo que costara trasladarnos a Cochabamba. Fue imposible, el ejército tenía controlada la carretera y detenía a todos los vehículos que transitaban por ella.

Caminamos un buen trecho. De pronto, tuvimos que tirarnos a la cuneta, pues un grupo de soldados avanzaba en dirección contraria a la nuestra, pero antes de pasar por donde estábamos ocultos se desviaron hacia un camino que llevaba a un pozo de agua. Cruzamos la carretera y subimos una loma muy accidentada. Desde allí se oían las voces de los soldados del puesto de control.

Por la tarde logramos comer algo y a las veinticuatro iniciamos la marcha. Se originó una discusión entre Benigno y Urbano en torno a la dirección en que avanzábamos y el punto en que quedaba Cochabamba. Decidimos aclarar la situación con el mapa cuando saliera el sol. Pasamos la noche en una quebrada que en su interior tenía una tapera frente a una laguna artificial. La tierra era un barro muy pastoso que impedía que se filtrara el agua, de esta forma se acumulaban las lluvias y permitía por dos entradas que el ganado tomara agua. La zona era muy seca, sin hierbas, las reses se alimentaban de las hojas de algunas plantas pequeñas o arbustos parecidos al marabú.

EN PULQUINA Y SAN ISIDRO

Por la noche seguimos nuestra marcha. El día nos sorprendió en una zona descubierta frente a un pueblecito. Dimos un rodeo para evitar ser vistos por los campesinos que trabajaban allí.

Nos ocultamos de un muchacho joven que iba por el río con su perro, lo seguimos con la vista y vimos que trabajaba acondicionando las acequias, que son como canales o zanjas construidas para tomar el agua del río. La zona era de hortalizas prácticamente, veíamos grandes sembradíos de tomates, coles, ajíes, etc. Cruzamos el río y al coronar el firme vimos una población regular, consultamos el mapa, la identificamos como San Isidro, y la anterior como Pulquina, esta última un poco más pequeña. El río lleva este mismo nombre.

Desde allí escuchamos un altoparlante que anunciaba la película que iban a proyectar: *Nosotros los pobres*, con Pedro Infante (la había visto hacía 15 años).

Bajamos una quebrada donde todo estaba despoblado y seco, después encontramos un huerto con un pequeño pozo de agua, el terreno era como agrietado, contrastaba con el de la otra falda por donde corría el río.

Mientras tomábamos agua, Benigno divisóa dos hombres; se acercaron al borde de la quebrada y gritaron al vernos: «¡Los guerrilleros!», y nosotros al ver a los soldados nos retiramos

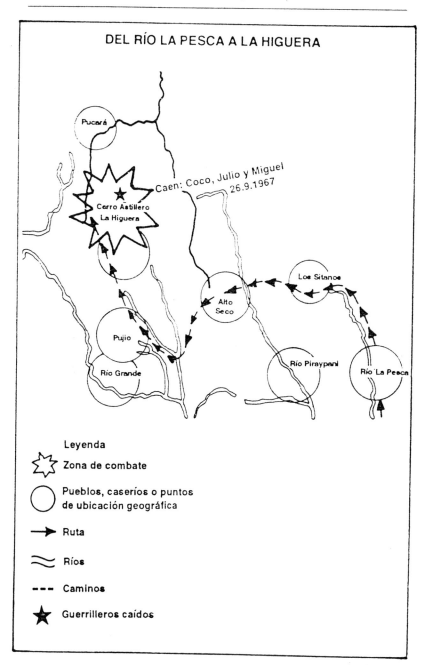

DEL RÍO LA PESCA A LA HIGUERA

Caen: Coco, Julio y Miguel
26.9.1967

Pucará

Cerro Astillero
La Higuera

Los Sitanos

Alto
Seco

Pujio

Rio Grande

Rio Piraypani

Río La Pesca

Leyenda

Zona de combate

Pueblos, caseríos o puntos
de ubicación geográfica

Ruta

Ríos

Caminos

Guerrilleros caídos

precipitadamente. Caminamos desde las once hasta las catorce sin parar. Hicimos un alto y por la noche continuamos hasta una tapera donde había maíz y papa; el maíz lo tostamos y las papas las cocinamos. Cuando esperábamos la comida, Inti me preguntó el plan a seguir, y como elemento de juicio agregó que lo mejor era regresar, ya que seguir adelante era un suicidio, todo estaba descampado y según nos adentrásemos sería peor; además, la zona donde nos encontrábamos era controlada por los sindicatos agrícolas y, por ende, por Barrientos, pues los dirigentes campesinos que los formaban eran unos vendidos, menos uno que catalogó de excepción y que tenía más de 1.000 hombres armados, que de hacer contacto con él, seguramente nos ayudaría. En resumen, opinaba que debíamos regresar hasta donde pasamos la noche anterior y allí analizar lo que másnos convenía: tirarnos al río Mizque, por donde habíamos venido, o averiguar dónde estaba el camino a Puerto Breto para de allí seguir al Beni. De no estar cerca el camino, seguir hasta el Paraypani a casa de Honorato y esperar unos días o quizás meses.

Hablamos con el resto de los compañeros y les expusimos el plan, consultamos su opinión. Decidimos regresar a marcha forzada. A las ocho de la mañana llegamos a la tapera. Allí cogimos una vaca y la asamos, después nos trasladamos a una casita másadentro donde descansamos un día completo.

Al siguiente día, mientras Inti estuvo de posta, llegaron dos campesinos a caballo, se apearon y observaron detenidamente los restos de la vaca que habíamos sacrificado. Después de avisarnos, salimos Benigno y yo a bordear la laguna e impedir que regresaran al camino por el que vinieron; cuando llegamos, ya los inesperados visitantes se veían muy lejos. Partimos con idea de preguntar en la primera casa que encontráramos dónde estábamos y a qué distancia del Río Grande.

A las dos y treinta del 24 de noviembre llegamos a una tapera habitada, nos recibió un pequeño perro ladrando insistentemente. Al rato llegó un hombre que aunque dijo tener 76 años, no representaba másde 50. Su nombre no lo recuerdo, pero era ingeniero civil. Nos ofreció lo que tenía. Se hizo todo un trabajo de convencimiento para comprarlo, y él, a su vez, se hacía el remolón para obtener más dinero. En definitiva se comprometió con nosotros a colaborar y a abastecernos de víveres, ropas y posteriormente un radio. Después nos retiramos para ocultarnos.

Por la madrugada del día siguiente regresamos a la casa del viejo. Este dormía. Nos había traído víveres como para una semana y ademáspantalones. La situación iba mejorando, ya no est bamos tan ripiados.

Nos dijo que había un mayor al frente de las tropas que estaban en Pulquina. (Eran *rangers*.) Además, nos contó que al Teniente Jefe del puesto lo habían detenido, pues un soldado nos vio y avisó: el Teniente estaba borracho y le dijo: «Mira, no importa, hoy es domingo, los domingos no se trabaja, así que mañana lunes los perseguimos.» Comentó lo peligroso que era colaborar, casi estaba rajado.

Luego dijo que nos ayudaría por humanidad, y se comprometió a traernos las camisas y la ropa interior dentro de tres días, porque para obtener todo eso tendría que ir al pueblo. Estuvimos tres días escondidos para recoger las mercancías prometidas. En plena tarde fuimos al lugar convenido tomando todas las medidas de seguridad. El hombre nos trajo camisas y alguna comida: el resto de las mercancías dijo tenerlas compradas, pero se le quedaron en la casa, aseguró traerlas antes de tres días. Acordamos con él un pequeño plan para recogerlas.

Estuvimos escondidos otros tres días con la esperanza del regreso de nuestro abastecedor. Al tercer día, pusimos un vigía para que avisara la llegada del viejo, al poco rato sentimos un disparo (señal convenida en caso de que lo viésemos antes). Bajamos a toda carrera tratando de darle alcance, pero fue imposible. En ese trayecto nos vio un vaquero de la zona, nos acercamos a él y tratamos de pasar como soldados, aunque con pocas esperanzas de haberlo engañado.

El día 3 de diciembre, en la madrugada, bajamos Darío y yo a buscar agua. A las seis, cuando preparábamos agua con chancaca, Inti sintió pasos y ruidos de ramas partidas, todos nos incorporamos. Era una compañía de *rangers* que venía peinando la quebrada. A toda velocidad, recogimos algunas de nuestras cosas. Benigno fue el primero en abrir fuego, le apuntó a un soldado y lo tumbó, los demás, al escuchar los disparos, se tiraron al suelo y escondieron sus cabezas, tiempo que aprovechamos nosotros para escapar. Posteriormente, sentíamos el tiroteo tremendo que ellos sostenían solos, pero no lograron ver el lugar por donde nos fuimos. Avanzamos varias horas continuas y ya por la tarde cuando tomábamos agua, Urbano dio la alerta; pensamos en el ejército, pero era un campesino, no supimos si logró vernos. Caminamos durante todo el día y la noche.

Por la mañana llegamos a una tapera cerrada, rompimos la puerta y encontramos harina, arroz y ollas, todo lo recogimos, no teníamos nada. Proseguimos y al mediodía, después de escalar una loma, llegamos a otra tapera. Hicimos lo mismo que en la anterior y nos llevamos manteca y alcohol. Nos trasladamos hasta cerca de un pocito de agua para cocinar. Comimos un opíparo locro, luego nos pusimos a buscar un lugar seguro para esperar a que bajara el sol y continuar la marcha.

Don Víctor

Durante el descanso, un campesino descubrió a Urbano haciendo una necesidad fisiológica. Conversamos con él, su actitud fue amable y nos invitó a chupar coca y tomar alcohol. Nosotros le brindamos el alcohol que llevábamos. Le preguntamos que quiénes éramos nosotros y él respondió: «—Los buenos.» «—¿Y quiénes son los buenos?» «¡Ustedes!» Así en varias ocasiones repitió la definición que nos daba, hasta que dijo que los malos habían registrado su casa y le habían roto una cama. Esto nos tranquilizó, pues nosotros no lo habíamos hecho, sino el ejército, que eran los malos como decía él. Nos invitó a su casa y nos brindó alcohol, queso y café. Le compramos un chancho y no quería cobrarlo. Por primera vez, en los últimos tiempos, en este hombre encontrábamos una actitud honesta y desinteresada.

Nos despedimos y nos internamos en el monte, pero al poco rato comenzó a llover y regresamos a la casa. Poco después llegó la esposa, quien nos trató muy amablemente. Con ellos conversamos un rato y tratamos de convencerlos para que fueran a comprarnos mercancías. El día siguiente fue de lluvia. No pudieron salir a comprar.

Al otro día nos trajeron muchas mercancías. Pero la señora llegó preocupada porque había visto huellas en el camino y se cruzó con un hombre del pueblo que era colaborador del ejército.

Tomamos medidas y nos retiramos, nos ocultamos en un firme. A las seis y veinte, Darío dio la voz «¡Soldados!» Estaban escasamente a 10 metros, aunque no nos veían debido al enmascaramiento de nuestra posición. Sólo sintieron el ruido, pues no tiraron.

Nos fuimos de allí inmediatamente y como una hora después sentimos un fuerte tiroteo, al parecer atacaron la quebrada donde suponían que estábamos.

En todo este trayecto nos seguía uno de los perros de la casa de don Victor, que era el nombre de nuestro amigo.

Al día siguiente llegamos a una quebrada donde se bañaron Inti y Urbano, el agua era excesivamente fría. Continuamos la marcha y después de muchos obstáculos llegamos a un chaco donde había verduras y membrillos, aunque muy agrios. Acampamos un poco más abajo, y cuando nos preparábamos para hacer almuerzo, Urbano tomó prisionero a un campesino que llevaba ganado.

Tratamos de interrogarlo y resultó que el hombre no hablaba español, sino quechua, para suerte nuestra Darío lo hablaba y le hizo algunas preguntas.

En ese momento pudimos comprobar una vez más lo acertado que estaba Che cuando nos exigía estudiar ese idioma, que era predominante en muchas regiones de la América del Sur.

Salimos por la tarde hacia el caserío para hablar con el alcalde de la zona y pedirle ayuda. No estaba en su casa, pero allí nos informaron que se encontraba en otra que tenía en las márgenes del río. Llegamos allí y tampoco fue posible localizarlo. Continuamos la marcha y comenzó a llover torrencialmente, lo que nos obligó a meternos en una casita. El campesino nos brindó hospitalidad, pero se negó a vendernos mercancías a pesar de habernos identificado como soldados.

Nuevas acciones

Nos quedamos dormidos y salimos tarde, por lo que nuestra planificación de llegar en la noche a la Siberia se vio tronchada. Pasamos el día metidos en un monte. A las tres y treinta Darío avisó que había visto pasar cerca a varios soldados; recogimos y nos preparamos para la retirada, comenzamos el ascenso y cuando casi llegábamos a la cima nos topamos con un grupo de soldados que al parecer traían la misión de cerrar el cerco por detrás. Se formó un intenso tiroteo cuando nos detectaron. Logramos romper el cerco y nos perdimos de vista. Avanzamos hacia abajo y llegamos a un chaco situado en las m rgenes del río. Allí había campesinos trabajando, tuvimos que esperar a que terminaran y se fueran. (En esa zona, debido a la intensidad del sol, los campesinos trabajan desde la madrugada para aprovechar la luna y se retiran al mediodía.)

Como a las cinco, nos vimos precisados a ponernos al descubierto, el enemigo venía directamente hacia nuestro escondite, el tiroteo fue esporádico ya que no lograban vernos bien. Nuestra carrera fue rápida hasta un pequeño firme con monte, nos detuvimos y tomamos posiciones, regresamos en busca del perro y combatimos nuevamente con el ejército, luego continuamos hasta un lugar donde las casas eran salteadas. Allí comenzó a llover y nos acurrucamos unos contra otros para protegernos del frío.

Al despertar, discutimos el plan a seguir, no podíamos continuar asediados constantemente por el ejército, correteando de un lado a otro continuamente. Decidimos por unanimidad regresar a casa de don Víctor.

Partimos con dirección a San Isidro, dedicamos parte del día al trayecto. Por la tarde del día 12 entramos a la zona de don

Víctor, al que encontramos campeando en el monte con sus perros, estos nos recibieron con mucho júbilo, luego llegó él muy contento y nos manifestó la preocupación de su esposa por nuestra suerte. Nos relató que el día que nos marchamos y cuando se encontraba buscando una vaca, fue detenido por unos soldados que le preguntaron por los guerrilleros. Él contestó que no sabía, pero los soldados insistieron, explicándole que sabían que habíamos estado en su casa porque un campesino nos oyó hablar allí. Él lo negó y un teniente lo abofeteó y pateó, le gritó para sacarle la verdad mientras un mayor y el resto de la tropa contemplaban la escena.

Después, el mayor le dio varios garrotazos y ordenó llevarlo prisionero para que los guiara hasta los guerrilleros. Cuando estaban rastreando pidió permiso para hacer una necesidad y se fugó, deambuló toda la noche hasta que llegó a su casa en San Isidro, donde fue apresado hasta el día anterior a nuestro regreso, o sea, solo llevaba un día en libertad.

LA SALIDA

Inti me planteó su deseo de salir él solo a establecer contacto, y me dijo que hacerlo los cinco juntos era un suicidio. Le explicamos que a nuestro entender un suicidio era precisamente dispersar el grupo, ya que los cubanos no teníamos posibilidad de salir ni sabíamos adónde dirigirnos en la ciudad para establecer los contactos y continuar la lucha en caso de que los 40 compañeros estuvieran en disposición de hacerlo, o de lo contrario para salir del país. Acordamos discutir la cuestión en presencia de todos por la noche.

Nos ocultamos en las cercanías de la casa y comenzóla reunión con un informe mío en el que analizaba la situación: propuse que salieran Inti y Urbano, y que el resto esperara por los contactos 15 días. Transcurrido el plazo, si no teníamos noticias, comenzaríamos el plan de salir dispersos. Se le daría salida a Darío, que por ser boliviano se podía confundir entre la gente un poco mejor, después Benigno y por último yo, que por ser negro era quien menos posibilidades tenía de pasar inadvertido.

Saltó la pregunta que a todos preocupaba: «¿Por qué no confiar en don Víctor?» Realmente había que confiar en alguien, aunque siempre manteniendo reservas.

Después de toda una discusión que giró en torno a la salida, llegamos al siguiente acuerdo:

Inti y Urbano saldrían el día 15 de diciembre por la tarde, tomarían precauciones para no dejar huellas. Se establecerían contactos cada tres días a partir del 20 hasta el 29, fecha en que si no se producían, procederíamos a salir uno a uno. Inti dejó direcciones por si esto ocurría: la de su suegro, la de un director de periódico en Cochabamba y la de una muchacha que se había criado con él en Santa Cruz. El dinero que yo llevaba sería sacado por Darío y Benigno (50.000.000 de bolivianos y 3.000 dólares), que eran los que por su físico pasarían mejor.

En caso de establecer el contacto, el enviado les explicaría el plan de la salida y tendrían que acordar la fecha y la forma de recogida.

Al lugar dispuesto para el contacto iría Benigno, así lo decidí por ser él blanco y su físico en general permitiría que llamara menos la atención. Cuando se detuviera el vehículo y el chofer se bajase a reparar un desperfecto aparente de la llanta derecha delantera, él debía acercarse al chofer y decirle: «¿Se bajó la goma, compa?» a lo que el chofer contestaría: «¿Cómo están los tres?»

Al día siguiente coordiné con don Víctor para que saliera de compras y nos abasteciera.

El 15 salió don Víctor en la tarde y despedimos a nuestros compañeros después. Realmente este tipo de vida hace que en los hombres se desarrollen cada vez más los sentimientos de sensibilidad humana. Darío lloró y Urbano antes de salir llevaba lágrimas asomadas en los ojos. Don Víctor no había regresado y decidimos dormir en la casa, aunque sobresaltados.

De madrugada llegó don Víctor sin mercancías y muy nervioso, decía «Don Pedrito, Don Panchito», dirigiéndose a Benigno y a mí, «he visto huellas en el camino, por favor salgan de la casa rápido». Le preguntamos cómo eran las huellas; respondió que una de zapatos y otra de abarcas. Le explicamos que eran las huellas de los zapatos que él había entregado a Alberto, que junto con don Pepe (Urbano e Inti) salieron a una misión.

Esto lo tranquilizó mucho y explicó que había dejado la mercancía oculta, por si lo estaban espiando. Para cambiar el tema, coordinamos preparar una fiesta familiar para el 24 (Nochebuena), pues don Víctor y su familia nunca la habían celebrado.

El 17 llegaron los familiares del viejo: un hijo, el yerno y la doña (la esposa de Víctor) que traía dos nietecitos. Para no despertar sospechas, le pedimos a la doña que fuera al pueblo de Camarapa para comprar las mercancías, ella nos explicó que allá se comentaba que habían salido dos guerrilleros porque habían comprado en una pulpería y al pagar lo hicieron con un billete de 50.000 bolivianos (estos billetes se conocían en la zona con el nombre de «guerrilleros», pues nosotros siempre nos veíamos obligados a pagar con billetes de 50.000 ó 100.000 pesos por no tener otros). Agregó que la dueña del establecimiento había hecho la denuncia a las autoridades, pero que estas no le habían dado crédito por considerarlo imposible.

A menudo llegaban campesinos rastreando la zona, buscándonos y preguntando en la casa por nosotros, algunos comentaban que andábamos por la Siberia y que después del último encuentro éramos cuatro, pues nos habían herido a uno que murió y lo habíamos enterrado.

Ese mismo día hablé con don Víctor para que le dijera a su yerno que fuera a Cochabamba a comprarnos un radio de onda corta donde pudiéramos escuchar *Radio Habana Cuba*, pues el que teníamos era uno chiquito de baterías que solo trasmitía emisoras locales, y que además comprara lo necesario para la Nochebuena (vinos, turrones, etc.), y de ser posible ropa interior y un jacket.

El día 20 lo pasamos en un firme, se veía toda la zona, en caso de venir el ejército, teníamos dos horas más o menos de ventaja.

Benigno salió con el viejo hasta la zona del contacto convenido; no vio a nadie en las condiciones acordadas. Regresamos al monte y permanecimos todo el día hasta que Benigno volvió. Todo transcurrió tranquilamente. El 23 se trató de establecer el contacto pero no vino nadie.[45]

Tuvimos que posponer la fiesta del 24 porque ese día el hijo del viejo fue detenido por sospechas de robo. Nos preocupó mucho, pues podía tener complicaciones. Don Víctor se negaba a ir a verlo, manifestaba que era una vergüenza tener un hijo ladrón. Esto motivó que tuviéramos que hacer una gran labor de persuasión para convencerlo, explicándole al final que el muchacho podía complicarse si daba señales de nuestra presencia en la casa.

El día 25 vino toda la familia. La hija del viejo era casada y muy bonita. Era más alta que la mayoría de los habitantes de la zona. Don Víctor, a su vez, estaba muy contento. Tomamos vino italiano y chileno. Además, la comida fue excelente. La muchacha nos prometió libros y revistas, ya que el aburrimiento era tremendo. Nos dijo que en Cochabamba habían sido detenidas dos personas por tener guerrilleros ocultos. Esto nos amargó las Pascuas, comenzó una terrible preocupación. Por la noche escuchamos el noticiero de Radio Habana.

El día 26 Benigno salió otra vez al contacto.[46] Le informaron que podían venir por nosotros del 30 de diciembre al 30 de

---

[45] Cuenta Jesús Lara que se había organizado un comité de salvamento formado por cinco personas, entre ellos miembros del ELN y el PCB. La expedición para el contacto se organizó, pero no se logró el 20 de diciembre porque Benigno no compareció, pues valoró como no confiables a los emisarios. En la segunda tentativa (el 23) estaba muy patrullada la carretera.

[46] Para la tercera y última tentativa de contacto, Asner, el primer secretario del PCB en la zona, eligió a los hombres y medios que tenían que garantizar la misión.

enero, y que los contactos serían cada cinco días, comenzando el día 5, o sea, que faltaban 10 días prácticamente para el primer contacto.

Nos retiramos a nuestra posición en el monte; allí, a no ser por una delación, difícilmente tendríamos dificultades. Era una zona llana dentro de dos quebradas que finalizaban en puntas, el acceso por los flancos era muy difícil, y de venir el enemigo, teníamos tiempo de sobra para retirarnos con ventajas.

El día 28 quedó en libertad el hijo del viejo mediante el pago de una multa de 1.000.000 de bolivianos que nosotros le facilitamos a don Víctor.

El 31 de diciembre escuchamos por *Radio Habana* el resumen del año.

Celebramos el año nuevo con puerco asado y vinos y nos ocurrió lo que nunca: nos dormimos antes de las doce y no pudimos esperar el nuevo año. Pensábamos bañarnos, pero llegó un campesino indio de origen quechua y no lo pudimos hacer. La doña lo había invitado con queso y café.

El día 2 escuchamos el acto conmemorativo del triunfo de la Revolución Cubana y al poco rato llegó un grupo de campesinos que dijeron haber visto soldados por la zona. Le hicieron preguntas a don Víctor sobre nosotros y nuestra estancia la vez anterior.

Dos días después volvieron otros campesinos y le ofrecieron a don Víctor la mitad de la recompensa por nuestra captura si solamente decía dónde podían encontrarnos, traían volantes con nuestras fotos y debajo la oferta: 10.000.000 de pesos bolivianos por cada uno.

Ese mismo día Benigno entró en familia, pues bautizó a uno de los nietos del viejo (el bautizo allí se realizaba con el acto simbólico del corte de pelo por primera vez). Al despedirse la hija del viejo, casi tuvimos que taparle la boca porque comenzó a gritar: «¡Tengo un compadre cubano, tengo un compadre cubano!»

Luego llegaron cinco individuos vestidos de civil y con fusiles, al verlos nos retiramos urgentemente al monte. Cuando se fueron, la doña nos fue a buscar al monte y nos contó que los

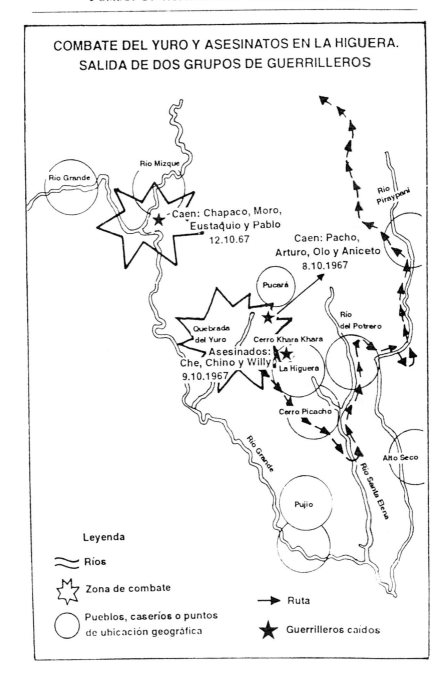

COMBATE DEL YURO Y ASESINATOS EN LA HIGUERA.
SALIDA DE DOS GRUPOS DE GUERRILLEROS

habían invitado a comer e insistió para que regresáramos a la casa. Decidimos pasar la noche en el monte.

Quedamos bastante preocupados, porque al día siguiente íbamos a salir los tres juntos como ya se había concertado, la situación era difícil, pues si no venían a buscarnos iba a ser prácticamente imposible regresar. Además, nos preocupaba la situación de este campesino que tantas veces había arriesgado su vida, sin pedir un centavo, con el único interés de ayudarnos.

Operación Salvamento

Al anochecer del 5 de enero nos despedimos y le regalamos 6.000.000 de pesos bolivianos, con la promesa de que si lográbamos salir le dejaríamos algo más. Esta promesa fue cumplida. Don Víctor había organizado todo un cordón de seguridad a lo largo del camino que iba desde su casa hasta el punto planificado para nuestra salida. El cordón estaba formado por hijos y parientes con el objetivo de avisar cualquier anomalía que se presentara y que pudiera perjudicar el desarrollo de los acontecimientos. A las veintiuna llegamos hasta el puente donde nos recogería un camión. Habíamos acordado que a ese lugar llegaría el vehículo, se detendría y nosotros le preguntaríamos al chofer: «Compa, ¿se ha ponchado una llanta?», y este a su vez nos respondería: «No, estoy revisando las gomas.» Al poco rato, cuando tomábamos café, llegó un camión, se detuvo y el chofer comenzó a tirar herramientas en el suelo. Nos acercamos y se le preguntó: «Compa,¿se ha ponchado?» El muchacho miró muy asustado y dijo: «Si, sí, monten, somos nosotros.»

El camión, de gran tonelaje, estaba preparado de la siguiente forma: la parte de atrás venía cargada con pedazos de madera largos hasta la mitad de su capacidad. En el centro traía las mismas maderas pero picadas en dos partes, una hacia afuera y otra hacia adentro, tenía un espacio en el centro, una especie de jaula, que era donde viajábamos, finalmente se tapaba el hueco y se completaba el camión con maderas largas y enteras. Esto daba la apariencia de que el camión iba normalmente cargado.

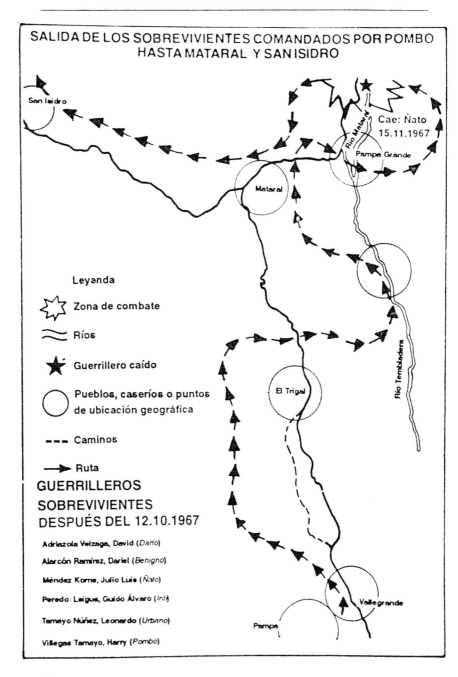

SALIDA DE LOS SOBREVIVIENTES COMANDADOS POR POMBO HASTA MATARAL Y SAN ISIDRO

San Isidro

Río Mataral

Cae: Ñato
15.11.1967

Pampa Grande

Mataral

Río Tembladera

El Trigal

Vallegrande

Pampa

Leyenda

Zona de combate

Ríos

Guerrillero caído

Pueblos, caseríos o puntos de ubicación geográfica

Caminos

Ruta

GUERRILLEROS SOBREVIVIENTES DESPUÉS DEL 12.10.1967

Adriazola Veizaga, David (Darío)

Alarcón Ramírez, Dariel (Benigno)

Méndez Korne, Julio Luis (Ñato)

Peredo Leigue, Guido Álvaro (Inti)

Tamayo Núñez, Leonardo (Urbano)

Villegas Tamayo, Harry (Pombo)

Comenzamos nuestra travesía viajando muy apretados porque en el espacio casi no cabíamos los tres.

El desarrollo del viaje, como después nos contó el chofer, fue de la siguiente manera: en la primera tranquera que pasamos no hubo novedad, pero en la segunda detuvieron el camión y el oficial le pidió al chofer la documentación. Subió un soldado encima de la carga y comenzó a tirar al suelo las tablas. Cuando había tirado dos hileras completas, nuestro chofer convidó al capitán primero y a los soldados después a fumar un cigarro. Ellos aceptaron y se detuvieron para fumar; después , el que estaba aún arriba, pidió una barreta y comenzó a introducirla entre las hendijas de las tablas. Nosotros llevábamos un trozo pequeño de madera con el que aguantamos sus golpes en nuestro escondite. Durante este incidente hubo una gran tensión, porque desde el espacio en que viajábamos hasta arriba, nos cubrían tres hileras de madera, o sea, los soldados quitaron dos y les faltó solamente una hilera para descubrirnos. Al parecer, la acción de fumar y el frío les quitó las intenciones que tenían y que hubieran sido fatales para ambos, porque nosotros hubiéramos sido descubiertos, pero ellos no vivirían para contarlo, pues estábamos armados.

En total nuestro camión pasó por 10 tranqueras del ejército sin más complicaciones.

Los muchachos que hicieron el trabajo eran militantes del PCB y se portaron con gran serenidad. Uno de ellos trabajaba de ayudante en el camión, para conseguirlo emborrachó al propietario. Después lo convenció para que no manejara en estado de embriaguez y le permitiera llevar el vehículo a Cochabamba hasta el otro día por la mañana.

El día 6 de enero llegamos a Cochabamba y nos ocultamos en una casa de las afueras. Allí nos esperaban varios compañeros del Partido, se mostraron jubilosos por el éxito de la misión a ellos encomendada. Pedimos ver a Inti y nos explicaron que estaba en La Paz. Le dimos al representante del ELN el dinero para los documentos y otros gastos.

Salida de Inti y Urbano

Después nos enteramos de la forma en que lograron salir Inti y Urbano. Caminaron tres horas y llegaron a las cercanías de San Isidro. Compraron algo de comer en un hotel y tomaron café. Allí pagaron con un billete de 50.000. Después fueron hasta la tranquera que daba paso a la carretera y estuvieron conversando con los soldados haciéndose pasar por campesinos de tierra adentro.

Estos les contaron que eran 350 hombres y habían relevado al Regimiento Trinidad. Luego fueron al cine que estaba lleno en un 80% de soldados, y al finalizar la película regresaron a la tranquera para esperar la góndola. Al poco rato comenzó a llover y los soldados dejaron la barrera alta. A las dos pasó un camión, lo pararon, con tan buena suerte que la cabina iba desocupada. Montaron y en ese momento a Urbano se le cayó el sombrero. Un campesino lo recogió para entregárselo y él se lo regaló. Por ese gesto recibió la crítica de Inti, porque ningún campesino regala un sombrero nuevo fácilmente y esto pudo despertar sospechas.

Continuaron viaje hasta Mataral, allí el camión se detuvo. Aquel era el lugar más peligroso, porque Urbano había estado allí con Ñato. Los soldados lo miraron y nada, no lo reconocieron. En Santa Cruz la barrera no estaba funcionando, llegaron sin novedad.

Compraron ropas, trajes y zapatos y se cambiaron en un baño público, después llamaron por teléfono al Lloyd Aéreo Boliviano y reservaron dos pasajes para Cochabamba. Llegaron al aeropuerto, compraron los boletos a nombre de Alberto Torres y José Gutiérrez y estuvieron conversando con un oficial de las Fuerzas Especiales durante toda la travesía, el cual les iba contando anécdotas de su participación en las acciones antiguerrilleras.

Su narración nos explicaba en parte el porqué habíamos logrado escapar del ejército. Decía que nosotros nos convertíamos en perros y nos hacíamos invisibles para salir de los cercos. A mí me describían como un negro de magnitudes desproporcionadas, que combatía con dos ametralladoras, una en cada mano. Era obvio que habían tejido toda una leyenda en torno a nosotros para justificar su ineficacia, lo que demostraba que todo fue solo un golpe de suerte, más que el resultado de una acción consecuentemente planificada.

Finalmente, al llegar a Cochabamba, nuestros compañeros se refugiaron en casa de una cuñada de Inti y otros familiares y amigos.

DE COCHABAMBA A LA PAZ

Por la noche fuimos distribuidos en distintas casas, antes nos advirtieron que en ellas no conocían nuestra identidad. Casi todos eran intelectuales y gentes de confianza, aunque no militantes. Se suponía que nuestra estancia en esos lugares sería corta, porque estaban acondicionando una casa que entregaría una familia para nosotros.

Nuestros planes eran mandar un hombre a Cuba, buscar nuestros documentos y tratar de hacer contacto con Rodolfo para comprobar si aún se mantenían los 40 hombres dispuestos a ir al monte. Si esto ocurría, no saldríamos y continuaríamos la lucha.

El día 21 por la noche llegaron dos compañeros pertenecientes al ELN para recogernos en un auto.[47] Explicaron que habían tomado esa determinación porque era *vox populi* la noticia de nuestra salida, incluso en La Paz ya hacía varios días que se conocía, y para evitar que fuéramos descubiertos lo mejor era trasladarnos urgentemente. Después recogimos a Urba-

[47] El dueño del automóvil se llamaba Juvenal Castro Torrico, boliviano (1926). Natural de Anzaldo, departamento de Cochabamba. Dirigente campesino del PCB. En su camioneta trasladó a Pombo y a Urbano de Cochabamba a La Paz. En la actualidad es senador de Bolivia.

no y luego a Darío. A Benigno lo trasladaron dos días después.

Viajamos hacia La Paz. Urbano manejó el vehículo durante tres horas para que el chofer descansara. A las ocho de la mañana llegamos al Alto de La Paz, y al descender del automóvil nos cruzamos con una pareja de carabineros que venía caminando por la acera y frente a ellos nos bajamos con nuestros paquetes.

En la casa nos trataron muy bien. Era un matrimonio formado por una alemana artista de televisión que hablaba bastante bien el español, y un geólogo boliviano que al final traicionó a la organización e hizo falsas y ladinas imputaciones sobre el ELN, la Revolución Cubana y nosotros.

Por la noche se presentó el conflicto, porque el apartamento tenía un solo cuarto donde dormía el matrimonio. De todas formas querían dormir en el suelo para que nosotros utilizáramos la cama; por supuesto, nos negamos rotundamente.

Al otro día llegó Rodolfo. Estaba muy cambiado, se peinaba al lado y no usaba espejuelos. Le preguntamos por Inti, contestó que no lo había visto, que estaba seguro mas no conocía el lugar exacto donde se encontraba, pero sí que era en la casa de un parlamentario, por lo que tenía inmunidad, y dio instrucciones para que esperaran a que él contactara. Esto nos disgustó un poco.

Habló sobre la organización del ejército y las posibilidades que existían. Nos dijo que él personalmente estaba haciendo los contactos con el grupo de estudiantes, lo que consideraba negativo pero no había más remedio. Creía tener unos 20 ó 30 fusiles y unos 30 hombres, aunque no estaba seguro del total. Agregó que el grupo de 40 había sido captado por Zamora, de quien se decía que estaba oculto en una finca del Chapare para alzarse, razón por la que consideraba necesario hacer contactos en Chile que garantizaran nuestra salida con el objetivo de reorganizar las fuerzas sin presión, sin el riesgo de que fuéramos detectados.

Después comentamos la necesidad que tenía el ELN de organizar su estado mayor, en el que cada compañero tuviera responsabilidad sobre las distintas actividades y sobre la implantación de vigilancia recíproca como método de lucha contra las infiltraciones y aplicar las indicaciones de Ramón para la lucha urbana.

Al terminar la conversación, escuchamos varias sambas interpretadas por el matrimonio. Luego pusieron discos con poemas de Guillén y canciones del pueblo que nos recordaron los programas de *Radio Habana Cuba* que escuchábamos en el monte.

El día 24 llegó Jorge René Pol Álvarez Plata —compañero encargado de establecer contacto con Chile— e informó su salida para Santiago a fines de semana y su regreso el jueves siguientepor avión.

Le manifestamos nuestro deseo de conversar con Benigno y Sánchez. Nos explicó que era más conveniente que ellos vinieran a conversar con nosotros, ya que el físico de Benigno resultaba más fácil para el movimiento y que él podía localizar a Sánchez.

El 25 llegó Sánchez, era muy difícil reconocerlo. Se alegró mucho al vernos y me consultó sobre la entrega de una cantidad de dinero a Rodolfo. Le explicamos que no teníamos orientaciones sobre ese asunto, aunque de acuerdo con un mensaje que él traía, era mejor no entregarlo todo, solo 20.000 pesos por el momento y esperar instrucciones. Él debía salir para Arica a recibir a unos compañeros. Estaba preocupado, pensaba que Loyola había hablado mucho, que le fueron capturados documentos y fotos. Yo le expliqué a Sánchez que todo lo que describía fue ocupado por el ejército en las cuevas, que no era Loyola la que había hablado.

Cuando comenzaba a contarnos sobre el desarrollo de los acontecimientos en la ciudad, lo vinieron a buscar porque tenían que hacer otras gestiones. Propuso venir en otra oportunidad, pero como medida de seguridad le dijimos que salíamos de aquella casa ese mismo día y no sería posible volver a vernos.

Al día siguiente Jorge Pol nos planteó que saldríamos el día 1° y que Miguel Bayón iría a Chile para avisar nuestra partida.

Se trata de organizar un aparato en la ciudad que corriera con la responsabilidad de nuestra salida, pero fue imposible. Decidimos utilizar al Partido porque Kolle se había comprome-

tido a sacarnos, al igual que a todos los que desearan salir, pr
cticamente quiere que los del ejército salgan. Consideramos
que lo harían con entusiasmo y garantía, pues era una oportunidad para reivindicarse en algo.

Era responsabilidad del Partido boliviano sacarnos hasta
la frontera y de allí en adelante nosotros nos responsabiliza-
ríamos, con la variante no definida de que fuera el Partido o el
ELN chileno el que se encargaría de nuestra seguridad y documentos.

Nos trasladamos a otra casa en la calle Ecuador, en La
Paz, la cual costeamos con el dinero que nos quedaba. Discutimos con Rodolfo en relación con una comunicación de Pol en
la que informaba que la salida se había organizado en dos grupos: en el primero saldrían Inti, Urbano y Rodolfo y en el segundo Benigno, Darío y yo.

No acepté, le expliqué que en caso de que sucediera algún
inconveniente inesperado, a los cubanos les sería imposible es-
conderse porque no podían pasar inadvertidos en la ciudad; Benigno y Urbano, siempre que no abrieran la boca, podrían ocultarse;
yo, ni aunque me pintaran. Que lo lógico era salir los seis juntos o,
de lo contrario, los tres bolivianos aparte y reunirnos posteriormente en Chile. Creíamos que los bolivianos debían salir primero,
luego, nosotros. Yo tenía que garantizar que no se quedara ninguno, las separaciones no habían dado buenos resultados.

DE LA PAZ A CHILE

El día 2 por la tarde, nos pasaron a recoger y nos dieron
una vuelta de despedida por La Paz.

En las primeras horas de la madrugada llegamos a casa de
Efraín Quicañas[48] en Oruro, acompañados de cerca por un gru-

[48] Miembro del PCB, quien viajaba con el nombre de Efraín Aguilar
Quiñones.

po donde iba Inti; allí nos informaron que todo estaba preparado para salir al otro día. Al poco rato de llegar, comenzó a llover y no escampó más. La temperatura llegó en la noche a cuatro grados.

Al otro día llegó el Petiso, encargado por el Partido de nuestra salida, quien nos habló de esperar al otro grupo y continuar al siguiente día, pues el río Desaguadero se había desbordado. Le explicamos que era una locura salir a pie un grupo de ocho personas en una zona completamente desolada.

Entrevista con Inti

Por la noche nos visitó Inti, con quien analizamos la situación y acordamos no salir hasta que amainaran las lluvias. Además con ello se garantizaba la organización del aparato con más calma.

Nos contó que tenía intenciones de contestar un artículo de Kolle titulado «Entrevista secreta», pues en él se mentía descaradamente. Discutimos sobre los planes futuros y abordamos los siguientes puntos: la necesidad de salir y reorganizar el ELN, de ser posible, entrenarnos en Cuba, retornar y discutir el plan inicial de Che, que consistía en:

Organizar la guerra popular en todas las partes, o sea, llevar a cabo la lucha en el monte (guerrillas) simultáneamente con la lucha urbana; acción, sabotajes, secuestros y un amplio empleo de las armas de la guerra psicológica, como el rumor y la propaganda, todos combinados con el objetivo de lograr que la guerra no se circunscriba a una región del país, sino que la misma se hiciera extensiva y se hiciera sentir en el último rincón de Bolivia.

Era necesario garantizar que, al comenzar las acciones guerrilleras, éstas no quedaran aisladas del resto del país; analizar las características de las regiones más probables para el desarrollo de la guerrilla, tomando en cuenta las condiciones inhóspitas con pocas vías de comunicación que dificultaban las operaciones militares en gran escala (elemento favorable a la guerrilla, pero a la vez tiene la contrapartida de facilitar el aislamiento de la zona), medidas de control a las carreteras, caseríos y demás.

Era necesario concentrar el personal en un punto y entrar al monte todos de conjunto, no en forma gradual. Con ello se garantizaba que el sistema de información organizado por el enemigo en las zonas, no pudiera detectarnos hasta que estuviéramos en plena disposición combativa.

Crear una reserva de medios materiales en cuevas, y considerar que nuestro contacto físico con la ciudad se podría lograr dos meses después que comenzaran las acciones.

Acopiar la mayor cantidad posible de explosivos con el fin de aplicarlos en trampas, minas dirigidas antipersonales, y otros medios.

No se concebía la utilización de granadas antitanques porque en la zona había pocas posibilidades de transitar vehículos; además se garantizaban así dos elementos fundamentales: la agresividad y la economía de vida.

Acordamos estudiar minuciosamente las características del país y elaborar un plan en el cual se redujera al mínimo las eventualidades.

Enviamos al Petiso hacia La Paz para plantear en la dirección del PCB esta nueva situación y luego regresar en tres días. Mientras tanto, Inti se trasladó a Santa Cruz para realizar entrevistas y dejar organizada allí la estructura del aparato urbano del ELN.

Ya rumbo a Chile

Al tercer día regresó el Petiso junto con Enrique Hinojosa (Víctor), que era delegado del ELN. Habían contactado y acordado con el Partido chileno para que nos esperaran en la frontera a partir del 15 y hasta el 17. De fallar este contacto, nos esperarían el 21 en la población chilena de Camiña, a 150 kilómetros de la frontera. El camión de un militante daría vueltas en espera nuestra y nos recogería en el río Lauca, si éste nos daba paso.

El día 10 por la tarde, partimos en un camión hasta las cercanías del río Desaguadero. Teníamos planeado cruzarlo en una balsa. Villca [49] estaría al frente de las cuestiones prácticas y Quicañas de los contactos políticos. Caminamos tres horas sobre un terreno anegado por el desbordamiento del río. Benigno y yo comenzamos a sentirnos muy mal debido a la altura, a mí me dolía la pierna. El corazón se nos quería salir del pecho. El agua nos llegaba un poco más arriba de la rodilla y la impresión era tremenda porque estaba helada. Me caí dos veces y en la segunda me zambullí hasta la cabeza. Se me perdió el sombrero y una pistola francesa.

A las doce llegamos al río y nos metimos en una casita pequeña que allí encontramos. Estaba construida de barro y era redonda (al estilo esquimal), casi sin puertas. Nos protegimos del frío, hicimos fuego para calentarnos. A la una y treinta cruzamos el río. El barquero nos pidió 750 pesos bolivianos. Al llegar le entregamos 700 y le explicamos que acabábamos de iniciarnos en el negocio. (Él pensaba que éramos contrabandistas.) Continuamos caminando hasta las cuatro. Ya no podíamos avanzar debido al agotamiento y nos detuvimos.

Por la mañana caminamos a toda marcha un tramo. Después se me contrajeron los tendones y no podía caminar, Urbano me dio un masaje con linimento y todos tomamos varias gotas de coramina. (Los cubanos teníamos que ir tomándola continuamente para combatir la puna.) Al mediodía Villca bajó a un pequeño pueblo para comprar víveres. Regresó y continuamos para cruzar el río. Llegamos al lugar donde tenían que recogernos y descansamos en las márgenes del río. De pronto, Urbano se percató que el río estaba creciendo, lo cruzamos rápidamente; la creciente fue bestial, al punto que dejó sin cruzar a un camión que venía cercano a nosotros.

A las diecinueve montamos a un camión para adelantar un pedazo. Después de varias horas de camino, llegamos al río Lauca. Aquí el camino se desviaba y cometimos el error de pro-

---

[49] Estanislao Villca Colque, estudiante universitario, oriundo de Sabaya y miembro del ELN.

ponerle al chofer más de diez veces lo que valía el viaje. Aceptó para continuar al día siguiente.

En la mañana del día 14 nos ocultamos cerca de Sabaya para no ser vistos por los vecinos. Pero en el camión en que viajábamos venía un residente de allí, que al parecer sospechó y lo comentó en el pueblo.

Villca bajó al poblado y vio al chofer, Teodoro Araníbar, que debía recogernos, quien le dijo que se le había hecho tarde pero que estaba preparándose para ir en nuestra búsqueda. Acordó que nos recogiera por la tarde en las afueras del pueblo. Ya allí se había formado un revuelo y el pueblecito entero conocía de nuestra presencia en la zona. Empezaron a salir campesinos en bicicletas para localizarnos, el objetivo era ubicarnos exclusivamente.

Comenzó a llover torrencialmente y por la noche nos acercamos al poblado. Villca volvió a buscar al chofer. Regresó e informó que había hablado con el telegrafista que era militante del Partido y le había dicho que el chofer estaba en una finca que tenía en las afueras y por la mañana regresaría, a esa hora podríamos salir sin dificultades. El hombre le había ofrecido su casa para ocultarnos hasta el otro día.

Nos trasladamos a la vivienda; el dueño nos hizo café y frituras. Luego regresó Villca, que había salido, y nos dijo que las autoridades del pueblo le habían llamado exigiendo que nos presentáramos ante ellos y les mostráramos las mercancías que llevábamos. Como el contrabando allí es una cosa muy natural y nos habían tomado como tales, decidimos presentarnos y resolver la situación como si fuéramos comerciantes.

Benigno, Urbano y Quicañas se presentaron el día 15 a las autoridades y yo permanecí escondido para no llamar la atención por mi color.

Al llegar allí, les dijeron que en el pueblo se pedía que se identificaran. Los nuestros explicaron que eran chilenos pero que no tenían documentos encima, que al regreso se los mostrarían. En aquel lugar había un hombre[50] que se identificó como

---

[50] Se nombraba Juan González García.

comerciante al igual que nosotros (contrabandista verdadero) e hizo mucha fuerza para que les exigieran los documentos. Luego se acercó a Quicañas y señalando a Benigno y a Urbano le dijo: «Éstos no tienen acento de chilenos.»

Al final las autoridades decidieron interrogarlos por separado. Cuando estaban interrogando a Benigno, un sargento se acercó a él para registrarlo. Benigno saltó hacia atrás y sacó su pistola, varios guardias trataron de encimársele y se vio obligado a hacer un disparo al techo. Esta acción frenó la actitud amenazadora y decidieron hacer un arreglo pacífico. Al punto llegó Urbano, que al oír el disparo de Benigno le había arrebatado el fusil a un guardia. Tremenda fue la sorpresa de Urbano cuando revisó el fusil y se percató de que no tenía balas.

Entonces comenzó el regateo en cuanto al precio de nuestra libertad. Finalmente se conformaron con 400 dólares que dejamos como garantía.

Almorzamos en un restaurante donde escuchamos que habían informado de Oruro la salida de fuerzas del ejército y comenzamos a buscar un camión que nos sacara de allí. Todos los esfuerzos fueron en vano, unos decían que no tenían gasolina, otros que su camión estaba roto, etc., etc. Todo hacía indicar que estaban entreteniéndonos, y que por lo menos el contrabandista nos había reconocido.

Al poco rato se nos acercó un vecino diciendo que habían pasado una información telegráfica a Oruro detallando el desarrollo de los acontecimientos. Inmediatamente salimos del pueblo y por el camino nos alcanzó el tío de Villca en bicicleta y nos recomendó que siguiéramos el camino de las lomas. Por allí nos metimos, y como a la hora sentimos aviones que nos sobrevolaban y nos pareció ver aterrizar una avioneta en la inmensa explanada. Por la tarde nos ocultamos hasta la caída del sol, pues ya habíamos visto varios vehículos transitando. Nos aliviamos botando un poco de peso y ya en la noche cambiamos de rumbo, cruzamos una explanada y después el terreno se fue convirtiendo en agua y fango hasta que alcanzamos un firme de otra cordillera.

Por la madrugada comenzó un fuerte aguacero e hicimos

un alto para colocarnos los náilons, seguimos sin parar hasta las doce. A esa hora descansamos un rato y reanudamos la marcha hasta las quince, en que localizamos una cueva donde nos protegimos del chubasco.

Desde allí sentimos un avión que nos pareció de dos motores o más, era evidente que esa misma noche teníamos que cruzar la frontera, porque ese aparato tenía muchas posibilidades de ser un transporte de tropas.[51]

A las diecisiete horas comenzó una marcha agotadora que no cesó hasta las veinticuatro cuando nos detuvimos frente a Todos los Santos, un pequeño poblado que se encuentra como a 40 ó 50 kilómetros de la frontera.

La radio estaba informando sobre nuestra presencia en el poblado de Sabaya, y además decía que ya habíamos cruzado.

En las primeras horas de la mañana del día 17 estábamos en el límite, aún sin saber en cuál de los dos territorios nos encontrábamos.

UNA SEMANA EN CHILE

Villca se dirigió a un caserío que se veía como a dos kilómetros para averiguar; mientras, nosotros permanecimos ocultos.

Por fortuna regresó con la noticia de que el pueblo ya era territorio chileno. Allí sólo encontramos a unos niños y a un anciano, quien nos vendió unas latas de durazno en conserva y nos hizo una sopa con charqui de llama. Por la tarde seguimos adentrándonos en territorio chileno y llegamos a una casa que estaba aproximadamente a 15 kilómetros de la frontera. Allí nos recibió un campesino que fue amable. Se nota el cambio en la

---

[51] Según informaciones, el día 15 aviones militares transportaron tropas para exterminar «a los osados» y anunciaron que los guerrilleros estaban cercados en la zona de Pichiga, entre Sabaya y la frontera chilena, y que «serían capturados de un momento a otro».

forma de vida del campesino boliviano y el chileno, aunque también es grande la miseria.

Decidimos esconder las armas debajo de unas piedras y acampar en el monte. Al otro día un muchacho campesino nos dijo que había llegado un camión lleno de carabineros y que andaban buscándonos. Fuimos a ver a su padre, quien nos indicó un lugar para escondernos. Subimos a una quebrada y luego a un firme, desde allí veíamos el movimiento de vehículos. Continuamos avanzando y nos ocultamos entre dos picos nevados, el frío era intenso, al punto que se nos entumecieron las manos y los pies a pesar de tenerlos envueltos en frazadas.

De noche reanudamos la caminata y Benigno se puso muy mal, casi no podía moverse. Acampamos en una quebrada.

Al mediodía avanzamos un buen trecho y encontramos en el camino a un hombre que era natural de Sabaya y conocía a Villca, nos vendió panes, trigo tostado, membrillo y otras cosas. Proseguimos en busca de un río, pues la sed comenzaba a hacer estragos.

Por la mañana llegamos a una quebrada a 10 kilómetros de Camiña donde esperamos por Villca, que había salido al poblado para establecer contacto en casa de un primo. Este le informó que había una gran cantidad de soldados, carabineros y agentes de la policía política buscándonos.

La radio ofreció la declaración del Partido Comunista solicitando apoyo de las masas y del gobierno para que nos concedieran asilo político. Además, repetían las declaraciones de Salvador Allende, presidente del Senado, interesándose por nuestro asilo y las gestiones hechas por él en nuestra búsqueda, para lo que había dejado delegados en los posibles lugares de aparición.

Después escuchamos las declaraciones de Barrientos, en las que se culpaba de nuestra fuga porque había dispuesto que nos capturaran vivos. Mucho más sensata fue la declaración de Ovando, quien opinó que escapamos debido a la fuerte lluvia caída en la zona y que impidió que fueran lanzadas tras nosotros las fuerzas aerotransportadas. Dejaban las decisiones futuras hasta el siguiente día en que se reuniría el Congreso boliviano para considerar el asunto de nuestra salida.

De noche bajaron Benigno y Villca al pueblecito. El primo de este último se negó a venderle mercancías y amenazó con denunciarlo si volvía a su casa, pues no quería seguir corriendo riesgos.

Ese día anunciaron que el Consejo de Ministros de Bolivia había decidido no pedir nuestra extradición, pues consideraban que Chile nunca la concedería, y dispusieron una investigación para encontrar y sancionar a los responsables de nuestra fuga.

Esta noticia nos dio tranquilidad y desechamos la posibilidad de llegar a Iquique, porque la zona es completamente desértica y no teníamos suficiente comida. Además, era necesario hacer contacto aquel día.

Salieron Benigno y Villca hacia el punto acordado para hacer el contacto. Al no encontrar a nadie, regresaron, y por el camino fueron interceptados por el ejército, del que escaparon perdiéndose dentro de un maizal. Al otro día, 23 de febrero, llegamos a la conclusión de que lo mejor era presentarnos. A las doce del día comenzamos la marcha, y a las dos horas estábamos a la entrada del poblado cerca de la localidad de Camiña, en el desierto de la provincia de Tarapacá.[52]

Allí encontramos a un periodista,[53] corresponsal de *El Mercurio*, y le manifestamos que éramos los guerrilleros y que queríamos acogernos a la hospitalidad del pueblo chileno. Le explicamos que veníamos desarmados y que nuestro interés era presentarnos a las autoridades y solicitar asilo confiados en las tradiciones democráticas y la hospitalidad del pueblo chileno.

El Partido Comunista y el Socialista de Chile habían destacado militantes en la frontera, y el día 22 de febrero el diputado comunista Antonio Carvajal y el dirigente socialista Lionel Valcarce dieron con nosotros a poca distancia de Camiña.

Un muchacho en bicicleta corrió para avisar al cuartel sobre nuestra presencia, y al poco rato llegó un capitán llamado

[52] Primer lugar de contacto con la comisión chilena.
[53] Luis Berenguela.

Caupolicán. Fue muy amable y nos condujo hasta el cuartel de carabineros del pueblo.

En el camino nos saludaban muy afectuosos todos los vecinos, recuerdo que algunos gritaban: «No tengan miedo, nosotros los chilenos somos gentes civilizadas, estamos con ustedes.» «Los queremos, quédense aquí.»

En el cuartel recibieron la orden de trasladarnos a Iquique. Anteriormente se nos había presentado un dirigente del Partido Comunista Chileno que era senador, Volodia Teiltemboin, quien nos dijo que el pueblo nos apoyaría.

En otro pueblo pequeño por el que pasamos —ya el Partido había anunciado nuestro cruce— estaban todos los habitantes en la carretera saludándonos y gritándonos su adhesión.

Pudimos ver y hablar con Roth, aquel que decía ser periodista inglés y que estuvo en el monte y salió con Debray y Bustos. Dijo estar en esos momentos como fotógrafo de la revista *Life*. Raro encuentro.

Al llegar a Iquique escuchamos por la microonda la orden del Ministerio del Interior mediante la que se disponía que no nos condujeran a la ciudad, porque el pueblo estaba en la calle en manifestaciones de apoyo y, para evitar disturbios, lo mejor era llevarnos a la base Los Cóndores. Allí nos visitaron funcionarios de la localidad.

La municipalidad de Iquique nos declaró Hijos Ilustres, el máximo honor local que se otorga a un visitante.

Por la noche autorizaron la visita de personalidades locales que deseaban saludarnos. En la entrada de la base había una gran cantidad de personas que solicitaban vernos.

A las dieciocho, después de comida, avisaron que recogiéramos nuestras cosas porque salíamos para Antofagasta.

Llegamos allí a las veinticuatro y nos entregaron a la Policía Política. Ellos fueron quienes nos trataron con más rudeza, porque hasta ese momento todo había sido amabilidad.

Nos quitaron las ropas para efectuar un registro, pero con tan buena suerte que a Benigno no le registraron minuciosamente, pues él llevaba el dinero oculto en los testículos.

Salimos en avión para Santiago de Chile. Fuimos esposados

y atados a los asientos, lo que nos molestó bastante porque nunca nos habíamos visto en esas circunstancias.

Ya en Santiago nos llevaron al Hospital de Carabineros y nos hicieron un chequeo completo. Después a la Dirección de Investigaciones, donde además radicaba la jefatura de la Dirección de Policía.

En el cuartel de Investigaciones nos entrevistamos con Salvador Allende, quien nos explicó que no debíamos preocuparnos, que teníamos el apoyo del Senado, que saldríamos del país acompañados por él, para lo cual ya había solicitado la autorización. Hablamos de Fidel y de la Revolución Cubana.

Durante dos horas estuvimos metidos en celdas con las puertas abiertas. Posteriormente comenzó todo el trabajo de fichaje, luego la preparación de documentos.

Conversamos con el Director de la Policía en sentido general y nos informó que el Ministro había dispuesto, si era posible, que saliéramos ese mismo día del país.

En la entrevista con el Ministro del Interior, este nos explicóque no era conveniente pedir asilo, que los norteamericanos estaban exigiendo que nos devolvieran a Bolivia. Ellos pensaban sacarnos vía Perú-Ecuador-Cuba en vuelo especial, y estaban estableciendo contactos con nuestro gobierno.

El Jefe de la Dirección de Investigaciones nos solicitó nuestras generales y se preocupó por saber quién era un tal Iván,[54] luego nos preguntaron si conocíamos a Mike Bayón, que estaba preso en Chile y decía ser íntimo amigo mío. Nos pusieron uno frente al otro; no nos conocíamos, por lo que le echaron una descarga. Era Miguel Bayón, el compañero de quien nos habló Pol estando en La Paz. Preferí no implicarlo en nuestra salida.

En la noche nos mostraron el decreto mediante el cual nos expulsaban del país, y nos explicaron en detalle la necesidad de que abandonáramos el territorio continental hacia la Isla de Pascua, posesión chilena en el Pacífico. El objetivo era desviar la atención sobre nuestra presencia allí y así también poder eva-

[54] Enlace con Cuba.

dir la presión que los Estados Unidos ejercían sobre ellos exigiéndoles que fuéramos entregados al gobierno boliviano.

Asimismo, se habían efectuado algunas gestiones con los gobiernos de Perú y de Ecuador para que autorizaran que un avión de la Lans Chile (línea aérea chilena) hiciera escala en esos países y así poder retornar directamente a Cuba, pero las solicitudes fueron denegadas con la amenaza de que si llegábamos a esos aeropuertos seríamos devueltos al territorio boliviano.

El 25 de febrero de 1968 salimos para la Isla de Pascua; nuestra estancia en aquel lugar se prolongó casi una semana.

Allí había una estación de seguimiento de satélites operada por norteamericanos, y ellos, al conocer sobre nuestra presencia, se interesaron en contactar con nosotros. Conversamos, nos explicaron las funciones que ellos desempeñaban y mostraron interés por conocer acerca de Cuba, de la Revolución Cubana y sus logros, aspectos que conocíamos pero sobre los que no estábamos actualizados.

DE ISLA TAHITÍ A CUBA

En el transcurso de la semana llegó Allende, nos incorporamos al grupo de la delegación presidida por él, y de ahí pues, continuamos viaje.

Cuando llegamos a la Isla Tahití, posesión francesa, fuimos recibidos por un conjunto de muchachas que bailaban danzas típicas del país y cantaban sus propias canciones, después colocaron en el cuello de cada uno de nosotros un collar de conchas muy bonito.

Nos alojamos en un hotel donde hicimos contacto con el embajador de Cuba en Francia, Baudilio Castellanos, quien a partir de ese momento ya se hacía responsable de nosotros.

La estancia en Tahití duró unos tres días, y allí conocimos a una cubana muy bonita, pinareña, que estaba casada con el director del Atolón de Mururoa, centro francés encargado de eje-

*Benigno y Pombo a
su llegada a Chile.*

*Salvador Allende, presidente del Senado de Chile,
recibe a los sobrevivientes. De izquierda a derecha: el
guía Efraín Quicañas, Urbano, Benigno y Pombo.*

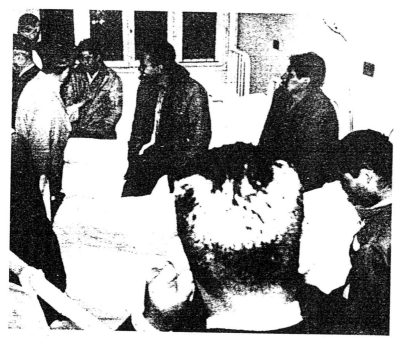

Hospital de carabineros donde les hicieran el examen médico.

En avión rumbo a Santiago de Chile.

cutar pruebas nucleares. Este encuentro nos posibilitó entrar en contacto nuevamente con la cocina criolla, pues nos invitaron a comer a su casa y nos deleitaron con el tradicional plato criollo: arroz congrí, puerco asado y yuca; sentimos como si estuviéramos en Pinar del Río o en cualquier otra provincia de Cuba.

También en Tahití tuvimos la posibilidad de compartir más con Allende, de conversar con él, de que nos trasmitiera sus ideas, su concepción de la toma del poder por vías pacíficas, pero además de estos aspectos de carácter político, pudimos apreciar la parte humana del dirigente, su preocupación por el pueblo, pudimos ver a un Allende alegre, compartimos una noche en la que bailamos ula ula, hicimos chistes, jaranas; todo ello contribuyó a tener una comunicación más directa y a conocer aún más a ese gran hombre de Chile.

Nos despedimos de Allende con un sentimiento de agradecimiento profundo, por la ayuda solidaria y combativa que nos ofreció como verdadero revolucionario.

Continuamos el viaje que nos habían impuesto, que era prácticamente darle la vuelta al mundo, pues debíamos salir de América, pasar toda la Polinesia, Asia, ir a Europa y de allí volver a América. Salimos de Tahití para Numea, una pequeña isla ubicada en el Pacífico, donde nos encontramos a otro cubano. Estábamos en el aeropuerto conversando acerca de cómo estaba Cuba, escuchando a Baudilio Castellanos (Vilito), y había un señor que trabajaba en la oficina de correos que nos escuchó hablar; inmediatamente salió lleno de júbilo, nos abrazó gritando: «¡Ustedes son cubanos!, ¡qué alegría!», era un cubano, un compatriota nuestro.

Estuvimos también en Cisne, en Sri Lanka, y también hicimos escala muy rápida en Addis Abeba. De allí fuimos a París.

Llegamos por el aeropuerto de Orly; ya se habían tomado un conjunto de medidas de seguridad —habían tenido ya la experiencia del secuestro de Ben Barca— y las autoridades francesas querían evitar que se produjera cualquier irregularidad con nosotros.

Entre nuestros planes teníamos hacer un recorrido por París con el embajador, ir al Arco de Triunfo, recorrer el Sena, en fin, ver la ciudad; pero como decíamos nosotros: «Fue de Orly para volví», ya que nada de eso pudimos hacer. Al llegar, las autoridades habían hecho un cordón y nos sacaron directamente para los vehículos de ellos y nos trasladaron al otro aeropuerto donde tenían detenido hacía más de una hora y media el vuelo de Aeroflot, en el que nos trasladaríamos a Moscú.

Cuando llegamos a la capital soviética, nos hospedamos en casa de uno de los funcionarios de la embajada cubana, allí permanecimos dos días.

Finalmente, de Moscú nos trasladaron a La Habana. Qué tremenda emoción al divisar la Punta de Maisí, ya en territorio cubano. Ese verdor, esa belleza de nuestra tierra, nos causaron una impresión muy grande, extraordinaria.

Pero la sorpresa mayor, la más grande, fue justamente cuando llegamos al aeropuerto, allí se encontraba nuestro Comandante en Jefe, quien nos recibió con un abrazo lleno de comprensión, lleno de confianza en nosotros; lo que hizo que nos sintiéramos no satisfechos pero sí seguros de que podríamos volver algún día a cumplir el acuerdo que habíamos contraído el día 10 de octubre de 1967 frente a la escuelita de La Higuera.

Allí, durante más de cinco horas, explicamos a nuestro Comandante en Jefe cómo se habían desarrollado los acontecimientos de la caída de Che, cómo habían ocurrido los enfrentamientos posteriores a aquel momento. Entonces, nos dijo algo que para nosotros resulta imborrable:

«Están vivos porque ustedes fueron agresivos, porque combatieron, si hubieran manifestado miedo, si hubieran manifestado temor, hubieran perecido, ahí está justamente la fuerza, la convicción revolucionaria de ustedes, en su resistencia, en su capacidad de luchar.»

COMPOSICIÓN DE LA GUERRILLA

Vanguardia

Miguel-Manuel	Manuel Hernández Osorio	cubano
Benigno	Dariel Alarcón Ramírez	cubano
Pacho-Pachungo	Alberto Fernández Montes de Oca	cubano
Loro-Bigotes-Jorge	Jorge Vázquez Viaña	boliviano
Aniceto	Aniceto Reinaga Gordillo	boliviano
Camba	Orlando Jiménez Bazán	boliviano
Coco	Roberto Peredo Leigue	boliviano
Darío	David Adriazola Veizaga	boliviano
Julio	Mario Gutiérrez Ardaya	boliviano
Pablito-Pablo	Francisco Huanca Flores	boliviano
Raúl	Raúl Quispaya Choque	boliviano

Centro

Ramón-Mongo-Fernando-Che	Ernesto Guevara de la Serna	argentino-cubano
Alejandro	Gustavo Machín Hoed de Beche	cubano
Rolando-San Luis	Eliseo Reyes Rodríguez	cubano
Inti	Guido Álvaro Peredo Leigue	boliviano
Pombo	Harry Villegas Tamayo	cubano
Ñato	Julio Luis Méndez Korne	boliviano
Tuma-Tumaine	Carlos Coello	cubano
Urbano	Leonardo Tamayo Núñez	cubano
Moro-Morogoro-Muganga-Médico	Octavio de la Concepción de la Pedraja	cubano
Negro-Médico	Restituto José Cabrera Flores	peruano
Mbili-Papi-Taco-Ricardo-Chinchu	José María Martínez Tamayo	cubano

Arturo	René Martínez Tamayo	cubano
Eustaquio	Lucio Edilberto Galván Hidalgo	peruano
Guevara-Moisés	Moisés Guevara Rodríguez	boliviano
Willy	Simón Cuba Sarabia	boliviano
Chapaco-Luis	Jaime Arana Campero	boliviano
Antonio-Olo	Orlando Pantoja Tamayo	cubano
León-Antonio	Antonio Domínguez Flores	boliviano
Tania	Haydée Tamara Bunke Bider	argentino alemana
Chino	Juan Pablo Chang Navarro	peruano
Serapio-Serafín	Serapio Aquino Tudela	boliviano, refugiado

Retaguardia

Joaquín-Vilo	Juan Vitalio Acuña Núñez	cubano
Braulio	Israel Reyes Zayas	cubano
Rubio-Félix	Jesús Suárez Gayol	cubano
Marcos-Pinares	Antonio Sánchez Díaz	cubano
Pedro-Pan Divino	Antonio Jiménez Tardío	boliviano
Ernesto-Médico	Freddy Maymura Hurtado	boliviano
Apolinar-Polo-Apolinario	Apolinar Aquino Quispe	boliviano
Walter	Walter Arancibia Ayala	boliviano
Víctor	Casildo Condori Vargas	boliviano
Pepe*	Julio Velazco Montana	boliviano
Paco	José Castillo Chávez	boliviano
Eusebio	Eusebio Tapia Aruni	boliviano
Chingolo*	Hugo Choque Silva	boliviano

* Grupo de la resaca, guerrilleros ya licenciados desde el 25 de marzo de 1967.

El 1º de abril de 1967, cuando la guerrilla asume la anterior composición, faltaban los siguientes guerrilleros:

Benjamín	Benjamín Coronado Córdova	boliviano, ahogado en Río Grande.
Carlos	Lorgio Vaca Marchetti	boliviano, ahogado en Río Grande.
Salustio	Salustio Choque Choque	boliviano, apresado por el ejército.
Pastor-Daniel	Pastor Barrera Quintana	boliviano, desertor.
Vicente-Orlando	Vicente Rocabado Terrazas	boliviano, desertor.

$b. 10.000.—
(DIEZ MILLONES DE BOLIVIANOS)
POR CADA UNO VIVO

RECOMPENSA

$b. 10.000.—
(DIEZ MILLONES DE BOLIVIANOS)
POR CADA UNO VIVO

ESTOS SON LOS BANDOLEROS MERCENARIOS AL SERVICIO DEL CASTROCOMUNISMO
ESTOS SON LOS CAUSANTES DE LUTO Y DOLOR EN LOS HOGARES BOLIVIANOS
INFORMACION QUE RESULTE CIERTA, DARA DERECHO A LA RECOMPENSA

Ciudadano Boliviano, Ayúdanos a Capturarlos Vivos en lo Posible

Pombo

Nacionalidad cubana — Edad Aprox 26 años — Estatura Aprox 1.75 m — Color de la piel: Morena oscura — Rasgos faciales finos — Cabellos crespos — Tiene cicatriz de bala en la pantorrilla

Benigno

Nacionalidad cubana — Edad Aprox 25 años — Estatura Aprox 1.80 m — Color de la piel: blanca Tiene herida de bala en la espalda — Espalda ancha, camina a sentadas

Urbano

Nacionalidad cubana — Edad 28 años — Estatura Aprox 1.65 m — Color de la piel: Morena oscura — Rasgos faciales de raza negra — Nariz ancha Boca grande

Inti

Nacionalidad boliviana — Edad Aprox. 33 años — Estatura Aprox. 1.70 m — Cara delgada, Ojos grandes umbríados, Cejas gruesas tupidas, Frente ancha, cabello ondulado

Darío

Nacionalidad: boliviana, — Edad Aprox. 28 años — Estatura Aprox. 1.62 m — Color de la piel: blanca (mestizo) — Labios gruesos, Cabellos negros lacios, Barba tupida

NOTA.— Pueden usar barba o llevar otros nombres falsos

Afiche que se publicó en todo el país una vez concluidas las acciones.

GLOSARIO

A

ACUÑA NÚÑEZ, JUAN VITALIO. Cubano (1925-1967). Nació en la finca La Conchita, en la Sierra Maestra. Se unió al Ejército Rebelde en abril de 1957, primero al grupo comandado por Fidel Castro, después al del Che. En noviembre de 1958 es ascendido a comandante y dirigió una columna hasta el final de la guerra.

Ocupó varios cargos en las fuerzas armadas después del triunfo de enero de 1959. Militante del PCC desde octubre de 1965, era miembro de su Comité Central.

Se unió a la guerrilla del Che en Bolivia el 27 de noviembre de 1966. Jefe de la columna de la retaguardia, cayó en la emboscada del vado de Puerto Mauricio, en el Río Grande, el 31 de agosto de 1967.

ADRIAZOLA VEIZAGA, DAVID. Boliviano (1939-1969). Nació en el departamento de Oruro, de procedencia campesina. Militó en el PCB.

Miembro de la vanguardia en la guerrilla del Che, fue uno de los sobrevivientes de la batalla de la quebrada del Yuro. Salió del monte junto con Pombo y Benigno.

Vivió clandestinamente en la ciudad de La Paz con el objetivo de continuar la lucha, para lo que pasó un curso de entrenamiento guerrillero. Debido a una delación, fue asesinado el 31 de diciembre de 1969.

AGUILAR QUIÑONES, EFRAÍN. Ver Quicañas, Efrain.

ALARCÓN RAMIREZ, DARIEL. Cubano (1939). Campesino de la Sierra Maestra, se integró al Ejército Rebelde en julio de

1957 bajo las órdenes de Camilo Cienfuegos. Después del triunfo de la Revolución, continuó en las fuerzas armadas.

Se unió a la guerrilla en Bolivia el 11 de diciembre de 1966, fue asignado al destacamento de la vanguardia.

Fue uno de los cinco sobrevivientes de la batalla de la quebrada del Yuro. Salió del monte, después de tres meses de lucha, con Pombo y Darío, vía Cochabamba-La Paz. Llegó a Cuba junto a Pombo y Urbano el 6 de marzo de 1968.

ALEJANDRO. Ver Machín Hoed de Beche, Gustavo.

ALLENDE, SALVADOR (1908-1973). Político y revolucionario chileno. Participó en la fundación del Partido Socialista (1933), por el cual fue senador en varios períodos. Nominado candidato presidencial en 1952, 1958 y 1964. En 1968, siendo presidente del Senado, prestó toda la ayuda necesaria a los sobrevivientes de la guerrilla del Che en Bolivia y él, personalmente, los acompañó en el viaje que hicieran a la isla de Tahití. Como candidato de los partidos de Unidad Popular, en 1970 es elegido presidente de Chile. El 11 de septiembre de 1973 cayó combatiendo contra un golpe militar fascista.

ANICETO. Ver Reinaga Gordillo. Aniceto.

ANTONIO. Ver Pantoja Tamayo, Orlando.

APOLINAR, APOLINARIO. Ver Aquino Quispe, Apolinar.

AQUINO QUISPE, APOLINAR. Boliviano (1935-1967). Nació en el poblado de Viacha, en el departamento de La Paz. Era obrero fabril, dirigente sindical y militante del PCB. Trabajó en tareas de organización en la finca.

Se incorporó a la guerrilla en diciembre de 1966 y formó parte de la retaguardia. Cayó en la emboscada de Puerto Mauricio el 31 de agosto de 1967.

AQUINO TUDELA, SERAPIO. Boliviano (1951-1967). Natural de Viacha, en el departamento de La Paz (sobrino de Apolinar). Militante del PCB, trabajó en tareas de organización.

Se incorporó a la guerrilla el 19 de diciembre como peón de la finca de Ñancahuazú. Después pasó a ser combatiente y fue asignado a la retaguardia.

Murió en el cañadón del río Iquira, el 9 de julio de 1967, cuando alertaba a sus compañeros de la presencia de soldados.

ARANA CAMPERO, JAIME. Boliviano (1938-1967). Nació en la ciudad de Tarija, en la zona sur de Bolivia. Dirigente del Movimiento Nacionalista Revolucionario (MNR) en la Universidad de San Andrés. Estudió hidrotecnia en Cuba en 1963. Militó en la Juventud Comunista Boliviana (JCB)

Se incorporó a la guerrilla en marzo de 1967 y tormaba parte del centro, subordinado directamente al Che.

Cayó el 17 de octubre en el combate en la zona de Cajones, situada en la confluencia del Río Grande y el río Mizque.

ARANCIBIA AYALA, WALTER. Boliviano (1941 -1967). Nació en el pueblo de Macha, departamento de Potosí. Líder de la JCB. Estudió en Cuba.

Se integró a la guerrilla el 21 de enero de 1967 y fue asignado a la retaguardia.

Cayó en la emboscada de Puerto Mauricio el 31 de agosto de 1967.

ARTURO. Ver Martínez Tamayo, René.

B

BAIGORRÍA, PAULINO. Campesino boliviano de la zona de Abapó que en junio de 1967 sirvió de guía a la guerrilla y luego pidió unirse a ella. Cuando cumplía una misión como mensajero, fue detenido en Camarapa por el ejército, incomunicado y torturado, pero nunca traicionó a los guerrilleros.

Cuando lo liberaron se presentó en la casa de Jesús Lara para dar los informes verbales recibidos. Estaba ya muy enfermo de los pulmones.

BARRERA QUINTANA, PASTOR. Boliviano. Natural de Oruro. De profesión albañil. Miembro del grupo de Moisés Guevara, se incorporó a la guerrilla en febrero de 1967 Se convirtió en informante del ejército al ser capturado después que desertó el 11 de marzo.

En documento oficial de la DIC consta que delató la presencia del Che Guevara y de los demás extranjeros y nacionales en la zona; lugares y actividades que hacían.

Procesado en el juicio de Camiri fue absuelto el 17 de noviembre de 1967.

BENIGNO. Ver Alarcón Ramírez, Dariel.

BENJAMÍN. Ver Coronado Córdova, Benjamín.

BIGOTES. Ver Vázquez Viaña, Jorge.

BRAULIO. Ver Reyes Zayas, Israel.

BUNKE BÍDER, HAYDÉE TAMARA. Argentino-alemana (1937-1967). Nació en Buenos Aires, Argentina, de padre alemán y madre soviética. Militó en la Juventud Libre Alemana y en 1955 fue admitida en el Partido Socialista Unificado de Alemania.

Fue a Cuba en 1961 donde trabajó y estudió periodismo hasta 1964. Desde 1963 pide prepararse para la lucha por la liberación de los pueblos y en marzo de 1964 recibe instrucciones del Che. El 18 de noviembre de 1964 llegó a Bolivia con el nombre de Laura Gutiérrez. Allí colaboró en la organización de la red urbana y participó en el traslado de los guerrilleros y colaboradores hasta Ñancahuazú. Se casó con el boliviano Mario Martínez y su nueva identidad le permitía relacionarse hasta con Barrientos y Ovando. Al ser descubierta su verdadera identidad, permaneció en la guerrilla como una combatiente más. Era conocida como Laura Martínez Bauer.

Por razones de enfermedad, el 17 de abril se quedó con el grupo de la retaguardia.

Cayó el 31 de agosto de 1967 en la emboscada de Puerto Mauricio. Su cadáver fue encontrado en el Río Grande el 7 de septiembre de 1967.

BUSTOS, CIRO ROBERTO. Argentino. Pintor y periodista que ayudó a recaudar fondos para el movimiento guerrillero argentino liderado por Jorge Ricardo Masetti. Convocado por el Che para discutir sobre las actividades de apoyo en Argentina, llegó a Bolivia en marzo de 1967 y contactó con Tania, quien lo llevó hasta Nancahuazú.

Fue arrestado por el ejército boliviano en Muyupampa el 20 de abril de 1967. Procesado y condenado a 30 años, fue puesto en libertad en 1970.

C

CABALLO. Ver Castro Ruz, Fidel.

CABRERA FLORES, RESTITUTO JOSÉ. Peruano (1931-1967). Nació en Perú y estudió medicina. Era miembro del grupo de Juan Pablo Chang y se unió a la guerrilla en Bolivia para adquirir experiencias con vistas a su futuro alzamiento en Perú.

Sirvió como médico en las dos primeras acciones del destacamento del Che. El 17 de abril se quedó en Bella Vista con la retaguardia para cuidar a los enfermos. Salió con vida de la emboscada de Puerto Mauricio, ocurrida el 31 de agosto de 1967. Fue hecho prisionero y asesinado cuatro días después, en el río Palmarito.

CAMBA. Ver Jiménez Bazán, Orlando.

CAMBA. Ver Méndez Korne, Julio (hasta el 11 de noviembre de 1966).

CARLOS. Ver Bustos, Ciro Roberto.

CARLOS. Ver Vaca Marchetti, Lorgio.

CASTILLO CHÁVEZ, JOSÉ. Boliviano. Llego a Ñancahuazú en marzo de 1967 como parte del grupo de Moisés Guevara.

Fue licenciado como miembro de la guerrilla desde el 25 de marzo, era uno de los miembros del llamado «grupo de la resaca».

Fue hecho prisionero por el ejército en el vado de Puerto Mauricio, el 31 de agosto de 1967, y puesto en libertad en 1970.

CASTRO RUZ, FIDEL (1926). En 1953 dirigió el asalto al cuartel Moncada; fundador y dirigente del Movimiento 26 de Julio;

organizó la expedición del yate *Granma* en 1956; comandante del Ejército Rebelde durante la guerra revolucionaria contra la dictadura de Batista; primer secretario del PCC y presidente de los Consejos de Estado y de Ministros.

COCO. Ver Peredo Leigue. Roberto.

COELLO, CARLOS. Cubano (1940-1967). Nació en la finca La Caridad, en Manzanillo. En esa zona estuvo vinculado al Movimiento 26 de Julio desde 1956.
En noviembre de 1957 se incorporó al Ejército Rebelde. Participa en múitiples combates, la mayor parte del tiempo bajo las órdenes del Che. Después del triunfo revolucionario fue designado como escolta del Che. Como tal lo acompañó a la mayor parte de los países que éste visitó en misiones de gobierno. También combatió junto a él en el Congo, hoy Zaire.
Viajó con Pombo a Bolivia antes que el Che para participar en la organización de la futura guerrilla.
Cayó en la zona de Piray el 26 de junio de 1967.

CONCEPCIÓN DE LA PEDRAJA, OCTAVIO DE LA. Cubano (1935-1967). Estudió medicina en la Universidad de La Habana. Participó en la lucha contra el régimen de Batista. En 1957 se incorporó al Movimiento 26 de Julio, y desde septiembre de 1958 se integró al Ejército Rebelde como médico y combatiente.
En diciembre de 1966 se une a la guerrilla en Bolivia.
Cayó en el combate de la zona de Cajones el 12 de octubre de 1967.

CONDORI VARGAS, CASILDO Boliviano (1941-1967). Nació en Coro Coro, minas de cobre de la provincia de Pacajes, departamento de La Paz. Desde muy joven participó en actividades políticas y poseía una preparación marxista-leninista. Militó en el PCB. Pertenecía al grupo de Moisés Guevara. En la guerrilla formó parte de la retaguardia.
Cayó el 2 de junio de 1967 en la emboscada del Peñón Colorado, cerca de Bella Vista.

CORONADO CÓRDOVA, BENJAMÍN. Boliviano (1941-1967). Nació en la ciudad de Potosí. Estudió en Cuba.

Trabajaba como maestro primario en La Paz y militaba en la JCB. Arribó al campamento de Ñancahuazú el 21 de enero de 1967 y fue destinado a la vanguardia .

Se ahogó en el Río Grande el 26 de febrero de 1967.

CUBA SARABIA, SIMÓN. Boliviano (1932-1967). Nació en el departamento de Cochabamba. Líder de los mineros en Huanuni, en el departamento de Oruro.

Estudió trabajó con Moisés Guevara y primeramente fue miembro del PCB y después del partido pro chino, de donde salió con Moisés.

Llegó al campamento guerrillero en febrero de 1967 y fue asignado al grupo del centro.

Fue capturado junto al Che, el 8 de octubre de 1967, en la quebrada del Yuro. Al siguiente día, 9 de octubre, fue asesinado en La Higuera.

CH

CHANG NAVARRO, JUAN PABLO. Peruano (1930-1967). Miembro activo del movimiento contra la dictadura militar. Arrestado en 1948, estuvo preso dos años. Después seguirían varios períodos de encarcelamiento y el exilio. Perteneció al Partido Comunista de Perú y fue miembro de su Comité Central.

Participó en un movimiento guerrillero organizado por el Ejército de Liberación Nacional de Perú (ELNP) en 1963, entabló relaciones con el Che para trabajar en el reinicio de la lucha armada. En marzo de 1967 visitó la zona guerrillera para organizar las incorporaciones de peruanos; fue destinado al grupo del centro cuando en abril se decide que sea combatiente hasta la formación del segundo o tercer frente.

Capturado en la quebrada del Yuro el 8 de octubre, fue asesinado en la escuela de La Higuera el 9 de octubre de 1967.

CHAPACO. Ver Arana Campero, Jaime.

CHÁVEZ, MARIO. Como miembro del PCB, se le asignó la tarea de vivir en Lagunillas, donde mantenía contacto con Coco Peredo.

CHE. Ver Guevara de la Serna, Ernesto.

CHINCHU. Ver Martínez Tamayo, José Maria.

CHINGOLO. Ver Choque Silva, Hugo.

CHINO. Ver Chang Navarro, Juan Pablo.

CHOQUE CHOQUE, SALUSTIO. Boliviano. Integró la guerrilla como parte del grupo de Moisés Guevara. Fue detenido por el ejército el 20 de marzo de 1967 y ellos informaron que se había entregado.
Fue absuelto en el proceso de Camiri, el 17 de noviembre de 1967.

CHOQUE SILVA, HUGO. Boliviano. Formaba parte del grupo de Moisés Guevara. se integró a la guerrilla en marzo de 1967. Era uno de los cuatro miembros de la llamada «resaca» y fue licenciado como guerrillero el 25 de marzo. Desertó en julio de 1967 y fue capturado por el ejército, del cual se hizo colaborador e informante.

D

DANIEL. Ver Barrera Quintana, Pastor.

DANTÓN. Ver Debray, Jules Régis.

DARÍO. Ver Adriazola Veizaga, David.

DEBRAY, JULES RÉGIS. Francés (1940). Periodista, investigador, intelectual y político, autor de ¿Revolución en la Revolución? Hizo un estudio social de la zona del Alto Beni y Bolivia para el Che. Convocado por el Che para discutir las actividades de apoyo a la guerrilla, llegó al campamento de Nancahuazú en marzo de 1967. Fue capturado por el ejército boliviano el 20 de abril de 1967 en Muyupampa. Procesado y sentenciado a 30 años de prisión, fue liberado en 1970 por la amnistía decretada por Juan José Torres.

Ha escrito libros y artículos político-sociales, entre ellos: *La guerrilla del Che, La crítica de las armas, Las pruebas de fuego, Conversación con Allende y Escritos en la prisión.*
Ocupó cargos políticos en su país.

DOMÍNGUEZ FLORES, ANTONIO. Boliviano. Nació en Trinidad, en el departamento El Beni.
Designado como trabajador de la finca de Ñancahuazú, posteriormente se incorporó como combatiente en el grupo del centro.
Desertó de la guerrilla el 26 de septiembre de 1967. Al ser capturado por el ejército en Pucará al siguiente día. Brindó información sobre la organización guerrillera.
Fue encarcelado y en 1970 lo pusieron en libertad, gracias a la amnistía decretada.

E

EMILIANO. Ver Francisco.

ERNESTO. Ver Maymura Hurtado, Freddy.

ESTANISLAO. Ver Monje Molina, Mario.

EUSEBIO. Ver Tapia Aruni, Eusebio.

EUSTAQUIO. Ver Galván Hidalgo, Lucio Edilberto.

F

FACUNDO. Ver Tellería Murillo, Luis.

FELIX. Ver Suárez Gayol, Jesús.

FERNÁNDEZ MONTES DE OCA, ALBERTO. Cubano (1935-1967). Nació en San Luis, Santiago de Cuba. Era maestro. Miembro de la red urbana del Movimiento 26 de Julio en Santiago de Cuba y Santa Clara, se unió al Ejército Rebelde en noviembre de 1958. Después del triunfo revolucionario ocupó diversos cargos.

El 3 de noviembre de 1966 llegó con el Che a Bolivia. Fue destinado a la vanguardia. Cayó en el combate de la quebrada del Yuro el 8 de octubre de 1967.

FERNANDO. Ver Guevara de la Serna, Ernesto.

FIDEL. Ver Castro Ruz, Fidel.

FLACO. Ver Francisco.

FRANCÉS. Ver Debray, Jules Régis.

FRANCISCO. Uno de los enlaces con Cuba.

G

GALVÁN HIDALGO, LUCIO EDILBERTO. Peruano (1937-1967). Nació en Huancayo, Perú. Fue miembro del ELNP hasta que se desarticuló y se unió al grupo de Juan Pablo Chang. Llegó a Nancahuazú en la primera quincena de marzo, perteneció al grupo del centro. Además de combatiente fue operador de radio de la guerrilla. Cayó el 14 de octubre de 1967 en la zona de Cajones.

GUEVARA RODRÍGUEZ, MOISÉS. Boliviano (1939-1967). Nació en la zona minera de Huanuni, Oruro. Fue dirigente sindical en Huanuni y miembro fundador del PCB en Cataricahua. Estuvo detenido en 1963. Pasó al panido marxista-leninista de tendencia china y de él salió y formó su grupo. Fue organizador del ELN en Oruro e incorporó a varios de los hombres de su grupo a la guerrilla de Ñancahuazú.
Originalmente penenecía al grupo del centro, pero por razones de enfermedad se le ordenó pasar a la retaguardia.
Cayó en la emboscada de Pueno Mauricio, el 31 de agosto de 1967.

GUEVARA DE LA SERNA, ERNESTO. Argentino-cubano (1928-1967). Nació en Rosario, Argentina. Después de graduarse en 1953 de medicina, emprendió un viaje por toda América.

Cuando se encontraba en Guatemala en 1954, se vio envuelto en la lucha política y brindó su apoyo al gobierno de Jacobo Arbenz contra los planes de la CIA para derrocarlo. Escapó a México y allí se unió a Fidel Castro y al grupo de revolucionarios cubanos del Movimiento 26 de Julio que se preparaban para derrocar al tirano Fulgencio Batista.

Guevara formó parte de la expedición del yate *Granma* que en diciembre de 1956 desembarcó en Cuba con el objetivo de iniciar la lucha guerrillera. En los comienzos se desempeñaba como médico de la tropa, pero pronto se convirtió en comandante del Ejército Rebelde.

Después del triunfo de la Revolución Cubana en enero de 1959, el Che desempeñó diversas responsabilidades, entre las cuales se destacó como presidente del Banco Nacional y como ministro de Industrias. Además, representó a Cuba en numerosas reuniones internacionales. También fue uno de los fundadores del PCC en octubre de 1965.

Ese mismo año, el Che, en carta dirigida a Fidel Castro, renunció a todos sus cargos y responsabilidades en el gobierno cubano y marchó a cumplir misiones internacionalistas. En el Congo prestó ayuda al movimiento antimperialista fundado por Patricio Lumumba.

Desde noviembre de 1966 lideró la lucha guerrillera que tuvo lugar en Bolivia contra la dictadura militar.

En la emboscada de la quebrada del Yuro, el 8 de octubre, fue herido y capturado por el ejército boliviano y la CIA, quienes decidieron asesinarlo al día siguiente, 9 de octubre de 1967.

GUTIÉRREZ ARDAYA, MARIO. Boliviano (1939-1967). Nació en Sachojere, pueblo próximo a la ciudad de Trinidad, departamento de El Beni. Lideró el movimiento estudiantil boliviano desde 1957 a 1960 y después el sindicato obrero. Fue miembro de la JCB. Estudió medicina en Cuba.

Se unió a la guerrilla en marzo de 1967 y fue asignado a la vanguardia.

Cayó en la emboscada en la quebrada del Batán, cerca de La Higuera, el 26 de septiembre de 1967.

GUZMÁN LARA, LOYOLA. Boliviana. (1942). Natural de La Paz. Estudiante en aquel momento, se graduó de filosofía en la Universidad Mayor de San Andrés y miembro de la JCB hasta que fue expulsada por su actividad guerrillera. Una de las líderes de la red urbana y encargada de las finanzas de la guerrilla. Su arresto ocurrió el 14 de septiembre de 1967; fue puesta en libertad en 1970 en virtud de la amnistía decretada. A su salida continuó la lucha dentro del ELN de Bolivia. Actualmente es presidenta de la Asociación de Familiares de Detenidos, Desaparecidos y Mártires por la Liberación Nacional (ASOFAMD).

H

HERNÁNDEZ OSORIO, MANUEL. Cubano (1931-1967). Nació en el barrio de Santa Rita, en Jiguaní.

Ingresó en el Movimiento 26 de Julio con el que participó en acciones de sabotaje. En mayo de 1957 partió a incorporarse al Ejército Rebelde. En agosto de 1958 recibió los grados de teniente e integró la columna invasora al mando del Che. En Camaguey lo ascendió a capitán y jefe de la vanguardia. Después del triunfo revolucionario desempeñó diversas responsabilidades. En 1966 fue ascendido a primer capitán.

Ese mismo año partió a Bolivia a incorporarse al destacamento guerrillero. Dentro de la guerrilla fue jefe de la vanguardia. Murió en la emboscada de la quebrada del Batán, cerca de La Higuera, el 26 de septiembre de 1967.

HONORATO. Ver Rojas, Honorato.

HUANCA FLORES, FRANCISCO. Boliviano (1945-1967). Nació en el departamento de Oruro. Fue miembro de la JCB. Se incorpora a la guerrilla como parte del grupo de Moisés Guevara. Es designado a la vanguardia. Sobreviviente del combate en la quebrada del Yuro, cayó en el combate de Cajones, situado en la confluencia del Río Grande y el Mizque, el 12 de octubre de 1967.

INTI. Ver Peredo Leigue, Guido Álvaro.

J

JIMÉNEZ BAZÁN, ORLANDO. Boliviano. Nació en Riberalta y fue miembro del PCB.
Llegó a la finca de Caranavi en 1966. En diciembre de ese año es incorporado como combatiente en el destacamento de la vanguardia.
El 26 de septiembre de 1967 desertó y al día siguiente fue capturado por el ejército, cuando pretendía reincorporarse. Fue procesado y sentenciado a 10 años de prisión; en el juicio no declaró lo que le ordenó Barrientos. Fue puesto en libertad en 1970 ante la amnistía política.

JIMÉNEZ TARDÍO, ANTONIO. Boliviano (1941-1967). Natural de Tarata, departamento de Cochabamba. Estudiante universitario, dirigente de la JCB, fue expulsado de su Comité Ejecutivo en febrero de 1967. Estudió en Cuba y regresó para unirse a la guerrilla el 31 de diciembre de 1966. Era miembro de la retaguardia. Cayó en una emboscada en las serranías de Iñao, cerca de Monteagudo, el 9 de agosto de 1967.

JOAQUÍN. Ver Acuña Núñez, Juan Vitalio.

JORGE. Ver Vázquez Viaña, Jorge.

JULIO. Ver Gutiérrez Ardaya, Mario.

K

KOLLE CUETO, JORGE. Boliviano. Natural de Chuquisaca y graduado de maestro primario.
Fundador del PCB, era su segundo secretario. En 1965 los 12 jóvenes militantes de la JCB que estudiaban en la Universidad de La Habana pidieron recibir entrenamiento militar, y fue Kolle quien los autorizó y pidió entrenamiento para miembros del PCB que el Partido enviaría. Reemplazó a Mario Monje como primer secretario en diciembre de 1967, cargo que ocupó hasta 1985. Actualmente es director del periódico *Unidad* del PCB.

L

LAGUNILLERO. Ver Chávez, Mario.

LORO. Ver Vázquez Viaña, Jorge.

LOYO, LOYOLA. Ver Guzmán Lara, Loyola.

LUIS. Ver Arana Campero, Jaime.

M

MACHIN HOED DE BECHE, GUSTAVO. Cubano (1937-1967).
Nació en la ciudad de La Habana. Participó en el movimiento
estudiantil contra Batista: dirigente del Directorio Revolucionario.
Organizó en 1958 la expedición de una columna del Directorio
que constituiría un frente de lucha en las montañas del Escambray.
Se sumó a las fuerzas del Che que tomaron la ciudad de Santa
Clara.
Al triunfar la Revolución asumió diversas responsabilidades esta-
tales, entre ellas la de viceministro de Industrias.
Se incorpora a la guerrilla en Bolivia el 11 de diciembre de 1966.
El Che lo designó jefe de operaciones.
Cayó en la emboscada del vado de Puerto Mauricio, en el Río
Grande, el 31 de agosto de 1967.

MANUEL. Ver Hernández Osorio, Manuel.

MARCOS. Ver Sánchez Díaz, Antonio.

MARIO. Ver Monje Molina, Mario.

MARTÍNEZ TAMAYO, JOSÉ MARÍA. Cubano (1936-1967). Nació en Mayarí, Holguín, donde trabajaba como chofer de tractores.
Miembro del Movimiento 26 de Julio, se unió al Ejército Rebelde
en abril de 1958.
Su primera misión internacionalista la cumplió en Guatemala en
octubre de 1962.

En 1963 fue a Bolivia a cooperar en la organización del apoyo logístico al movimiento guerrillero de Argentina liderado por Jorge Ricardo Masetti.

Estuvo junto al Che en el Congo en 1965.

Llegó a La Paz en marzo de 1966 para organizar los preparativos de la guerrilla. Se incorporó como combatiente el 31 de diciembre de 1966, y fue asignado al grupo del centro.

Cayó en el combate a orillas del río Rosita, el 30 de julio de 1967.

MARTÍNEZ TAMAYO, RENÉ. Cubano (1941 -1967). Nació en Mayarí, Holguín. Fue encarcelado por actividades clandestinas contra el régimen de Batista.

Se unió al Ejército Rebelde en noviembre de 1958.

Después del triunfo revolucionario, desempeñó responsabilidades en la fuerza aérea, en el Departamento de Investigaciones y en el Ministerio del Interior.

Se une a la guerrilla en Bolivia el 11 de diciembre de 1966. Es asignado como operador de radio en el grupo del centro.

Cayó en el combate de la quebrada del Yuro, el 8 de octubre de 1967.

MAYMURA HURTADO, FREDDY. Boliviano (1941-1967). Nació en el departamento de El Beni. En 1962 fue a Cuba a estudiar medicina. Miembro de la JCB

El 27 de noviembre de 1966 se incorpora a la guerrilla y es asignado a la retaguardia.

Fue asesinado cerca del vado de Puerto Mauricio, en el Río Grande, el 31 de agosto de 1967.

MBILI. Ver Martinez Tamayo, José María.

MÉDICO. Ver Cabrera Flores, Restituto José.

MÉDICO. Ver Concepción de la Pedraja, Octavio de la.

MÉDICO. Ver Maymura Hurtado, Freddy.

MÉNDEZ KORNE, JULIO LUIS. Boliviano (1937-1967). Nació en el departamento de El Beni. Miembro del PCB. Ayudó a escapar, a través de Bolivia a los sobrevivientes del ELN de Perú. Fue uno de los cuadros que tuvieron la tarea de crear las condiciones para el establecimiento de la guerrilla del Che. Por solicitud del PCB pasó entrenamiento guerrillero en Cuba en enero de 1966.

Se incorporó como combatiente el 11 de noviembre de 1966 y fue designado como responsable de abastecimientos y armamentos. Formó parte del grupo del centro. Era profundo conocedor de la selva boliviana.

Sobreviviente de la quebrada del Yuro, cayó en la última emboscada en Mataral, el 15 de noviembre de 1967.

MIGUEL. Ver Hernández Osorio, Manuel.

MOISÉS. Ver Guevara Rodríguez, Moisés.

MONGO. Ver Guevara de la Serna, Ernesto.

MONJE MOLINA, MARIO. Boliviano (1929). Natural de Irupana, provincia Sudyungas de La Paz. Maestro primario. Fue fundador y después Primer Secretario del PCB hasta diciembre de 1967. Participó en eventos internacionales de partidos comunistas. Se radicó en Moscú donde colaboró en revistas y actualmente es empresario en esa ciudad.

MONTERO CORRALES, RENÁN. Enlace con Cuba.

MORO, MOROGORO, MUGANGA. Ver Concepción de la Pedraja, Octavio de la.

N

NEGRO. Ver Cabrera Flores, Restituto José.

NEGRO. Ver Monje Molina, Mario.

Ñ

ÑATO. Ver Méndez Korne, Julio Luis.

O

OLIVARES GARCIA, RENÉ ROBERTO. Boliviano (1938). Natural de La Paz. Cursó estudios universitarios. Miembro del PCB, fue asignado a la guerrilla, no estuvo de acuerdo y no participó.

OLO. Ver Pantoja Tamayo, Orlando.

ORLANDO. Ver Rocabado Terrazas, Vicente.

P

PABLITO, PABLO. Ver Huanca Flores, Francisco.

PACHECO, JULIO DAGNINO. Peruano. Miembro dirigente de la red urbana de la guerrilla en La Paz.

PACHO. Ver Fernández Montes de Oca, Alberto.

PAN DIVINO. Ver Jiménez Tardío, Antonio.

PANTOJA TAMAYO, OR LANDO. Cubano (1933-1967). Nació en el poblado de Maffo, actualmente en la provincia Santiago de Cuba. Miembro del Movimiento 26 de Julio, participó en actividades clandestinas contra la dictadura de Batista, por las que fue encarcelado. Se unió al Ejército Rebelde en octubre de 1957 y fue capitán de la columna del Che.
Después del triunfo de 1959, ocupó cargos en el Ministerio del Interior y en las tropas guardafronteras, entre otros.
Se incorpora a la guerrilla en Bolivia el 19 de diciembre de 1966. Miembro del grupo del centro.
Cayó en el combate de la quebrada del Yuro, el 8 de octubre de 1967.
PAPI. Ver Martínez Tamayo, José María.

PASTOR. Ver Barrera Quintana, Pastor.

PAULINO. Ver Baigorría, Paulino.

PEDRO. Ver Jiménez Tardío, Antonio.

PEPE. Ver Velazco Montana, Julio.

PEREDO LEIGUE, GUIDO ÁLVARO. Boliviano (1937-1969). Nació en el departamento de Cochabamba. Militó en el PCB y llegó a ser miembro de su Comité Central. Sufrió prisión varias veces por sus actividades políticas. Ayudó en el apoyo logístico al movimiento guerrillero de Argentina en 1963-1964.

El 27 de noviembre de 1966 se incorporó a la guerrilla, fue designado comisario político junto con Rolando, miembro del grupo del centro.

Fue uno de los guerrilleros sobrevivientes. Acompañó a Pombo, a Urbano y a Benigno hasta Oruro para su salida por Chile.

Escribió *Mi campaña con el Che*. Trató de reorganizar al ELN y continuar la lucha armada.

Debido a una delación, el ejército rodeó la casa en la que se encontraba, después de brindar resistencia, fue herido, capturado y asesinado el 9 de septiembre de 1969.

PEREDO LEIGUE, ROBERTO. Boliviano (1938-1967). Nació en el departamento de El Beni. Se destacó dentro del movimiento estudiantil y fue fundador del PCB y de la JCB. En dos ocasiones fue elegido miembro del comité regional del Partido.

Varias veces fue encarcelado por sus actividades políticas. Por solicitud del PCB recibió entrenamiento guerrillero en Cuba. Colaboró con la creación del movimiento guerrillero en Perú y en la organización de la guerrilla en Argentina.

Tomó parte activa en las tareas previas a la formación del ELN de Bolivia, comandado por el Che. Fue destinado a la vanguardia. Fue el segundo jefe en la toma de Samaipata.

Cayó en la emboscada de la quebrada del Batán, próxima a La Higuera, el 26 de septiembre de 1967.

PINARES. Ver Sánchez Díaz, Antonio.

POL ÁLVAREZ-PLATA, JORGE RENÉ. Boliviano. Nació en Camiri, departamento de Santa Cruz de la Sierra. Graduado en Geología en una Universidad de Argentina. Miembro del ELN.

POLO. Ver Aquino Quispe, Apolinar.

POMBO. Ver síntesis biográfica de Harry Villegas Tamayo en las páginas 5,6 y 7.

Q

QUICAÑAS, EFRAÍN. Boliviano. Natural de Oruroy campesino. Miembro del PCB que acompañó a Pombo, a Urbano y a Benigno de Oruro a Chile. Se identificaba como Efraín Aguilar Quiñones.

QUISPAYA CHOQUE, RAÚL. Boliviano (1939-1967). Nació en la ciudad de Oruro. Miembro de la JCB. Ingresó a la guerrilla formando parte del grupo de Moisés Guevara en febrero de 1967. Formó parte de la vanguardia.
Cayó en el combate en las márgenes del río Rosita, el 30 de julio de 1967.

R

RAMÍREZ, HUMBERTO. Boliviano. Natural del departamento de Oruro. Dirigente de la Federación Sindical de Trabajadores Mineros de Bolivia. Uno de los líderes del PCB. Primer Secretario del PCB desde 1989 hasta 1994.

RAMÓN. Ver Guevara de la Serna, Ernesto.

RAÚL. Ver Quispaya Choque, Raúl.

REINAGA GORDILLO, ANICETO. Boliviano (1940-1967). Nació en el distrito minero de Siglo XX, departamento de Potosí. Miembro dirigente de la JCB; estudió en Cuba.
Se unió a la guerrilla del Che en enero de 1967, formaba parte del grupo del centro.
Cayó en la quebrada del Yuro, el 8 de octubre de 1967.

RENÁN. Ver Montero Corrales, Renán.

REYES RODRÍGUEZ, ELISEO. Cubano (1940-1967). Nació en San Luis, en la actual provincia Santiago de Cuba.

Participó en la lucha clandestina contra Batista y se unió al Ejército Rebelde en 1957, en la columna del Che. Participa en la invasión y, ya en Las Villas, alcanza el grado de capitán.

Después del triunfo de 1959, lo designaron jefe de la Policía militar de La Cabaña, más tarde ocupó responsabilidades militares en la antigua provincia Las Villas y posteriormente se desempeñó como jefe del G-2 de la Policía Nacional Revolucionaria. En 1962 fue enviado a Pinar del Río a combatir las acciones de las bandas contrarrevolucionarias. Fue elegido miembro del Comité Central del PCC en octubre de 1965.

Se incorporó a la guerrilla en Bolivia el 20 de noviembre de 1966. Miembro del Estado Mayor, fue designado comisario político. Formaba parte del grupo del centro.

Cayó en el combate de la tinca El Mesón, entre Ticucha y el río Iquira, el 25 de abril de 1967.

REYES, SIMÓN. Boliviano. Dirigente del PCB y de la unión de los trabajadores mineros. Presidió y organizó en junio de 1967 en el centro minero Siglo XX el «Ampliado minero» o congreso obrero que se extendía a los trabajadores de la industria, a los maestros y estudiantes universitarios. Allí se ratificó el acuerdo de Catavi de apoyo a la guerrilla. Secretario general del PCB entre los años 1985-1989.

REYES ZAYAS, ISRAEL. Cubano (1933-1967). Nació en la Sierra Maestra. Se unió al Ejército Rebelde en 1957, en la columna 6 comandada por Raúl Castro.

Después del triunfo de la Revolución se incorporó a la Policía Nacional Revolucionaria y más tarde a las fuerzas armadas. Fue enlace personal del Estado Mayor del Ejército Oriental. En abril de 1966 fue enviado a una misión internacionalista especial con el Che al Congo (con el nombre de Azi.)

El 27 de noviembre de 1966 se incorporó a la guerrilla en Bolivia y fue nombrado segundo jefe de la retaguardia.

Cayó en la emboscada del vado de Puerto Mauricio, el 31 de agosto de 1967.

RHEA CLAVIJO, HUMBERTO. Miembro de la red urbana de la guerrilla; era el encargado de suministrar equipos y material médico.

RICARDO. Ver Martínez Tamayo, José María.

ROCABADO TERRAZAS,VICENTE. Boliviano (1940). Natural de Oruro, de protesión mecánico. Uno de los integrantes del grupo de Moisés Guevara que se incorporó a la guerrilla en febrero de 1967. Desertó el 11 de marzo, fue hecho prisionero por el ejército y se convirtió en informante.
En un documento oficial de la DIC consta que delató la presencia del Che Guevara y de los demás extranjeros y nacionales en la zona, lugares y actividades que hacían.
Procesado en el juicio de Camiri, fue absuelto el 17 de noviembre de 1967.

RODOLFO. Ver Saldaña, Rodolfo.

ROLANDO. Ver Reyes Rodríguez, Eliseo.

ROSALES, TOMÁS. Boliviano. Peón de la finca de Ciro Algarañaz. Arrestado por el ejército boliviano que lo acusaba de ser colaborador de la guerrilla, fue torturado y más tarde ahorcado en la prisión de Camiri.

ROTH, GEORGE ANDREW. Agente de la CIA enviado a Camiri. Se presentó en la guerrilla como periodista anglochileno. Fue arrestado en Muyupampa en compañia de Régis Debray y Ciro Roberto Bustos; permaneció detenido junto a ellos siguiendo instrucciones de la CIA con el objetivo de sacarles información, fue liberado el 8 de julio. Poco después, desapareció sin dejar rastros. En febrero de 1968 se le presentó a Pombo, a Urbano y a Benigno a su llegada a Chile.

RUBIO. Ver Suárez Gayol, Jesús.

S

SALDAÑA, RODOLFO. Boliviano. (1932). Nació en Sucre. Estudió Sociología. Miembro fundador del PCB. Trabajó como obrero minero, fue dirigente sindical y organizador del FLIN. Colaboró en el apoyo logístico al movimiento guerrillero surgido en el norte de

Argentina en 1963-1964. Pasó entrenamiento guerrillero en Cuba por solicitud del PCB. Fue designado en 1966 para ayudar en los preparativos de la organización guerrillera en Bolivia y fungió como uno de los líderes de la red urbana. Miembro activo del ELN.

SÁNCHEZ. Ver Pacheco, Julio Dagnino.

SÁNCHEZ DÍAZ, ANTONIO. Cubano (1927-1967). Natural de la provincia Pinar del Río, de origen campesino. En 1957 se unió al Ejército Rebelde en la columna de Camilo Cienfuegos, con quien participó en todos los combates y el 4 de enero de 1959 recibió el grado de comandante.

Después de triunfada la Revolución, ocupó numerosos cargos en las fuerzas armadas. En 1965 es elegido miembro del Comité Central del PCC.

Se incorporó a la guerrilla en Bolivia el 20 de noviembre de 1966. En un primer momento formó parte de la vanguardia, más tarde fue asignado a la retaguardia bajo las órdenes de Joaquín.

Cayó en la emboscada del Peñón Colorado, en Bella Vista, el 2 de junio de 1967.

SAN LUIS. Ver Reyes Rodríguez, Eliseo.

SERAFÍN, SERAPIO. Ver Aquino Tudela, Serapio.

SUÁREZ GAYOL, JESÚS. Cubano (1936-1967). Nació en la ciudad de La Habana. Desde sus estudios de enseñanza secundaria es dirigente estudiantil.

Fue miembro del Movimiento 26 de Julio. Forzado al exilio, participó en una expedición armada que desembarcó en Pinar del Río en abril de 1958. Más tarde se incorporó al Ejército Rebelde en la columna del Che, que se encontraba en Las Villas, donde recibió el grado militar de capitán.

Luego del triunfo de 1959, desempeñó numerosas responsabilidades en el ejército y en el gobierno, entre ellas viceministro de la Industria Azucarera. Integró la guerrilla del Che en Bolivia el 19 de diciembre de 1966 y fue designado a la retaguardia.

Cayó en el combate ocurrido en la confluencia del río Iripiti y el río Ñancahuazú, el 10 de abril de 1967.

TACO. Ver Martínez Tamayo, José María.

TAMAYO NÚÑEZ, LEONARDO. Cubano (1941). Natural de Bayamo, antigua provincia de Oriente. Ingresó en el Ejército Rebelde en 1957 en la columna del Che, de quien fuera su escolta personal después del triunfo de la Revolución. Junto a él cumplió diversas misiones.
El 27 de noviembre de 1966 se incorporó a la guerrilla boliviana y formó parte del grupo del centro.
Fue u no de los guerrilleros sobrevivientes que logró llegar a Cuba en marzo de 1968. Más tarde cumplió misiones internacionalistas en Angola y Nicaragua.
Actualmente es Coronel del Ministerio del Interior de Cuba.

TANIA. Ver Bunke Bíder, Haydée Tamara.

TAPIA ARUNI, EUSEBIO. Boliviano. Nació en La Paz. Se unió a los guerrilleros en enero de 1967. Fue licenciado de las filas de la guerrilla el 25 de marzo; desertó en julio de 1967, fue capturado por el ejército y estuvo preso hasta 1970.

TELLERÍA MURILLO, LUIS. Boliviano (1925). Natural de Coripata. Realizó estudios universitarios de finanzas. Miembro del PCB, trabajó en la organización de la guerrilla y en la red de apoyo urbano, después en el ELN.

TUMA, TUMAINE. Ver Coello, Carlos.

U

URBANO. Ver Tamayo Núñez, Leonardo.

V

VACA MARCHETTI, LORGIO. Boliviano (1934-1967). Nació en la ciudad de Santa Cruz de la Sierra. Miembro del PCB y dirigente de la unión de trabajadores de la seguridad social y de la JCB. Estudió economía en Cuba. Regresó a Bolivia para participar en la lucha armada. Llegó al campamento guerrillero el 11 de diciembre de 1966. Asignado a la retaguardia.

Murió ahogado en el Río Grande cuando intentaba cruzarlo en una balsa, el 16 de marzo de 1967.

VÁZQUEZ VIAÑA, JORGE. Boliviano (1939-1967). Nació en la ciudad de La Paz. Perteneció al PCB y llegó a ser miembro suplente de su Comité Central.

Colaboró en el apoyo logístico al movimiento guerrillero de Argentina. A solicitud del PCB pasó un curso guerrillero en Cuba.

Fue uno de los cuadros designados para organizar los preparativos de la guerrilla del Che en Bolivia. Llegó a Ñancahuazú el 7 de noviembre de 1966. Más tarde es incorporado a la vanguardia.

Fue enlace y cumplió múltiples misiones de exploración y participó en combates.

Fue herido en el combate de Taperillas y desapareció el 22 de abril de 1967. Se conoce que estuvo preso, fue torturado e incomunicado en el hospital de Camiri y que días más tarde fue lanzado desde un helicóptero a la selva.

VELAZCO MONTANA, JULIO. Boliviano. Formaba parte del grupo de Moisés Guevara. Fue licenciado de la guerrilla el 25 de marzo de 1967 y perteneció al «grupo de la resaca».

El 23 de mayo salió en una de las góndolas con el objetivo de buscar provisiones para la guerrilla y aprovechó ese momento para desertar; se entregó al ejército y éste lo asesinó.

VICENTE. Ver Rocabado Terrazas, Vicente.

VÍCTOR. Ver Condori Vargas, Casildo.

VILO. Ver Acuña Núñez, Juan Vitalio.

VILLCA COLQUE, ESTANISLAO. Chileno (1939). Natural de Esquiña, al norte de Arica. Graduado de bachiller en Humanidades desde 1958. Miembro del PCB y del ELN que acompañó a Pombo, a Urbano y a Benigno desde Oruro hasta Cuba.

W

WALTER. Ver Arancibia Ayala, Walter.

WILLY. Ver Cuba Sarabia, Simón.

Índice